식탁에서 만나는 유로메나

식탁에서 만나는 유로메나

유럽·중동·북아프리카의 다채로운 음식 인문학

통합유럽연구회·서강대 유로메나연구소 기획
라영순·이정민 외 지음

책과함께

유럽은 이웃 지역과의 갈등과 교류의 역사 속에서 정체성을 형성하며 유라시아의 서쪽 일부가 아닌 독립된 대륙으로 구현될 수 있었습니다. 특히 유럽Euro과 메나MENA, Middle East & North Africa(중동과 북아프리카) 지역은 전쟁과 화해를 반복하며 문명의 발전에 상당한 영향을 미쳤습니다. 이는 유럽 대륙의 범주를 넘어선 유럽 연구, 즉 유로메나Euro-MENA 연구가 필요한 이유가 됩니다.

유럽과 메나를 하나의 통합된 문명권으로 인식한다는 것은 양 지역이 역사적으로 끊임없이 얽혀있음을 의미합니다. 양자를 상징하는 종교인 그리스도교와 이슬람교의 역사는 상대를 배제하면 그 의미를 완전히 이해하기 어려우며, 이베리아반도의 재정복 운동과 십자군 전쟁은 물론 제국주의와 이스라엘의 탄생, 그리고 오늘날 난민 문제에 이르기까지 유럽과 메나는 과거와 현재를 넘나들며 서로에게 영향을 미치고 있습니다. 그러므로 한쪽을 배제한 연구는 그 한계가 분명하며, 유럽과 메나에 관한 균형 있고 통합적인 관점만이 유럽 연구의 보다 풍부하고 적확한 맥락을 제공할 것입니다.

2007년 설립된 통합유럽연구회는 유럽을 하나의 통합된 단위로 연구하고자 만들어진 학술 단체입니다. 연구회는 인문학과 사회과학의 방법론을 융합해 개별 국가 중심으로 유럽을 인식했던 기존 연구를 넘어서는 것은 물론 유럽연합이라는 이름으로 역할과 가치를 재정립하고 있는 오늘날 유럽의 학술적 의미를 한국 사회에 알리기 위해 노력해왔습니다. 연구회가 발간해온《인물로 보는 유럽통합사》,《도시로 보는 유럽 통합사》,《유럽을 만든 대학들》,《박물관 미술관에서 보는 유럽사》등은 다양한 주제로 유럽 연구의 저변을 넓혀간 노력의 결과물입니다.

2019년에 설립된 서강대학교 유로메나연구소는 기존의 지역 연구가 가진 지역 구분의 한계를 극복하고자 조성된 새로운 학술연구의 장입니다. 연구소는 동양사, 서양사라는 기존의 틀을 넘어 사실상 어디에서도 주목받지 못했던 메나 지역을 유럽과 함께 통합된 문명권으로 인식하고, 이 새로운 문명권을 연구 공간으로 설정했습니다.

서강대학교 유로메나연구소는 유럽 대륙의 범주를 넘어선 연구가 필요하다는 관점을 공유한 통합유럽연구회와 함께 유럽과 메나의 역사와 현실, 그리고 갈등과 협력을 주제로《역사 속의 유로메나》,《세계대전과 유럽통합 구상》등의 단행본을 발간했습니다. 그리고 이 책《식탁에서 만나는 유로메나》또한 문화의 관점에서 연구 공간의 다변화를 추구하는 양 기관의 관심과 노력이 담긴 협력의 결과물입니다.

19세기 프랑스의 미식가 장 앙텔므 브리야사바랭의 격언 "당신이 먹은 것이 무엇인지 말해 달라. 그러면 당신이 어떤 사람인지 말해주겠다"는 음식이 인간의 정체성을 나타내는 지표임을 드러냅니다. 음식은 대중에게 오래전부터 친숙한 주제이고, 이제는 학술의 측면에서도 여러 간행물들이 음식 문화의 인문학적, 사회과학적 의미를 역설하고 있으므로 이 주제의 학술적 가치를 강조하는 것은 사족일 것입니다. 《식탁에서 만나는 유로메나》는 음식 문화가 지역의 울타리를 넘어 나라와 나라 간에 영향을 주고받으며 변화해온 과정에 주목하였습니다. 이 책은 문명 간 상호작용의 관점을 바탕으로 유럽과 메나라는 공간에서 전개된 음식 문화를 살펴봅니다. 과거에서 현재에 이르는 시간대를 포괄해 역사학의 시간성과 사회과학의 현재성을 존중하고, 식생활을 둘러싼 정치·사회·문화·경제의 변화에서 정체성 정립까지 '먹고 마시는 것'과 관련한 다양한 요소를 주제로 다루었습니다.

이 책에는 열다섯 가지 음식 문화를 소재로 유럽과 메나를 이해할 수 있는 실마리를 제공합니다. 1부 '음식, 유로메나의 과거를 기억하다'는 맥주와 베이글 등 오늘날 우리에게도 친숙한 음식들이 역사성을 갖는 과정을 추적합니다. 맥주는 고대 문명의 산물이었지만 중세 수도사들의 관심으로 오늘날의 친숙한 기호 식품이 되었고(이정민), 뉴욕의 명물 베이글은 유럽을 새로운 생활 터전으로 삼았던 중세 유대인들의 고난과 삶을 기억하는 음식이었습니다(성일광). 영국 요리의 악명과는 별개로 피시앤칩스와 커리는 영국의 정체성이 형성되는 과정을 드러냅니다. 자의든 타의든 영국에 정착하게 된 이민자들이 영국 사회에 녹아들 수 있었던 길을 제공한 것이 피시앤칩스라면(박은재), 커리는 영국인들 스스로가 적극 받아들이고 개량한 전유의 과정을 상징합니다(신민하). 커피와 초콜릿은 각자가 가진 쓴쓸하고 달콤한 풍미와는 정반대되는 역사의 경과를 드러냅니다. 쓴쓸하지만 강렬한 풍미의 커피가 18세기 이탈리아 밀라노 지식인의 달콤한 사상의 자유를 북돋웠다면(임동현), 오늘날에도 유명세를 유지하고 있는 벨기에의 달콤한 고급 수제 초콜릿은 식민지 콩고인들의 쓰디쓴 고통을 양분 삼아 제조된 근대사를 지니고 있습니다(오정은). 유로메나 지역 연구에 있어 유럽의 공간 확대를 상징하는 에스토니아의 음식은 과거 일상의 음식이 국가의 음식이자 민족의 음식으로 발돋움하는 과정이 오늘날 유럽의 현실과 닮아있기도 합니다(서진석).

  2부 '음식, 유로메나의 오늘을 탐색하다'는 쿠스쿠스, 훔무스, 자우어크라우트, 요구르트 등 유럽과 메나 음식의 다양한 현재 위치를 조명합니다. 메나의 음식 쿠스쿠스가 20세기 후반 프랑스를 비롯한 유럽에 확산하여 그 포용력을 바탕으로 유로메나의 상징으로 자리 잡을 가능성을 드러냈다면(박단), 또 다른 메나의 주요 음식인 훔무스는 원조 논쟁에 빠져 유로메나의 지역 갈등 양상을 드러내는 역설을 보입니다(김재희). 자우어크라우트와 요구르트는 음식의 이미지 이면에 놓인 음식 이동의 현실을 보여주는 중요한 사례들입니다. 한때 가장 독일다운 음식이었던 자우어크라우트가 이제 서서히 독일의 경계를 넘어 세계 전역으로 전파되는 데 반해(김연신), 세계에 가장 널리 퍼진 음식 중 하나라고 할 수 있는 요구르트는 그 기원에 가까운 불가리아에서 여전히 전통 음식의 원형을 고수하고 있습니다(이하얀). 한편, 과거와 현재 사이에서 절묘한 균형을 유지하는 음식도 있습니다. 프랑스의 대표적 음료 중 하나인 코냑은 프랑스 밖의 사람들에게 칭송받는 이중의 정체성을 드러내며(김유정), 차의 나라로 알려진 영국에서 커피는 차보다 먼저 거래되었을 뿐만 아니라 여전히 적잖은 비중을 유지하고 있고(김봉철), 안온한 나라 포르투갈의 에그타르트는 그 포근함 안에 세계를 호령했던 과거의 열정을 담고 있습니다(임소라). 마지막으로 콩과 토마토로 만든 가정식 수프 파슐리야는 오늘날 유로메나의 통합성을 잘 드러냅니다. 유로메나 전역에 걸쳐 취급되는 음식이면서도 가정의 영역에 남아 있는 파슐리야는 무슬림, 여성, 난민이라는 소외되기 가장 쉬운 존재에게 유럽 사회에서 생존할 가능성을 제공합니다. 파슐리야는 이들의 이동을 증명하는 강렬한 유동의 음식입니다(이수정).

　지은이들은 이 책을 쓰면서 학술 가치를 높이는 동시에 독자들에게 친근히 다가가려는 노력을 게을리하지 않았습니다. 사료와 문헌을 찾아 음식에 얽힌 흥미로운 이야기를 글에 녹여냈으며, 풍성한 도판으로 시각적 이해를 돕고, 각 글의 말미에는 글과 관련한 요리법을 담아 흥미롭게 읽는 것 이상을 추구했습니다. 이 책이 좀 더 풍미 넘치는 책이 될 수 있기를 희망합니다.

마지막으로 오랜 준비 끝에 이 책이 출간될 수 있게 도와준 모든 분께 감사의 마음을 전합니다. 참여한 지은이들은 물론 책의 준비과정에 수고를 아끼지 않은 통합유럽연구회, 그리고 서강대학교 유로메나연구소의 임원진들께 감사드립니다. 기획과정의 중요 결정마다 도움을 준 박단 선생과 책의 기획부터 출간까지 모든 과정을 함께한 이정민 선생께 감사드립니다. 더불어 기꺼이 책의 출간을 맡고 꼼꼼한 편집과 교정으로 책의 완성도를 높여준 도서출판 책과함께에 크게 감사드립니다.

2023년 7월
지은이들을 대표하여
라영순

차례

1   음식, 유로메나의 과거를 기억하다

음식, 유로메나의 과거를 기억하다

중세 맥주,
수도사들의 새로운 즐거움

| 이정민 |

수도원 맥주의 탄생

맥주를 즐겨 찾는 사람이라면, 즐비한 세계 맥주 앞에서 고개를 갸우뚱해 본 경험이 있을지도 모르겠다. 현대인이 즐겨 마시는 '술' 또는 '음료'인 맥주 중에 금욕과 절제를 상징하는 가톨릭 수도원이나 중세 수도사의 이름을 달고서 명성을 떨치는 맥주가 상당히 많기 때문이다. 특히 프랑스 북부에서 북해로 흐르는 뫼즈강, 스헬더강과 중부 유럽을 관통하는 라인강이 형성하는 낮은 삼각주에 위치해 '저지대 지방Low Lands'이라고 불리는 지역, 곧 오늘날의 벨기에, 네덜란드, 룩셈부르크, 프랑스 북부와 독일 서부 일부에 위치한 수도원에서 만든 맥주들이 유명하다. 맥주는 어떻게 해서 수도원이나 수도사와 깊은 인연을 맺게 된 걸까?

그 미묘한 인연은 고대부터 음료나 술로 사랑받던 맥주가 중세 유럽의 수도원에서 새롭게 빚어지면서 시작된다. 중세 수도사들이 자신들의 일상 음료가 된 맥주에 새로운 향과 맛을 불어넣으면서 맥주의 르네상스가 일어났다고 할 수 있다. 맥주를 향한 중세 수도사들의 열정과 애정은 맥주 양조 기술을 향상하는 데 그치지 않고, 맥주를 수도원이나 수도사들의 정체성을 드러내거나 대표하는 문화로 만들었다.

'비에르bier'라는 단어는 '마시다'라는 뜻을 지닌 라틴어 동사 '비베레bibere'에서 유래했다. 취기를 부르는 포도주 외에 다른 모든 음료를 '시케라sicera'라고 하는데, 그중 맥아로 만든 맥주만을 가리켜 '케르비시아cervisia'(또는 '케르비자')라고 했다. 고대부터 음료로 마시던 맥주는 고대 로마인들에게는 크게 사랑받지 못했으나 게르만인, 특히 프랑크인들은 맥주를 일상 음료로 즐겨 마셨다.

로마 역사가 타키투스는《게르마니아De Origine et situ Germanorum》제23장에 "(레누스강과 다누비우스강 근처에 사는 부족들은) 보리나 밀을 포도주처럼 발효시켜 마신다. 포도주는 사서 마신다"라고 썼다. 게르만인들에게 포도주는 상인한테서 사야 마실 수 있는 것이지만, 보리나 밀을

맥주를 즐기는 수도사의 모습. 독일 화가 에두아르트 폰 그뤼츠너의 그림이다.

발효시켜 만든 맥주는 일상에 늘 마련해두고 마시는 음료였음을 알
수 있다.

프랑크왕국에서 맥주가 더욱 중시된 것은 아일랜드에서 건너온 수
도사들 덕분이었다. 성 파트리키우스St. Patricius, 385?~461, 성 콜롬바누
스St. Columbanus, 543~615와 같은 수도사들의 관심과 애정을 듬뿍 받으
며 맥주는 '성인들의 사랑'을 받는 음료로 새롭게 탄생했다. 맥주를 즐
겨 마시던 아일랜드 수도사들의 생활 관습에서 영향을 받아, 프랑크
왕국의 왕들과 대제후들도 중세 초기부터 맥주에 관심을 기울였다.

'예수 그리스도의 피'로 간주되던 포도주와 달리 물과 같은 음료로 받아들여진 맥주는 특히 오늘날의 벨기에, 네덜란드, 룩셈부르크, 프랑스 북부와 독일 서부 일부 지역에 위치한 수도원에서 빚어지며 중세 수도사의 일상 음료로 자리 잡았고, 이들 수도원을 중심으로 전 유럽에 확산되었다. 9~10세기경 저지대 지방에서 놀랄 만한 성장을 이룬 맥주 양조는 중세 맥주 길드에 앞서 맥주 양조 기술과 노동력 및 시설을 갖춘 중세 수도원에서 본격적으로 시작되었다.

중세 수도원에서는 수도원을 방문하는 성지 순례자, 병자와 여행객에게 환영과 접대의 의미로 맥주를 제공했다. 《성 베네딕토 계율 Regula Sancti Benedicti》에 따라 수도사들은 수도원에 묵는 여행객과 성지 순례자에게 숙식을 제공했는데, 이때 수도사들이 제공하는 맥주는 접대의 상징이자 수도원의 수입원도 되었다.

처음으로 맥주에 홉을 넣은 수도사들

아일랜드 수도사들의 맥주 사랑을 대표하는 인물이라 할 수 있는 성 콜롬바누스에 얽힌 기적과 같은 일화가 전해진다. 성 콜롬바누스의 제자인 봅비오의 요나스Jonas of Bobbio, 600?~659?가 쓴 《성 콜롬바누스의 생애Vita Sancti Columbani》에서 전하는 일화는 "식사 시간이 다가오자 맥주를 제공하기 위해 식품 관리 담당자가 창고로 가서 맥주를 빚은 양조통 앞에 맥주 담는 통을 내려놓았다"라는 기술로 시작된다. 덧붙이자면 이 책의 저자인 요나스는 맥주를 '밀즙을 끓여 식힌 음료'로 설명한다. 이 이야기 속에서 식품 관리 담당자는 맥주를 옮겨 담으려는 순간 수도원장의 호출을 받고 달려갔는데, 급한 마음에 맥주 양조통 마개를 제대로 닫지 못했다. 그는 맥주가 흘러넘쳤을까 봐 두려워하며 창고로 돌아왔다. 맥주 거품이 넘쳐버렸다면 물만 마셔야 한다는 걱정이 엄습했다. 그런데 놀랍게도 맥주는 전혀 흘러넘치지 않았을뿐더러 아직 맥주를 따르지 않아 빈 채로 두고 갔던 통 가득히 맥주가 담겨 있었다. 요나스는 이 일을, 성 콜롬바누스의 맥주 사랑과 수도원장의 부름에 절대 복종한 식품 관리 담당 수도사의 참된 순종을 어여쁘게 여긴 하느님의 은총이 빚은 기적으로 기술했다.

이런 일화 외에 중세 수도원에서 실제로 맥주가 어떻게 양조되었는지 소개한 사료는 매우 드물다. 중세 맥주 양조를 기술한 대표적인 문헌으로 카롤루스 대제Karolus Magnus, 742?~814의《촌락대장Capitulare de Villis》을 꼽을 수 있다. 서기 800년 이전 토지 부동산 및 각종 관습부과조에 관해 적절한 행정이 시행되도록 제정한 규정을 담은 이 문헌에서 중세 수도원 맥주 양조를 추적할 수 있다. 문헌에는 각 수도원에서 맥주 양조장을 갖추고, 전문 기술자가 맥주를 양조해야 한다고 기록되어 있다. R. 엉거Unger가 설명했듯이 카롤루스 대제의 프랑크왕국에서는 큰 수도원에서 대규모 맥주 생산이 이뤄졌고, 이후 중세 수

'맥주의 영혼', '녹색 황금'이라 불리는 홉. 장미목 삼과에 속한 식물로 맥주의 원료로 쓰인다.

도원에서는 이전 세대의 양조법을 지키면서도 더 나은 맛을 추구하고자 노력했다. 아쉽게도 메로빙 시기(476~750)의 수도원에서 이뤄진 맥주 양조에 관한 기록은 거의 없으나 몇몇 문서를 통해 곡식을 빻아 맥아를 만드는 장소, 곧 '세르부아즈cervoise' 또는 '케르비시아'를 준비하는 양조장의 존재를 찾아볼 수는 있다.

맥주 양조에 처음으로 홉hop을 사용한 이들도 바로 수도사들이었다. '맥주의 영혼', '녹색 황금'이라고 불리는 홉은 장미목 삼과에 속한 식물로, 꽃잎 아랫부분에서 채취한 '루풀린lupulin'이라는 노란색 가루가 맥주의 쓴맛과 풍미를 내는 원료로 쓰인다. 홉은 맥주의 맛을 살리

1. 음식, 유로메나의 과거를 기억하다

고 보존력도 높이는 기능을 한다. 수녀원장 힐데가르트 폰 빙엔Sanctus Hildegardis Bingensis, 1098~1179처럼, 중세 수도사들은 홉의 효용을 이미 알고 있었던 것이다. 맥주 양조 기술과 온도 차이에 따른 보관 방법 등 중세 수도사들의 기술과 노동은 점점 더욱 정교해졌다.

그루트에서 홉으로

중세에 맥주를 양조한 방법은 오늘날과 크게 다르지 않다. 곡물은 맥주 양조에서 가장 중요한 요소다. 13세기까지는 맥주를 만드는 데 보리, 귀리, 스펠타 밀, 밀과 호밀 등 다양한 곡물을 사용한 것으로 추측된다. 생산과 운송을 고려할 때, 가장 일반적으로 선호되는 곡물은 보리다. 중세 맥주를 양조하기 위한 시설로는 무엇보다 보리로 만든 맥아즙을 끓일 화력을 제공하는 화덕과 물레방아가 필수다. 포도주 양조와 달리 맥주 양조는 보리를 비롯한 곡물의 껍질을 벗기고 빻아서 고운 가루로 만드는 작업이 우선되어야 하므로 물레방아가 반드시 필요하다. 보리로 만든 맥아즙을 끓인 후 발효시켜야 하므로 따뜻한 온도와 습도를 유지할 수 있는 공간 역시 필요하다. 1250년 7월 맥주 양조장 양도 문서에는 뫼즈강 부근 생랑베르 샘물 가까이 위치한 '모든 양조 도구를 갖춘 맥주 양조장braxina cum utensilia'이라는 구체적인 조건이 언급되어 있다. 게다가 맥주 양조에 사용되는 주요 도구로서 냄비 또는 양조통에 관한 설명도 등장한다.

중세 맥주 양조의 시작은 보리를 맥아로 만드는 단계, 곧 '맥아 만들기'다. 물레방아로 보리 알갱이의 껍질을 벗긴 후 곱게 빻은 맥아를 끓이거나, 뜨거운 물에 담가 우려낸 액체를 '맥아즙'이라고 부른다. 그리고 이 맥아즙에 홉을 첨가해 섭씨 100도에서 2시간 정도 끓인 다음 식혀 숙성시켜야 하는데, 중세에는 맥아즙에 홉을 첨가하는 것이 일반적인 일은 아니었다.

홉 사용이 확대되기 전에 중세 농촌과 수도원 맥주 양조자들은 맥주의 특별한 맛과 특성을 만들고자 지역마다 쉽게 구할 수 있는 각종 허브나 식물을 첨가했다. 당시 맥주 양조자들은 이러한 식물을 첨가함으로써 맥주 맛을 더하고 때로는 맥주 맛을 지속할 수 있다고 생각했다. 이때 사용된 다양한 허브 혼합체 또는 이것을 독점 판매할 수 있는 권리를 가리켜 '그루트gruit'라 한다. 신성로마제국의 오토 3세Otto Ⅲ가 위트레흐트 교회에 기증한 999년 4월 11일 자 문서에도 맥주 양조에 쓰이는 그루트가 언급되어 있다. 그루트를 일컫는 단어는 지역에 따라 다양하다. 예를 들면 투렌에서는 때때로 '마이리아mairia'로, 하인리히 3세Heinrich Ⅲ가 쓴 1040년 6월 5일 자 문서에서는 '마케리아maceria'로 지칭했다. 맥주의 쓴맛을 누르는 향신료로 이용된 그루트는 흔히 정향나무나 육계 같은 향료와 약초를 혼합하기도 하고 특히 저지대 지방에서는 습지 식물을 혼합하여 만든 것으로 알려져 있으나, 발효를 활성화하는 밀이나 다른 곡식으로 만들어졌다는 주장도 있다.

9세기경 잉글랜드에서는 풍부한 맥아즙과 향신료, 꿀로 맛을 내고 발효된 에일로 만든 브래고트bragot라는, 일종의 벌꿀술이 등장했다. 브래고트의 'brag'는 '맥아'를, 'got'는 '벌집'을 뜻한다. '하얀 밀'을 뜻하는 고대 켈트어 '브라키스bracis'에서 유래한 브래고트는 브라켓 bracket, 브래곳braggot, 브라겟bragget, 브래고드bragawd 등으로 불리기도 했다. 그러나 817년 아헨 공의회, 868년 보름스 공의회, 895년 트리부르 공의회에서 교회는 벌꿀술과 에일ale의 차이점을 강조했다. 이들 공의회의 논의를 통해 에일에 벌꿀술을 섞어 파는 상술에 경악한 중세 교회의 태도를 엿볼 수 있다.

10세기경 모장Mosan 중부 지역의 맥주 양조자들은 맥주 양조에 다양한 습지 식물을 혼합한 그루트를 첨가했다. 모장은 '뫼즈강 유역'을 뜻하는 말로 특히 오늘날의 벨기에 리에주 지방을 가리킨다. 1068년, 오늘날의 벨기에 왈롱 리에주주州에 위치한 도시 위이의 주교는 "맥주 양조자들이 맥주 양조에 좋은 피그멘툼pigmentum을 사용할 것"이라고 쓰고, "이 지역의 물이 그루트를 만들 식물 재배에 적합하지 않다"고 부연했다. 그는 이곳에서 만들어진 그루트가 맥주 양조에 적절하지 않고 심지어 맥주의 질을 떨어뜨린다고 지적했다. 이러한 맥락에서 볼 때, 그루트는 높은 습도가 필요한 습지 식물을 재료로 하는 것으로 추측할 수 있다. 놀라운 사실은 맥주의 질을 높이기 위해 '피그멘툼'이라는 좋은 그루트를 사용할 필요를 강조했으며 물의 중요성도 인식하고 있었다는 것이다. 실제로 대부분의 맥주 양조장은 큰 강가에 자리잡고 있다. 중세 맥주 양조에 최적의 장소는 곡물을 빻는 물레방아를 설치할 수 있고 질 좋은 그루트 재료를 확보할 수 있는 강변이나 샘 또는 우물가였을 것이다.

중세 말 그루트는 홉과 경쟁하게 되었다. 실제로 홉은 맥주 맛을 향상할 뿐만 아니라 맥주의 장기 보관과 원거리 상업을 가능하게 해주었다.

애초에 홉은 약초나 푸성귀로 식용되었다. 768년 9월 피피누스 3세Pippinus III가 생드니 수도원에 기증한 내용을 기록한 문서, 그리고 822년 생코르비 수도원장이 제분업자들에게 보리를 빻아 맥아를 만드는 것과 홉humionem에 세금 면제 조치를 내린 문서에 따르면 이때 이미 맥주 양조에 홉이 사용되었던 것으로 추측할 수 있다.《생제르맹데프레 수도원의 영지 명세장Polyptyque de l'abbé Irminon des manses, des serfs et des revenus de l'abbaye de Saint-Germain-des-Prés sous le règne de Charlemagne》에서 홉은 주요 관습부과조consuetudines의 대상으로 취급된다. 관습부과조란 오래전부터 영주들이 관행으로 받아온 각종 명목의 세금을 말한다. 그러나 당시까지만 해도 홉은 맥주 양조 재료보다는 약재로 사용되었을 가능성이 훨씬 높다. 그런데 13세기 말경 독일에서 맥

1. 음식, 유로메나의 과거를 기억하다

제정된 지 450년이 넘은 맥주순수령을 기념하여 1983년 독일 연방우체국에서 발행한 우표.

주 양조에 홉을 사용하기 시작했고, 14세기 초에는 저지대 지방에서도 홉을 맥주에 첨가했다. 이어 1394년 리에주에서 '홉이 들어간 맥주'라는 표현이 등장한다. 중세 맥주와 홉의 만남으로 맥주 상업은 더욱 활기를 띠게 되었다. 와인의 주요 생산지인 부르고뉴의 군주들도 맥주에 상당한 관심을 보였고, 15세기 부르고뉴 공 장 1세Jean sans Peur, 1371~1419는 홉 사용에 대해 세금을 징수했다.

1487년 11월 30일 바이에른 공 알브레히트 4세Albrecht IV는 "맥주는 물, 맥아, 홉 단 세 가지 재료만을 사용해야 한다"라는 맥주순수령Reinheitsgebot을 제정했다. 그의 아들 빌헬름 4세Wilhelm IV도 1516년 4월 23일 바이에른공국의 모든 이가 맥주순수령을 준수하도록 공포했다. 맥주 순수령은 맥주 양조에 보리로 만든 맥아만 쓰고, 귀한 식량인 밀은 쓰지 못하도록 한 것이다. 그러나 맥주순수령을 통해 당시 홉이 모든 그루트를 대체했다는 사실을 알 수 있다.

맥주 양조에 관한 중세의 기록

중세 초기 알프스 이북의 유럽에는 맥주 양조에 관한 언급은 존재하나 맥주 양조 과정과 방법을 구체적으로 기록한 자료는 거의 없다. 하지만 프랑크왕국에서 맥주 양조는 공통의 관심사였다. 특히 포도주가 넉넉지 않은 경우 맥주에 대한 수요가 매우 증대할 터라 대비책이 필요했다. 결국 카롤루스 대제나 이후 카롤링 왕조 군주들의 맥주에 대한 관심은 자연스레 커질 수밖에 없었다. 카롤루스 대제는 맥주의 질을 높이고자 궁정에 맥주 만드는 자를 확보하고자 했다. 《촌락대장》의 45조와 61조에는 숙련된 기술을 가진 이들 중에 맥주 양조를 담당하는 이들이 등장한다. 맥주 만드는 것을 책무로 하는 '보누스 아르티펙bonus artifex' 또는 '마기스테르magister'라 불리는 전문가들이 있었다. 이 문서에서는 놀랍게도 맥주를 만들 때 주의할 점까지 짚어 두었다. 곧 훈제 고기, 염장, 식초, 꿀, 버터와 치즈, 맥주 등을 만들 때는 숙성 과정을 잘 보살펴야 하며, 양손을 쓰는 작업이므로 청결에 주의해야 한다고 강조했다. 게다가 매년 담당 관리들이 주의를 기울여야 할 징세 항목을 하나하나 상세히 열거하면서, 토지세와 통행세, 숲이용세와 다리 통행세, 시장세, 포도주·꿀 등과 함께 맥주에 대한 관습부과조를 명시했다.

맥주 양조가 이루어지는 공간이나 맥주 양조장에 관한 기록은 9세기를 지나면서 등장한다. 오늘날의 독일 서부 노르트라인베스트팔렌 주에 위치한 코르넬리뮌스터 수도원의 866년 3월 21일 기증 문서에는 맥주 양조장을 일컫는 단어로 보이는 '캄바camba'가 언급된다. 카롤루스 대제 치세 말기 또는 경건왕 루이Ludovicus Pius, 778~840 때에 작성된 것으로 보이는《자산명세Brevium exempla》에는 "물레방아 5개와 정원 4개를 포함한 4개 캄비스cambis"가 등장한다. 또한 805년 4월 2일 네벨룽이라는 사람이 그랑악세 마을(오늘날 벨기에 리에주 소재)에 소유한 모든 것을 생드니 수도원에 기증한다는 문서에서도 '캄바'가 언급된다.

모장 지방에서는 1136년까지 '캄바'라는 단어가 사용된 기록이 있고, 이후 점차 '브락시나braxina'라는 단어가 더 많이 쓰이게 된다. 켈트어의 일파인 갈리아 언어로 '하얀 밀'을 뜻하는 브라키스에서 유래한 것으로 보이는 '브락시나'는 밀 또는 맥아나 보리로 만든 것이라는 의미를 내포한다.《리에주의 생랑베르 수도원 문서집Cartulaire de l'église Saint-Lambert de Liége》을 살펴보면, 1164년과 1170년 사이에 '캄바'를 가리키는 또 다른 단어로 '브락시나'를 사용한 것을 볼 수 있다. 이 문서집의 1261년 12월 7일 문서에서도 '캄바'와 '브락시나'가 동의어로 사용되는 것을 발견할 수 있다. 이후 13세기 중후반에는 '캄바'와 '브락시나'가 '캄베cambe'와 '브레시네bressine'로 대체되어 가는 양상을 보인다.

맥주는 물과 함께 수도원 내에서 소비할 수 있는 식음료인 동시에 수도원에 새로이 수익을 창출하는 재원이 되었다. '방ban' 또는 공권에 기반한 재원 확장에 새로운 기제가 되었던 것이다. '방'이란 본래 게르만 수장의 명령권을 뜻하는데, 나중에는 왕을 포함한 봉건 세속 영주들과 수도원이 영지를 지배하는 권한 곧 공권을 의미하게 되었다. 10세기경 맥주 양조 과정에서 중요한 재료였던 그루트에 대한 관습부과조는 황제에게서 주교로, 그리고 봉건 세속 제후와 수도원으로 양도되기 시작한다.

한 예로《생트롱 수도원 문서집Cartulaire de l'abbaye de Saint Trond》의 1139년 문서에는 생트롱 수도원장이 수도원 내 맥주에 관한 일련의 규칙과 징수할 맥주 양조장세를 언급한 일화가 실려 있다. 여기서 이 수도원이 맥주 양조장을 소유한 이후 매주 그루트에 대한 관습부과조와 '캄바툼cambatum' 또는 '캄바지움cambagium'이라 불리는 맥주 양조장세를 징수했음을 알 수 있다. 이때 맥주 양조업자들은 맥주 양조통 1개당 이전에 지불했던 3드니에 대신 4코파타 또는 2누마타(1누마타=1드니에)를 납부했다. '코파타'란 맥주량을 재는 도량형으로 1코파타는 2분의 1 드니에 가치를 지닌다.

맥주 양조장세는 그루트를 만드는 이들 곧 '그루타리우스grutarius'

라고 불리는 이가 징수를 맡았다. 그루타리우스는 촌락에 있는 모든 맥주 양조장에서 맥주 양조장세를 징수했다. 맥주 양조장세 징수 업무를 담당한 이들에 관한 기록은 모장 지방뿐만 아니라 프랑스 중부의 투렌 등지에서도 찾아볼 수 있다.

수도원의 일상 음료, 맥주

서양 중세 수도원 생활의 규범으로 자리를 잡은 《성 베네딕토 계율》에서는 수도사들의 음식에 관한 규칙을 제시하고, 수요일과 금요일 같은 특정한 날의 식단을 정해놓았다. 포도주는 환자들이나 약한 자들 그리고 고된 노동으로 지친 자들에게 제공된다. 하지만 수도사가 일상적으로 마실 수 있는 포도주의 양은 소량으로 제한되었다.

포도주 제한 규정은 '예수 그리스도의 피'로 여겨지던 포도주를 귀하게 여기고 일상의 음료로 인식하지 않길 바라는 성 베네딕토회 수도사들의 시각이 반영된 것일 수 있다. 동시에 금욕과 절제의 삶을 추구하며 고행을 선택한 수도사들이 포도주를 과다 소비하여 술 취하는 것을 경계하고자 하는 의도도 있을 것이다.

포도주가 부족할 때 수도사들은 맥주를 마셨다. 카롤링 시기 수도사들이 맥주를 적극 수용한 예를 들어보자. 오늘날 프랑스 피카르디 지방에 위치한 생코르비의 수도원장 아달라르Adalhard, 750~826는 포도주가 부족할 경우 주저함 없이 수도사들에게 맥주를 나눠주었다. 메로빙 왕실 후원을 받고 설립된 생코르비 수도원은 이후 카롤링 왕가와도 매우 밀접한 관계를 유지했다. 특히 카롤루스 대제의 사촌동생인 수도원장 아달라르는 카롤링 왕위 계승 문제에 주도적인 정치 행보를 보였다. 그가 카롤루스 대제의 수도원 맥주 양조 계획에 적극적으로 동참했을 가능성을 배제할 수 없다. 생코르비 수도사들은 모든 대축일에 맥주를 2분의 1 리브르(1리브르=326.592~327.450그램) 마실 수 있었다. 1131년 교황 인노켄티우스 2세Innocentius II가 시토 수도회에 속한 클레르보 수도원을 방문했을 때는, 시토 수도사들이 부족한 포도주를 대신해 맥주나 물을 대접하려 하는 모습을 보였다. 그러나 생코르비 수도원과 달리 포도밭 경작에 적극적이었던 시토 수도회는 포도주 사용에 비교적 유연한 태도를 취했다. 클레르보 수도원장 성 베르나르도St. Bernard de Clairvaux, 1090~1153는 수도원 내에서 포도

중세부터 맥주를 빚어온 트라피스트 수도회의 방식으로 생산되는 트라피스트 맥주들.

1. 음식, 유로메나의 과거를 기억하다

주 마시는 것을 허가하며, 단 필요 이상 마시면 안 된다는 원칙을 제시했다.

14세기에 리에주의 생야고보 수도원 수도사 레오나르Léonard는 자신과 동료 수도사들의 식생활에 관한 귀중한 증언을 남겼다. 수도사 레오나르가 소개한 수도원의 건강식단 음료에는 차와 물, 그리고 맥주와 포도주가 있다. 포도주는 식사 중에 제공된다. 그리고 가장 일반적인 음료였던 물과 맥주는 일상이나 단식 때에도 마실 수 있었다. 당시 수도사들에게 맥주는 포도주와 달리 물을 대신할 수 있는 일상 음료였던 것이다. 수도사 레오나르는 맥주를 크게 두 종류, 곧 가벼운 맛의 '세르비지아'와 깊은 맛의 '호파hoppa'로 나누었다. '호파'는 홉이 들어간 맥주다. 홉이 들어간 맥주에 관한 기록은 1340년과 1368년 사이 플랑드르, 아르투아와 피카르디 지방에서 처음 등장한다.

중세 수도사들이 사랑한 수도원 맥주

카롤루스 대제를 비롯한 카롤링의 왕들은 맥주 양조와 맥주 관습부과조에 꾸준히 관심을 기울였다. 왕을 포함한 봉건 세속 영주들은 9세기 초부터 유명한 맥주 양조장을 소유하기 시작했고, 맥주 생산과 소비를 늘려나가면서 투자 비용을 회수하고 더 큰 이익을 남기고자 했다.

중세 교회, 특히 수도원도 맥주 주생산자임과 동시에 주요 소비자였다. 금욕과 절제를 추구하던 중세 교회에서는 수도사들의 포도주 소비를 제한했고, 따라서 포도주를 대신할 음료가 필요했다. 물, 우유와 맥주가 수도사의 주된 일상 음료가 될 수 있었는데, 중세인들에게 우유는 그다지 선호되지 않는 음료였다. 그래서 물과 맥주가 수도사들의 일상 음료가 되었고 맥주 소비는 문제될 바 없었다. 수도원에 묵는 병자들과 여행객 또는 성지 순례자들에게도 환영과 접대의 의미로 맥주를 제공했다.

이러한 맥락에서 볼 때, 중세 수도원 맥주의 성장과 수도원 맥주 양조 기술의 발달은 자연스러운 결과라 할 수 있다. 맥주 양조에는 기술과 시설이 절대적으로 필요하기 때문이다. 우선 물이 흐르는 장소가 선결 조건이었다. 맥주를 양조하려면 보리와 같은 곡식을 곱게 빻아야 하므로 물레방아를 사용할 수 있어야 한다. 흐르는 물로 돌리는 물레방아는 봉건 세속 영주나 교회 영주의 소유물이었고, 이용하려는 사람은 사용료를 지불해야 했다. 그리고 맥주의 쓴맛을 다스릴 수 있는 그루트를 만들려면 습지에서 자라는 식물이 필요했다. 곱게 빻은 곡식 가루로 맥아를 만들려면 열과 습도를 충족할 수 있는 공간 역시 필요했다. 그러므로 맥주 양조 관련 문서에는 물레방아, 숲과 물이 흐르는 곳에 대한 독점권이 명시되며, 이에 수반되는 사용료 및 관습부과조도 상당히 중요한 비중을 차지한다. 물레방아, 숲과 시장 등의 시설에 대한 독점권을 가진 카롤링 왕들과 봉건 세속 영주들, 중세 교회와 수도원에서 맥주 양조 과정에 부수된 각종 관습부과조에 적극적인 관심을 보인 것도 당연하다.

'예수 그리스도의 피'로 여겨지던 포도주와는 달리 맥주를 물과 같은 일상 음료로 간주하던 중세 수도사들의 관심도 상당히 적극적이었다. 수도사들은 맥주 양조에 필요한 시설 개선과 기술 향상에 누구보다 적극적이었다. 서양 중세 봉건 사회의 전형적인 삶을 이루는 한 조각이라 할 만한 중세 맥주는 수도사들의 꾸준한 사랑과 관심으로 새롭게 빚어지기 시작했다.

물 프리트

감자튀김을 곁들인 홍합탕

재료

홍합 1kg, 양파 1개, 대파 2대, 마늘 2쪽, 파슬리 15g, 버터 15g, 백포도주 100mL, 물 100mL, 냉동 감자튀김 800g, 크림 100mL.

만드는 법

1 홍합을 잘 손질하고, 양파와 대파는 다진다. 마늘은 으깨 놓는다.

2 마리니에르 소스 만들기: 깊은 냄비에 버터, 양파 다진 것, 파 다진 것을 넣고 볶는다. 양파 색이 변하지 않도록 약한 불에서 조리한다. 여기에 으깬 마늘 전부와 파슬리 절반을 넣어 뚜껑을 덮고 2분간 익힌다.

3 2에 백포도주와 물을 넣고 끓어오를 때까지 은근한 불로 가열한다. 이때

냄비 뚜껑은 열어둔다. 타임이나 월계수 잎 등을 넣어도 무방하다.

4 3에 홍합을 넣고 뚜껑을 닫고 센 불로 5분간 익힌다. 골고루 익도록 중간에 홍합을 위아래로 섞는다. 5분 뒤 뚜껑을 열었을 때 홍합이 입을 벌리고 있다면 익은 것이다. 그렇지 않다면 뚜껑을 덮고 1~2분간 더 익힌다.

5 한편, 냉동 감자튀김을 조리법에 따라 오븐이나 에어프라이어로 조리한다.

6 홍합과 홍합 국물을 분리한다. 입을 벌리지 않은 홍합을 빼내고, 익은 홍합은 다시 냄비에 담고 뚜껑을 덮어 식지 않도록 한다.

7 홍합 국물을 별도의 냄비에 담아 끓인다. 크림을 넣으면 묽어지므로 국물이 절반 정도로 줄어들 때까지 졸인다. 국물이 줄어들면 불을 낮추고, 크림이나 각종 허브 등을 넣어 홍합 국물 맛을 완성한 후, 익힌 홍합을 다시 국물에 담는다.

8 완성된 홍합탕과 감자튀김을 같이 낸다.

Boretius, Alfred, ed., *Brevium exempla ad describendas res ecclesiasticas et fiscales, MGH, Capitularia* 1, Hannoverae: impensis bibliopolii Hahniani, 1883.

Deckers, Joseph, "Recherches sur l'histoire des brasseries dans la région mosane au moyen âge", *Le Moyen Age*, Paris: A. Picard, 1970, T. 76.

Guérard, Benjamin, *Explication du Capitulaire de Villis*, Paris: Typographie de Firmin Didot Frères, 1853.

Hornsey Ian, Spencer, *A History of beer and brewing*, Cambridge: Royal society of chemistry, 2003.

Unger, Richard Watson, *A History of Brewing in Holland 900-1900*, Leiden: Boston: Köln: Brill, 2001.

Xhayet, Geneviève, "Une diététique monastique liégeoise du XIVe siècle: Le régime de santé du frère Léonard de Saint Jacques", *Bibliothèque de l'École des chartes*, Société de l'École des chartes, 2007, T. 165.

1. 음식, 유로메나의 과거를 기억하다

베이글, 폴란드 유대인의 기억

| 성일광 |

중세에 많은 국가가 유대인의 제빵제과 사업을 금지했다. 하지만 언제부터인가 폴란드에서 유대인의 제빵제과 사업을 허가하면서 유대인들이 베이글을 구워서 판매할 수 있게 되었다. 19세기 말 베이글은 미국으로 건너가서 도넛의 인기를 뛰어넘어 미국 전역으로 퍼져나갔다. 유대인에게 베이글이란 무엇일까? 고난의 유대인 역사에서 베이글은 어떤 존재였을까? 베이글이란 창을 통해 중세 이후 폴란드와 유럽 유대인 삶의 일면을 들여다보려 한다.

둥근 고리 모양의 빵, 베이글

———

아슈케나지 유대인 곧 중부·동부 유럽계 유대인의 언어인 이디시어로 '٦ג"ג'이라고 쓰는 베이글bagel은 전통적으로 효모를 넣은 밀반죽을 주먹만 한 고리 모양으로 빚어 만든 빵으로, 먼저 물에 삶은 다음 구운 것이다. 겉은 갈색을 띠고 때로 바삭하지만, 속은 조밀하고 쫄깃한 맛을 낸다. 종종 겉껍질에 양귀비 씨앗이나 참깨를 얹어 구워낸다. 모양이 도넛과 비슷하고 질감은 비알리bialy와 비슷하다. 러시아나 우크라이나의 부블리크bublik도 매우 유사하지만 베이글이 약간 더 크고 구멍이 넓으며, 더 건조하고 쫄깃하다. 프레츨, 특히 크고 부드러운 프레츨과도 흡사하다.

베이글은 미국, 캐나다, 영국에서 특히 시카고, 뉴욕시, 로스앤젤레스, 몬트리올, 토론토, 런던과 같이 유대인 인구가 많은 도시에서 인기가 높고, 지역마다 각각 다른 방법으로 만들어진다. 미국 유대인에게 베이글은 유럽 유대인의 삶 곧 '구세계'의 유산이자, 동시에 이주민이라는 유대인 집단의 성격을 드러내는 문화 요소이기도 하다.

21세기 북미 지역에서는 미니베이글부터 속이 두툼한 파티용 베이글과 사각형 베이글도 볼 수 있는데, 크랜베리 그래놀라와 피나 콜라다 맛이 대표적인 맛이다. 겉껍질에 얹어 굽는 토핑 재료로 양귀비씨, 참깨, 캐러웨이씨, 마늘, 슈트로이젤 등이 쓰인다. 흔하게는 베이글을

베이글(위 오른쪽)은 부블리크(위 왼쪽), 프레츨(아래 왼쪽), 비알리(아래 오른쪽)와 모양이 유사하다.

가로로 잘라 크림치즈, 베이컨, 계란 등을 끼워서 샌드위치처럼 먹는
다. 유대인들이 점차 도시 외곽으로 이동하고 2세대 유대인이 캘리포
니아와 플로리다로 이주하면서 비유대인들 사이에서도 베이글과 훈
제연어 브런치가 일요일 아침 식단으로 자리잡게 되었다. 크림치즈
를 바르고 훈제연어를 얹은 전통 베이글에 버터, 올리브, 무 혹은 양
파와 토마토 조각을 올리는 조리법이 등장했다.

　북미의 주요 전통 베이글로 꼽히는 것은 몬트리올 스타일과 뉴욕

길다란 고리 모양인 예루살렘 베이글(왼쪽)과 참깨를 올린 몬트리올 베이글(오른쪽).

스타일이다. 몬트리올 베이글은 유대인 사회에 국한되지 않고 몬트리올 전역으로 퍼져나가 도시 문화의 일부가 되었다. 뉴욕 베이글에 비해 몬트리올 베이글은 크기가 작지만 구멍은 더 크고, 더 달콤하며 밀도가 높다. 맥아와 달걀을 함유한 반죽을 꿀 탄 물에 삶은 다음 장작 화덕에서 굽는데, 화덕의 불규칙한 불꽃으로 인해 표면이 얼룩덜룩한 색으로 변한다.

뉴욕 베이글은 뉴욕시 유대인 사회에서 기원한 것이다. 유래를 더 올라가면 폴란드 아슈케나지 유대인이 만들던 방식이다. 전통 뉴욕 베이글은 대량 생산되는 베이글이나 몬트리올 베이글보다 더 크고 두껍다.

1. 음식, 유로메나의 과거를 기억하다

예루살렘 베이글은 고리 모양이지만 전통적인 베이글보다 길쭉하다. 중동(서아시아) 전역에서 볼 수 있는, '구운 음식'을 뜻하는 카악kaak 류의 빵이다. 일반적으로 직사각형 고리 모양이며, 참깨가 덮여 있고, 누룩을 넣은 반죽의 질감이 일반 베이글보다 가볍다.

전통적인 베이글 조리법은 다음과 같다.

1. 밀가루와 소금, 물, 이스트를 섞고 반죽한다.
2. 반죽을 가운데에 구멍이 뚫린 모양으로 만들고, 저온에서 12시간 이상 숙성시킨다.
3. 숙성된 반죽을 물에 끓인다. 물에 가성 소다나 베이킹 소다, 맥아 시럽이나 꿀을 넣기도 한다.
4. 오븐에서 잘 구우면 베이글이 완성된다.

전통적인 수제 베이글이 완전한 원형이 아니라 등자 모양처럼 약간 찌그러진 타원형인 이유는 삶은 베이글을 굽기 전에 한쪽을 구이판에 눌러 찌그러뜨리기 때문이다.

베이글의 기원
———

익힌 후 구워서 만든 고리 모양 빵이 최초로 언급된 사료는 13세기

빈 전투에 참가한 얀 소비에스키. 폴란드 지방 제빵사가 오스만의 공격을 물리친 소비에스키 왕에게 등자 모양의 빵을 바친 것이 베이글의 기원이 되었다.

아랍어 요리책이다. 이 책에서는 이 빵을 '카악'이라 했는데, 카악은 비스킷을 의미하는 아랍어 단어다. 또 중동 지역에서는 구운 음식을 가리켜 말할 때도 카악이라고 한다.

베이글이란 이름은 독일어로 '등자'를 뜻하는 '보이겔beugel'에서 기원을 찾을 수 있다. 보이겔은 현대 독일어로 등자나 옷걸이처럼 구부러진 도구를 뜻하는 '뷔겔bügel'의 고어인데, 보석, 활 또는 양모 뭉치를 의미하기도 했다. 그런데 이디시어와 오스트리아독일어, 남부독일 방언에서는 보이겔이 '나무 더미'를 뜻하는 '보이게beuge'의 변형으로, 둥근 빵 덩어리를 가리키는 데 사용된다.

1. 음식, 유로메나의 과거를 기억하다

폴란드 유대인 사회의 전승에 따르면, 베이글의 기원은 1683년 오스만튀르크의 빈 포위를 깨뜨려 오스트리아를 구해준 폴란드 왕 얀 3세 소비에스키Jan III Sobieski, 1629~1696에게 지방 제빵사가 감사의 뜻으로 구워 바친 빵이다. 소비에스키 왕이 기병을 이끌고 오스만의 공격을 물리쳤기 때문에 등자 모양으로 만들었다는 전승이다. 소비에스키는 자신이 1683년 오스만튀르크에 치명적인 패배를 안긴 영웅으로 기억되길 바랐을 것이다. 다만 자신의 이름과 승리가 베이글의 유래에 관한 민간전승의 일부로 남았다는 사실을 안다면 매우 놀랄 것이다.

소비에스키 전승과 달리 빈 전투가 벌어지기 73년 전, 소비에스키가 출생하기 19년 전에 이미 베이글의 존재를 기록한 사료가 있다(한편 베이글과 비슷한 폴란드의 빵 오브바르자네크obwarzanek는 1394년 왕실 기록에 등장한다). 바로 1610년 크라쿠프 유대인협의회의 규정이다. 유대인들은 빠르면 7세기 즈음 폴란드에 거주하기 시작했고, 서유럽에서 폴란드로 이주하기 시작한 것은 12세기 이후로 추정된다. 독일과 프랑스에 살던 유대인들이 집단적으로 이주한 이유는 불안감 때문이었다. 그리스도교 길드(상업 및 수공업 동업조합)는 유대인 수공업자와 무역업자의 상업 활동을 어렵게 했다. 따라서 많은 유대인이 고리대금 업종으로 전환할 수밖에 없었다.

크라쿠프에서 유대인협의회는 유대인 음식 정결법인 '코셔Kosher'

준수와 개인의 소비를 관리하는 역할을 했다. 협의회가 정한 '사치 방지법'은 두 가지 목적을 위해 제정됐다. 이웃 이방인의 시기를 사지 않고, 가난한 유대인이 분수에 맞는 생활을 하도록 지도 감독하는 것이다. 치유 능력이 있는 다이아몬드를 임산부만 손에 낄 수 있도록 한 것은 사치스러운 보석이 오가면 이방인의 시기를 살 수 있기 때문이다. 베이글은 다이아몬드처럼 사치스럽지는 않지만 호밀보다 네다섯 배 비싼 밀로 만드는 만큼 협의회가 소비를 조절할 수밖에 없었다.

베이글 규정은 남자아이의 할례 축하연에도 적용되었다. 관련 사료에서는 정확히 누가 베이글을 보내고 누가 받을 수 있는지 자세히 설명한다. 당시 이디시어 전문가들은 다양한 의견을 개진했는데, 한 전문가는 다양한 케이크와 빵을 소년의 할례 행사에 사용하는 것이 일반적인 관례라고 설명한다. 다른 전문가는 베이글을 산후에 산파와 간병인에게 선물로 줄 수 있다고 주장했다.

폴란드에서 베이글이 발전한 이유

북유럽 거주 유대인들은 폴란드 국왕의 보호 아래 사는 것이 더 안전하리라고 판단했다. 공식적으로 폴란드 통치자들은 새로 이주해 온 유대인들이 안전하게 사업에 전념하도록 사업권을 보장했고, 독립적인 공동체 조직과 종교 활동을 허가했다. 이와 관련한 최초의 사료는

경건공 볼레스와프Bolesław the Pious, 1224~1279 왕자가 1264년 유대인의 권리를 보호하고자 제정한 칼리시 법령The Statute of Kalisz이다. 분열되었던 폴란드공국이 14세기 폴란드왕국 아래 통일된 뒤에도 칼리시 법령은 유대인 공동체와 왕실 관계의 법적 토대가 되었다.

국왕 카지미에시 3세Kazimierz III, 1310~1370는 유대인 권리 보호 정책을 영지 전체로 확대 적용했다. 유대인 민간 설화에서 폴란드 국왕 중에 '위대한'이란 별명이 붙은 유일한 인물이 바로 카지미에시 3세다. 그가 유대인을 폴란드로 처음 데려왔고, 유대인 여성 에스테르카와 결혼해 네 자녀를 낳았다는 전설이 내려온다. 구약성서 〈에스델〉 서의 주인공과 이름이 같은 만큼, 유대인 여성 에스델이 페르시아 왕비가 되어 동족에 대한 박해를 막았다는 성서 이야기를 차용한 것으로 추정된다. 17세기 유명한 유대인 격언에 따르면 "폴란드 왕국은 귀족에게 천국, 도시민에게는 연옥, 농부에게는 지옥, 유대인에게는 낙원"이었다. 이처럼 유대인에게 관대했던 폴란드의 정책 덕분에 유대인의 베이글 제빵 사업 역시 자연스레 성행할 수 있었다.

유대인 종교와 삶 속의 베이글

18세기 전반, 본명은 이스라엘 벤엘리에제르Israel Ben Eliezer이지만 '덕망을 가진 자'란 뜻인 바알 셈토브Baal Shem Tov, 1700~1760로 더 잘 알려진 유대인 설교자가 나타났다. 당시 많은 사람이 폴란드의 거리에서 치료자로 활동했다. 셈토브는 일상생활에 혼란을 주는 악령에게서 사람들을 보호하는 역할을 했다. 셈토브는 카리스마를 가진 설교자 이며 동시에 유대교의 영적 갱생 운동인 하시딤Hasidim의 창시자였다. 그는 노래, 춤과 이야기를 통해 일상생활과 자연에서 신을 찾는 즐거 움을 설교하면서 평범한 사람들에게 감동을 주었다.

어느 날 셈토브는, 위험에 빠졌을 때 베이글 하나를 던져주면 이방 인도 도와줄 것이라고 설교했다고 한다. 한 바보가 그 설교를 듣고 며 칠 후 강물에 빠졌다. 바보는 호주머니에 넣어둔 베이글이 기억났다. 비록 물에 젖어버렸지만, 그는 들판에서 일하는 농부에게 베이글을 던졌다. 베이글이 땅에 떨어지자마자 농부들이 달려와 그를 구해주 었다. 타자의 선행에 대해 믿음을 북돋으려 했던 이 우화는 베이글에 의미를 부여함으로써 일상을 신성화하고 신앙인들이 신에 더 가까이 가도록 하는 하시딤 정신이 무엇인지를 보여준다.

원형 물건은 불멸을 상징한다는 믿음 때문에 베이글은 죽음과 관 련된 의식에도 등장한다. 베이글은 유대인 애도 의식의 한 부분이 됐 고 오늘날까지 장례 음식 중의 하나다. '티샤 브아브Tisha B'Av' 곧 유대 력의 아브월 아홉째 날은 바빌론과 로마에 의해 예루살렘 성전이 파 괴된 것을 애도하며 금식하는 날이다. 금식일 하루 전 동유럽 유대인 들은 상징적인 식사로 재를 얹은 삶은 달걀과 베이글을 먹는 것이 관례였다. 이와 관련된 19세기 리투아니아 민요에 베이글이 등장한다.

티샤 브아브에 너는 금식한다
음식을 먹으면 안 된다
금식하기 전 재를 얹은 베이글을 먹는다
금식하기 전 와인 한 병을 마신다
너는 3시까지 통곡한다
그런 다음 너는 주린 배를 채운다.

종교의식뿐만 아니라 일상생활에서도 베이글은 유대인 민속문화
에 깊숙이 스며들었다. 1800~1900년 러시아가 폴란드를 분할해 지
배하던 지역에서 주민의 밀 소비량이 3배 증가했다. 물론 당시 1인
당 연간 밀 소비량은 57킬로그램, 곧 1주당 소비량이 1킬로그램 정도
밖에 되지 않았고, 여전히 연간 감자 소비량이 절대적으로 높아 무려
405킬로그램에 달했다. 다시 말해 밀 소비량이 늘었다 해도 당시 이
지역을 방문한 사람은 일상생활에 뿌리내린 빈곤에 충격을 받을 수
밖에 없었다. 당시 유대인 문헌은 소시민 유대인 수공업자의 수입이
얼마나 적은지 보여준다.

한 재단사는 목표 달성을 위해 일주일 꼬박 일했다. 그러나 그

유대인 민간전승에서 제빵사의 위상은 엇갈린다. 제빵사는 단순히 노동자로 분류되지만 빵의 중요성 때문에 존경의 대상이 되기도 했다. "힘든 시기 도움을 주려거든 의사보다 제빵사에게 주는 게 낫다"는 이디시 속담이 있다. 베이글 제빵사의 전형은 없지만, 베이글 굽기는 힘들고 지저분한 일로 인식됐다. 누군가 "바닥에 엎어져 베이글을 굽는다"는 말은 일반적으로 낙담한 상태를 가리키는 것으로 해석된다. "가서 베이글이나 구워라!"라는 경고는 욕이지 칭찬이 아니다. 반면 '베이글 오븐'은 종종 '이디셰르 오이븐yiddisher oyvn' 혹은 '유대인 오븐'으로 불렸는데, 주로 유대인이 베이글을 구웠다는 시대상을 반영한다.

베이글 제빵사는 생활이 어려워 추가로 다른 직업을 갖는 경우가 허다했다. 동유럽의 마을과 도시를 기록한 책에 나오는 제빵사 라이체르란 인물은 군악대에서 플루트를 연주했다. 깡마르고 키가 큰 슐레이메는 병원 기금 모금과 상조회 일을 하고 장날에는 구멍이 큰 베이글을 구워 팔았다. 그달예는 제화공이자 베이글 제빵사였는데, 장인들이 모이는 회당에서 토라를 낭독했다. 그달예는 베이글을 구운 다음 아침 기도를 위해 집을 나서고, 부인은 시장에서 베이글을 팔았다. 부인이 온종일 서서 베이글을 파느라 힘들다며 싸움을 걸면 그달예는 "나는 장인이지 판매원이 아니다"라고 둘러댔다.

　여성도 베이글을 굽거나 판매했다. 베이글을 굽는 오븐인 바이베리셰르vayberisher는 '부인의 오븐'이라고 불리기도 했다. 솀토브의 다음 이야기는 여성이 베이글을 굽고 판매해 삶을 영위하는 것이 용인되는 시대였음을 알려준다. 솀토브는 그리스도교로 개종해 부유한 이방인과 결혼하려는 한 유대인 소녀에게 "유대인 제빵사와 결혼해 시장에서 베이글을 판매하는 게 낫겠다"라고 조언한다.

베이글에 담긴 유년시절의 추억, 혁명의 기억

──────

베이글에 대한 향수는 회고록의 주제가 되기도 했다. 한 여성은 수요일이 빨리 돌아오기를 기다리곤 했는데 베이글 제빵사 허셸이 방문하는 날이기 때문이었다. 베이글에 대한 흥분을 표현하며 식감과 맛이 은근히 중독성 있다고 적어놓은 기록도 있다. 어느 회고록에서는 "우리 집은 모셰 베르츨 할아버지가 방문할 때마다 기쁨이 넘쳤다. 그는 겨울에 종종 방문했는데 자신이 주문한 베이글이 따뜻한 상태로 도착했으면 좋겠다고 말했다"고 전한다.

　이탈리아의 고리 모양 케이크 참벨라ciambella를 닮은 반지 모양 베이글은 어린이들의 호감을 끌어내기도 했다. 그저 먹기 쉬울 뿐만 아니라 목걸이처럼 목에 걸 수 있고 줄다리기 게임도 가능했다. '베이글에 면이 몇 개 있는지' 묻는 수수께끼도 있다. 정답은 안쪽과 바깥쪽 두 면이다. 베이글은 어린이들의 다양한 활동에 등장한다. 술래잡기에서 술래가 놀이의 시작을 알리기 위해 부르는 노래에도 베이글이 등장한다.

어디 서 있니? 통 위에 서 있지.
뭘 마시니? 사과 사이다를 마시지.
뭘 굽고 있니? 베이글.
새를 잡아봐!

베이글은 좀 더 큰 어린이에게 숫자 세는 법을 가르치는 대화에도 등장한다. 친척들이 안식일 복장으로 둘러앉은 식탁에서, 랍비는 '후마시chumash' 곧 모세 5경 공부를 시작한 소년에게 이렇게 묻는다.

랍비: 무슨 책을 배우고 있니?
소년: 감사하게도 후마시를 배웁니다.
랍비: 후마시가 무슨 뜻이지?
소년: 다섯을 뜻하죠.
랍비: 뭐가 다섯이란 말이지? 1 니켈에 베이글 5개란 말이니?
소년: 아니오. 다섯 가지 성스러운 책(모세 5경)을 뜻하죠.

베이글은 유대인을 상징하는 대표 음식이었다. 고난을 겪는 중에도 유대인 하층민이 삶을 영위할 수 있도록 해주며, 유대인 삶의 다양한 영역에서 고유한 역할을 해왔다.

베이글 빵집은 정치 뉴스를 소통하는 장이자 비밀 결사의 아지트 역할을 하기도 했다. 시온주의자와 분디스트 간 신중하고 진지한 논의를 담은 한 회고록이 있다. 분드Bund는 러시아어를 사용하는 젊은 유대인 지식인 조직으로, 혁명을 추구하는 이상주의로 무장하고 러시아 황제의 하야를 주장했으며 사회주의를 신봉하고 반유대주의에 도전했다. 이 회고록은 시온주의자와 분디스트 양 진영이 지지자를 얻기 위해 펼친 갖가지 활동, 그리고 러시아 황제의 권위에 도전하는 모든 세력을 색출하려 혈안이 된 러시아 경찰을 피할 대책을 논의한 내용이 주를 이룬다. 빵집은 이들에게 완벽한 은신처를 제공했을 뿐만 아니라 마을과 도시민의 사회 활동을 위한 공간이 되었다. 제빵사, 특히 큰 빵집에 고용된 이들은 분드 조직의 잠재적 회원이었다. 힘든 노동 환경을 견디며 적은 임금에도 밤늦은 시간까지 일하는 제빵사들은 분드의 대의에 동조하는 경우가 많았다.

베이글, 유대인을 대표하는 음식에서 세계인의 아침식사로

베이글은 유럽 유대인 역사에서, 특히 폴란드에서 유대인을 상징하는 대표적인 음식이었다. 정치적 탄압과 경제적 고난을 겪은 유대인 하층민이 삶을 영위할 수 있도록 해주며, 유대인 삶의 다양한 영역에서 고유한 역할을 해온 음식이었다. 둥근 모양이 영원을 상징한다는 믿음 때문에 애도 의식에 사용되고, 어린이들의 놀이와 교육 과정에도 등장했다. 또 베이글은 향수를 불러일으키는 소재가 되기도 했다. 베이글을 구워 파는 빵집은 마을 주민들의 소통 장소였으며, 시온주의자와 분디스트의 은신처 역할을 하기도 했다. 베이글은 여전히 동유럽 유대인 문화를 대표하는 음식이지만 최근에는 미국에서 완전히 대중화되면서 뉴욕시의 상품 혹은 미국 음식으로 인식되기도 한다. 유대인의 대표 음식 베이글은 이제 전 세계인이 가장 흔히 찾는 아침 메뉴가 되었다.

크림치즈와 연어를 얹은 베이글

19세기 스칸디나비아 지역에서 뉴욕으로 이민 온 유대인들이 처음으로 베이글에 훈제연어를 올려 먹기 시작했다.

재료

베이글 1개, 크림치즈, 얇게 저민 훈제 연어, 다진 양파 약간, 케이퍼(없어도 무방함).

만드는 법

1 베이글에 올릴 수 있도록 연어 표면의 수분을 키친타올 등으로 제거한다.
2 베이글을 평행하게 자르고 살짝 구운 뒤 식힌다.

3 식힌 베이글의 양면에 크림치즈를 바른다.

4 그 위에 연어를 올리고 다진 양파 약간을 올린다. 케이퍼가 있다면 함께

올려도 좋다.

https://www.encyclopedia.com/sports-and-everyday-life/food-and-drink/food-and-cooking/bagel.

https://www.newworldencyclopedia.org/entry/Bagel.

Balinska, Maria, *The Bagel: The Surprising History of A Modest Bread*, New Haven and London: Yale University Press, 2008.

EVBryk, Nancy, "Bagel", edited by Jacqueline L. Longe, *How Products Are Made: An Illustrated Guide to Product Manufacturing*, vol. 4, Gale, 1999, pp. 39-43.

Kirshenblatt-Gimblett, Barbara. "Bagel.", *Encyclopedia of Food and Culture*, edited by Solomon H. Katz, vol. 1, Charles Scribner's Sons, 2003, pp. 150-152.

Sheen, Barbara, "Street Treats", *Foods of Israel*, KidHaven Press, A Taste of Culture, 2011, pp. 28-38.

피시앤칩스,
다문화 영국의 상징이 되다

| 박은재 |

영국의 대표 국민음식, 피시앤칩스

영국만큼 '영국'이라는 수식어를 좋아하는 나라가 또 있을까? 지구상의 모든 나라를 다녀본 것은 아니지만 영국에 가보면 일상 속에서 '영국의/영국산'British이라는 단어를 확실히 많이 볼 수 있다. 슈퍼마켓이나 식당에 가보아도 그렇다. 딸기가 본격적으로 나오기 시작하는 봄에는 '영국 딸기British strawberries'가 나왔다며 광고를 하고, '영국의 여름British summer'에는 정원에서 바비큐를 하는 것이 제격이니 바비큐

용품을 사라는 식이다. 혹자는 영국인들이 애국심을 열정적으로 표현하는 것을 삼간다고 말하지만, 필자는 외부인으로서 잠시 영국에 머물렀던 동안 자국에 대한 그들의 자부심을 일상 곳곳에서 느낄 수 있었다.

영국인들은 평범한 것에도 특별한 듯 '영국적'이라는 수식어를 붙이기 좋아하는 반면, 영국과 음식·요리의 관계는 다소 난감한 문제다. 대표적인 영국 음식 하면 무엇이 떠오르는가? 아마 많은 사람들이 다음과 같은 몇 가지를 떠올릴 것이다. 우선 달걀, 소시지, 베이컨, 구운 토마토와 버섯, 토스트 등으로 푸짐하게 구성된 아침 식사인 '잉글리시 브렉퍼스트'가 있다. 영국 하면 빠질 수 없는 홍차는 그 자체로 다양하게 즐기는 일상 음료이면서 곁들임에 따라 '크림 티'나 '애프터눈 티'로 변신하기도 한다. 푸짐한 고기 요리의 전통을 간직한 로스트비프 혹은 선데이로스트 역시 빠뜨릴 수 없다. 또 의외일 수도 있겠으나 영국인들이 대표적 영국 음식으로 꼽는 데 주저하지 않는 커리도 있다.

그럼에도 영국 음식은 좋게 말해 소박하다. 영국 음식 문화의 빈곤함에 대한 조롱 섞인 우스갯소리도 차고 넘친다. 영국인은 음식에 각별한 관심이 없고, 있다 해도 그것을 대놓고 드러내는 것을 부끄러워하며, 매일 접하는 음식의 질에 대한 큰 기대 자체가 없다고도 한다. 그러나 바로 그렇기에 이 글의 주인공 피시앤칩스Fish and Chips의 위상은 특별하다.

그 이유를 설명하기 전에 먼저 피시앤칩스가 무엇인지부터 소개해 보자면, 그것은 생선튀김과 감자튀김으로 구성된 음식이다. 생선은 주로 대구나 넙치 같은 흰살생선을 사용한다. 뼈와 가시를 잘 발라내어 저민 생선살에 밀가루 반죽으로 만든 튀김옷을 입혀 튀기는데, 바삭함을 더하기 위해 종종 맥주로 튀김옷을 반죽한다. 감자는 손가락 모양으로 길고 두툼하게 잘라 튀긴다. 우리에게는 특이하게 보이지만, 영국인들은 피시앤칩스에 식초를 뿌려 먹는 것을 즐긴다. 필자는 처음 피시앤칩스를 먹었을 때 푸짐하고, 기름지고, 무엇보다 밍밍하다는 느낌을 받았다. 양이 상당히 많은 데다 튀긴 음식이어서 다 먹어갈 때쯤엔 느끼하기 쉬운 탓이다. 게다가 감자튀김인 칩스에는 물론이고 생선살이나 튀김옷에도 밑간을 별로 하지 않는지 케첩을 듬뿍 찍어 먹어도 뭔가, 뭔가, 아쉽고 부족했다. 더군다나 그들 식으로 식초를 곁들이는 것에는 아무래도 익숙해지지 않았다.

우리 입맛에야 그렇지만, 영국인들에게 피시앤칩스는 무척 특별하다. 아니, 우리가 '밍밍해서 별맛 없다'고 느낄 그 '영국적인' 맛이야말로 피시앤칩스의 미덕이다. 영국에서는 오랫동안 음식 맛이 단조롭고 소박할수록 바람직하다고 여겨졌다. 문화인류학자인 케이트 폭스는 영국인들이 칩스를 좋아하는 이유에는 칩스에 깃든 실속, 단순함, 그리고 요란 떨지 않는 소박함이 곧 영국인의 자질이라는 믿음이 있

영국에서 피시앤칩스의 위상은 무척 특별하다.

다고 말한다. 그만큼 피시앤칩스는 특별한 애착의 대상으로, 영국인
의 다양한 일상 속에 스며들어 있다. 피시앤칩스는 펍의 '영국 전통'
메뉴이며, 퇴근길에 포장 전문점에 들러 저녁거리로 구입해 가는 일
상의 한 끼 식사이면서, 빠르게 끼니를 해결해야 하는 이들을 위한 패
스트푸드이고, 여름철 바닷가 휴양지에서 인기를 누리는 특별한 외
식이기도 하다.

　피시앤칩스가 영국을 대표하는 음식이라는 데에는 영국인 대부분
이 동의하리라 생각한다. 일례로 2010년 영국 정부의 문화·미디어·
스포츠부에서 '영국의 아이콘'이 무엇이라고 생각하는지 여론 조사

를 실시했는데, 피시앤칩스가 첫째로 꼽혔다고 한다. 이 조사가 나온 때에 영국 일간지인 《데일리 익스프레스》도 피시앤칩스는 다른 어떤 음식보다 영국이 사랑한 음식이라고 하면서 그것이 군주제와 나란히 영국의 뼈대를 구성한다고 추켜올리기까지 했다.

 사실 나라마다 대표적인 음식이 있다는 것 자체는 대수로운 일이 아니다. 그런데 어떤 음식이 자기 나라를 대표한다고 믿는다 해서 꼭 그 음식을 구성하는 요소의 기원과 구체적인 발전 과정을 잘 아는 것은 아니다. 흔히 사람들은 민족적 대표성을 담고 있다고 여겨지는 것들이—그것이 음식이든 물건이든 제도이든—적어도 수백 년은 거슬러 올라가는 유구한 역사를 지니며, 그것의 등장과 발전을 도맡은 사람들은 당연히 '순수한' 우리 민족일 것이라 전제하곤 한다. 영국인들 역시 일반적으로 피시앤칩스가 대표적인 영국의 국민음식이라고 받아들이면서도 그것의 기원과 역사를 구체적으로 잘 알지는 못했던 것 같다. 일례로 피시앤칩스를 비롯한 음식의 문화사를 연구하는 파니코스 파나이Panikos Panayi는 2000년대 초 피시앤칩스의 발전에 다양한 이민자 집단이 핵심적인 공헌을 했다고 밝혀 보수적인 여론과 극우 단체에게 비난을 받기까지 했다. 불과 20여 년 전만 해도 많은 영국인이 국민음식의 지위를 부여받은 피시앤칩스의 '순수하게 영국적인' 기원과 확산을 믿어 의심치 않았던 것이다.

피시앤칩스의 등장, 유대인 게토의 음식에서 노동계급의 주식으로

오늘날 사람들이 '민족의 유구한 역사'를 담고 있다고 믿는 전통이 실은 기껏해야 근대에 들어 '발명된' 것인 경우가 종종 있다. 이런 맥락에서 볼 때 어떤 음식에 민족성을 부여하고 그 민족성에도 이러저러한 내용을 덧붙이는 사고방식과 행위 역시 근대의 산물이라 할 수 있다. 피시앤칩스 역시 19세기 후반기에야 출현했다. 정확히는 18세기 후반에 시작되어 19세기 내내 가열차게 진행된 산업화가 없었다면 피시앤칩스도 없었을 것이라고 보는 편이 옳다. 무엇보다도 피시앤칩스가 많은 사람들에게 친숙하게 확산되려면 주재료인 신선한 생선살이 영국 곳곳에 보급되어야 했으므로, 기차와 같은 빠르고 효율적인 수송 기술이 먼저 출현해야만 했다. 인류가 생선을 먹어온 역사는 유구할지언정 바닷가가 아닌 내륙에 살던 사람들은 오랫동안 신선한 생선을 구경하기 어려웠으며, 생선을 먹었다 하더라도 그것은 염장된 형태에 지나지 않았다. 하지만 산업혁명으로 기차가 빠른 수송을 가능하게 하고, 발전된 냉장 기술이 신선도를 오래도록 유지시킴으로써 피시앤칩스의 출현과 확산을 가능케 하는 환경이 마련되었다.

이 밖에도 팬에 기름을 넉넉히 부어 생선과 감자를 튀겨내려면 정제된 식용유가 안정되게 보급되어야 했고, 시종일관 높은 온도로 튀기는 작업에는 석탄 및 가스의 효율이 뒷받침되어야 했다. 또한 효율적으로 피시앤칩스를 만들어 파는 데는 감자 깎는 기계, 생선 자르는 기계, 튀김기와 같은 다양한 설비를 고안·생산·관리하는 산업이 동반되었다. 이처럼 산업화로 마련된 기술적 토대 위에서 피시앤칩스가 등장하고 확산했다는 점, 나아가 역으로 이 새로운 음식이 한 업종으로서 관련 노동력·원재료·설비에 대한 거대한 산업적 수요를 창출해냈다는 점은 모두 피시앤칩스를 둘러싼 사회경제적 여건의 근대성을 잘 말해준다.

이렇게 일단 기술적인 조건이 마련된 후에야 피시앤칩스라는 음식의 출현, 확산, 그리고 국민음식으로의 등극에 대해서도 이야기할 수있게 된다. 그렇다면 이제 피시앤칩스의 등장에 대한 기록을 더듬어보자. 먼저 튀긴 생선에 대한 가장 유명한 기록은 아마도 1838년에 출간된 찰스 디킨스의 소설《올리버 트위스트》일 것이다. 여기서 디킨스는 런던의 "스노힐과 홀본힐이 만나는 곳, 사프론힐로 이어지는 음침한 골목에 있는 튀긴 생선 창고"를 언급한다. 감자튀김인 칩스에 대한 언급도 디킨스에게서 나온다. 18세기 말 프랑스 혁명기의 런던과 파리를 배경으로 한 디킨스의 1859년 소설《두 도시 이야기》에는 파리 교외에서 먹을 수 있는 "마지못한 기름 몇 방울로 튀겨진, 거친 감자튀김"이 등장한다. 그런데 잉글랜드에서는 19세기 초까지도 감자를 튀겨 먹는 일이 흔하지 않았다. 가장 흔하게는 물에 삶아 먹었고, 길거리에서 구운 감자를 파는 행상이 있었다. 칩스의 정확한 기원은 여전히 알려지지 않았지만 아마도 1860년대에 출현했을 것으로 추정된다. 디킨스 소설에 나온 모습과 비슷하게, 벨기에나 프랑스에서 건너왔으리라는 추정이 다소 유력하다.

디킨스는 산업화로 큰 변화를 겪고 있던 당시의 사회상에 대한 사실주의적 묘사를 소설에 녹여 넣기로 유명했다. 비슷한 시기 헨리 메이휴Henry Mayhew, 1812~1887가 상세하게 서술한 런던 노동자들의 길거리 음식과 생활상은 디킨스가 전해주는 분위기와 상당히 비슷하면서도 그 소비상의 더 구체적인 모습을 알 수 있게 해준다.

메이휴는 1840년대에 관찰한 바를 기록한《런던의 노동자와 가난한 사람들London Labour and the London Poor》에서 가난한 런던 사람들이 주로 거리 행상을 통해 튀긴 생선을 널리 소비했음을 알려준다. 런던의 거리에는 다양한 생선 상인이 있었고, 이들이 파는 음식은 값이 매우 저렴해 행상을 통해 가난한 사람들의 식생활까지 도달했다고 한다. 메이휴는 당시 런던에 튀긴 생선 조달업자가 250~350여 명 있었고, 튀긴 생선은 이미 매우 일반적인 상품이라고 기술했다. 생선의 종류로는 넙치와 가자미가 많았으나 오늘날 주된 피시앤칩스 재료인 대구과 생선 해덕haddock 역시 흔했다. 드물게는 청어와 고등어도 사용했다. 재료 일부는 생선가게가 간밤에 팔지 못한 물량을 값싸게 거리 행상에 공급한 것이었다. 메이휴가 묘사하는 생선 손질 과정은 오

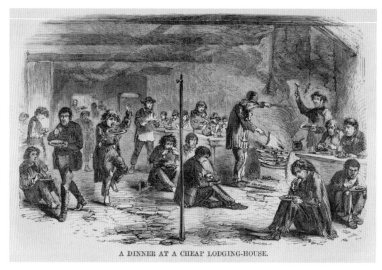

A DINNER AT A CHEAP LODGING-HOUSE.

《런던의 노동자와 가난한 사람들》 속 삽화. 헨리 메이휴는 런던의 1840년대를 자세히 기록한 이 보고에서 런던의 가난한 사람들이 주로 거리 행상에서 튀긴 생선을 널리 소비했음을 알려준다.

늘날의 피시앤칩스 생선살 손질 과정과 비슷하다. 먼저 생선을 물로 씻고 내장을 제거한 다음, 지느러미·머리·꼬리를 잘라내고, 손질한 몸통에 밀가루 반죽을 입힌다. 그래야 튀길 때 너무 높은 온도로 인해 껍질이 그슬리지 않기 때문이다. 튀김 기름으로는 색이 연한 유채기름이 일반적으로 사용되었다.

위 19세기 작가들의 묘사를 살펴보면 생선튀김과 감자가 그다지 고상하지 않은 길거리 음식, 가난한 사람들을 위한 소박한 음식이었음을 쉽게 알 수 있다. 게다가 피시앤칩스는 영국 유대인들의 식문화와 밀접한 연관이 있다. 즉 피시앤칩스의 기원인 생선튀김은 영국에서 오랫동안 이방인 취급을 받았던 유대인들의 음식이라는 것이 대체로 받아들여지는 설명이다. 19세기의 기록을 살펴보아도 당시 영국의 유대인들은 튀긴 생선에 일반적인 음식 이상의 애착을 품고 있었던 듯싶다. 런던의 가난한 지역인 이스트엔드 유대인의 삶을 그린 이스라엘 장월Israel Zangwill의 1892년 소설《게토의 아이들Children of the Ghetto》에는 다음과 같은 내용이 나온다.

> 생선은 진정 식사의 기본이었다. 튀긴 생선 그리고 튀긴 생선! 오직 위대한 시인만이 이 민족음식을 찬양할 수 있으리라. (…) 튀긴 생선은 단합에 대한 그 어떤 입에 발린 말보다 영국의 유대인들을 하나로 묶는다.

장월 자신도 동유럽에서 이민 온 유대인 부모에게서 태어났다. 그러나 유대인들의 향수 어린 기억과 달리, 당시 비유대인들은 생선튀김에 그다지 긍정적인 시선을 보내지 않았다. 당시 런던의 일상에 스며 있었던 반유대주의는 생선튀김의 비린 냄새를 유대인의 냄새와 동일시했다. 배어나는 생선 비린내로 그곳이 유대인 구역임을 알 수 있다고 했으며, 어떤 이는 이스트엔드의 일부인 화이트채플에 사는 '튀긴 생선 냄새를 지독하게 풍기며 유대교를 믿는 이웃' 이야기를 했다.

그렇다면 유대인에게서 기원한 생선튀김에 감자를 길쭉하게 잘

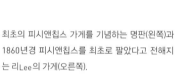

최초의 피시앤칩스 가게를 기념하는 명판(왼쪽)과
1860년경 피시앤칩스를 최초로 팔았다고 전해지
는 리Lee의 가게(오른쪽).

라 튀긴 칩스가 언제 곁들여지게 되었을까? 대체로 이 둘의 결합, 곧
피시앤칩스의 탄생은 19세기 후반 언젠가 이루어졌을 것으로 본다.
오늘날 피시앤칩스 업자들의 전국 조합인 '전국 생선튀김업자 연합
National Federation of Fish Friers'은 런던에서 말린Malin이라는 사람이, 그리
고 맨체스터 근방 올덤에서 리Lee라는 업자가 각각 1860년경 피시앤
칩스를 최초로 팔았음을 주장했다고 전한다. 하지만 19세기 중후반
에 생선튀김과 칩스는 각각 따로 팔리는 경우가 더 흔했고, 이러한 양
상은 20세기 초까지도 남아 있었다.

　아무튼 어떤 시기에 이루어진 생선과 감자의 결합으로 탄생한 피
시앤칩스는 곧 명실상부한 노동계급의 음식이 되었다. 1870년대 이

후 급속히 확산되기 시작해 20세기 초에 이르면 잉글랜드 전역에서 피시앤칩스를 파는 가게는 매우 익숙한 풍경이 되었다. 1920년대에는 외딴 시골에까지 피시앤칩스를 파는 트럭이 방문했다. 1차 세계대전 시기에 산업화된 지역에 사는 노동자 가정은 주 3~4회 정도 피시앤칩스를 식사로 먹었다. 장시간 노동에 시달리면서 요리를 할 체력적·시간적 여유를 갖추지 못한, 또 어쩌면 가정에 조리도구를 갖추지 못한 노동자들에게 피시앤칩스는 저렴하고 편리하게 포만감을 제공했던 것이다. 특히 직물 공장에서 일하는 여성이 많은 브래드퍼드 같은 지역에서 피시앤칩스는 노동계급 여성들에게 식사 준비의 부담을 덜어줄 수 있었다. 노동자들은 아침에 출근할 때 미리 피시앤칩스 가게에 들러 저녁으로 먹을 걸 예약하기도 했고, 어떤 공장은 구내식당에서 피시앤칩스를 제공했다. 금요일에 주급을 받은 사람들은 그날 저녁 피시앤칩스 가게로 갔고, 토요일에는 밀린 집안일을 하고 피시앤칩스를 먹었다. 노동계급 아이들은 심부름을 하러, 또 친구들과 만나러 피시앤칩스 가게로 달려갔다.

이처럼 피시앤칩스는 노동자의 식생활과 전반적인 생활문화의 일부로 자리 잡았다. 그러나 많은 중간계급 사람들은 여전히 피시앤칩스를 마뜩잖게 보았다. 노동자들이 사는 슬럼가, 비위생적인 환경과 불쾌한 냄새, 건강에 나쁜 영향을 미칠 것이라는 인식, 노동자들의 게으름과 무지가 당시 피시앤칩스에 대한 중간계급 이상 사람들의 인상이었다. 어떤 의사들은 피시앤칩스 섭취와 장티푸스를 연관 짓기도 했다. 또 피시앤칩스 가게에서 나오는 연기와 냄새가 건강에도 나쁘고 지역의 위생을 악화시킨다는 비난도 종종 제기되었다. 그런가 하면 노동계급 가정에서 특히 노동계급 어머니·여성이 제한된 재정을 비합리적으로 쓰는 예가 잦은 피시앤칩스 구매이며, 부모의 게으름과 무지함이 어린이의 영양 불균형을 초래한다는 비난도 들려왔다. 런던 스텝니 지역 당국은 구호 상품권을 발부하면서 그것을 피시앤칩스 가게에서는 사용하지 못하도록 규정하기도 했다.

피시앤칩스의 전국 확산과 영국적 정체성 획득
——

그런데 20세기 초반, 특히 1920년대와 1930년대에 들어 피시앤칩스를 가리켜 영국적인 음식, 영국을 대표하는 음식이라며 민족성을 부여하는 담론이 나타나기 시작한다. 1920년대 말 잉글랜드 북동부의 지방지인 《헐 데일리 메일》에는 피시앤칩스가 '국가적 명물national institution'라는 선언이 등장했다. 이보다 한 해 앞서 영국이 아닌 미국에서 이미 피시앤칩스를 영국과 연관 짓기도 했다. 1928년 《뉴욕 타임스》에 실린 한 기사에서는 피시앤칩스를 '잉글랜드의 핫도그'라 일컬었다. 미국 음식 하면 핫도그인 것처럼 피시앤칩스가 영국 음식에서 그러한 대표성을 가진다는 이야기였다. 이러한 담론에서 유독 눈에 띄는 것이 1933년 피시앤칩스 업계에 종사했던 존 스티븐이라는 사람이 남긴 말이다. 그에게 피시앤칩스는 섬나라 영국의 역사적 공간이었던 바다, 그리고 산업혁명의 발상지라는 자부심과 밀접히 연결된다.

> 튀긴 생선업(피시앤칩스를 말함)만큼이나 그 특성에서 국민적인 요식업종이 또 있을까? 날씨가 좋으나 나쁘나, 가까운 연안에서 북극 지방까지 바다를 샅샅이 살피는 영국 어부들이 일하고 있는 영국 배가 항구에 내리는 생선, 우리 땅의 농장에서 자라는 감자, 우리 가축에게서 얻어지는 드리핑(주로 소고기에서 나오는 기름으로 튀김용으로도 쓰였음), 영국의 공장에서 영국인들의 노동으로 만들어지는 레인지, 석탄이 되었건 가스가 되었건 영국의 광산에서 나오는 연료.

어떻게 해서 피시앤칩스는 그리 멀지 않은 과거의 유대인 기원과 노동계급의 소비, 그에 따른 경멸과 멸시를 떨쳐버리고 영국을 대표하는 음식의 지위를 넘보기 시작했을까?

20세기 초에 이르러 피시앤칩스의 평판이 상승하기 시작했고, 상층 노동계급과 하층 중간계급 등 더 '체통을 갖춘respectable' 사람들에게까지 소비층이 확산되었다. 여기에는 일차적으로 20세기 초부터 나타난 여러 변화, 곧 노동계급만이 아닌 중간계급 이상의 소비를 촉진했던 많은 변화가 기여했다. 먼저 위생 기준과 규제가 엄격해져 피시앤칩스에 대한 나쁜 이미지의 주요 원인이었던 악취를 통제할 수 있게 되었다. 그렇지만 무엇보다 피시앤칩스의 소비 공간이 다양해지면서 더 넓은 저변으로 진출한 것이 주효했다. 특히 1920년대 이후부터는 이제 노동자들의 뒷골목에 있는 퀴퀴한 가게에서만 사 먹을 수 있는 음식이 아니게 되었다. 그것은 일반적인 식당의 메뉴판에서 다른 메뉴들과 나란히 판매되기 시작했다. 심지어 도시의 중심부에 깨끗하고 세련된 피시앤칩스 레스토랑이 생겨났다. 가령 레스터에 위치한 '포스터의 피시 레스토랑 카페Foster's Fish Restaurant and Cafe'는 새로 지은 건물에 100명을 수용할 수 있으며, 코스 메뉴의 디저트로 아름다운 케이크까지 파는 곳이었다. 런던 셰퍼드 부시에 있는 피시앤칩스 레스토랑에도 희고 깨끗한 식탁보와 좋은 은식기가 놓였다. 전국 체인으로까지 성장한 해리 램스던Harry Ramsden의 대규모 식당은 무려 200명이나 수용할 수 있었고, 실내에 샹들리에 장식과 음악을 갖추었다. 그렇다고 기존의 노동계급 고객들을 외면하지는 않았다. 점심시간에 밀려드는 인근 제분소 노동자들의 포장 주문은 가게 매상에 매우 중요했던 것이다.

피시앤칩스 소비의 확산에 힘입어 20세기 초반에는 드디어 피시앤칩스를 국민음식으로 지칭하는 언급이 등장했고, 1950년 이후에는 피시앤칩스가 영국 대표 음식이라는 등식이 완전히 성립했다. 1950년대부터 언론과 관련 업계의 마케팅, 요리책과 같은 다양한 담론에 힘입어 피시앤칩스의 영국적 대표성이 점점 더 강조되었다. 1953년 당시의 '스타 셰프' 필립 하벤Philip Harben 은 저서《영국의 전통 요리 Traditional Dishes of Britain》에서 명쾌하게 선언한다. "영국의

1950년대 피시앤칩스를 홍보하는 포스터.

국민음식은 무엇인가? 물론 이 책에는 많은 사람이 좋아하는 국민음식으로 가득하다. 그런데 국민음식 그 자체라 할 만한 음식은 과연 무엇인가? 〔…〕 답은 바로 피시앤칩스다." 하벤은 피시앤칩스가 영국인의 영양 섭취와 국민 경제에 아주 중요한 역할을 해왔다고 단언했다.

특정 음식에 국민적 대표성과 정체성을 부여하는 것, 그리고 한 국가와 특정 음식을 연결하는 식의 일반화는 이후 오늘날까지 수많은 요리책과 담론에서 되풀이되고 있다. 민족별 요리법을 분류하여 제시하는 방식이 요리책의 흔한 형식이 되는 가운데 피시앤칩스는 의

심할 여지 없이 '정통 영국식'으로 간주되었다. 신문, 잡지 역시 마찬가지였다. 피시앤칩스를 영국의 대표 음식으로 조명한 것은 영국 언론만이 아니었다. 20세기 전반기에 그러했듯이 미국의 신문들도 계속해서 미국인들에게 햄버거와 핫도그가 상징성을 갖는 것처럼 영국인들에게 피시앤칩스가 그러하다고 언급했다. 업자들 역시 그것의 대표성을 부각하는 일에 열심이었다. 1952년에 '전국 생선튀김업자연합'은 피시앤칩스를 '영국인들이 가장 좋아하는 음식'으로 내세우는 포스터와 기념엽서를 발행했다.

다문화 교차의 장이 된 피시앤칩스 식당

이처럼 피시앤칩스가 영국의 대표 국민음식이라는 지위를 획득해나간 것은 역설적으로 영국 사회가 1945년 이후 급격하게 다문화 사회가 되어갔기 때문이다. 2차 세계대전 이후 영국이 거느렸던 광대한 제국에서 온 이민자들은 영국 사회에 자신들과 함께 '이국의' 음식들을 들여왔다. 영국 식문화 속 민족지학이 급격히 다양해지기 시작한 것이다. 커리를 비롯한 인도 음식, 중동 음식, 케밥, 중국 음식은 물론이고 햄버거와 피자 역시 인기를 얻어갔다. 따라서 피시앤칩스가 영국의 대표 음식이라고 선전하는 일도 여러 이국적인 음식들 사이의 경쟁에서 그것을 부각하기 위한 마케팅의 일환이었던 것이다. 외식

1. 음식, 유로메나의 과거를 기억하다

시장뿐만 아니라 슈퍼마켓에도 다양한 이국의 음식과 식재료가 진출함에 따라 그에 대한 대응으로 피시앤칩스를 비롯하여 기존의 영국 음식들에서도 지역적·국가적 정체성이 강조되었다.

영국이 다문화 사회로 변모해나간 과정과 깊은 관련을 맺으며 피시앤칩스가 영국을 상징하는 음식으로 등극한 과정에는 또 다른 측면도 있다. 애초에 피시앤칩스의 전국적인 확산이 가능했던 데에는 많은 이민자의 역할이 있었다. 피시앤칩스가 유대인들의 튀긴 생선에서 기원했다는 것은 앞서 얘기했다. 실제로 많은 유대인이 피시앤칩스 가게를 운영했는데, 1923년의 조사에 따르면 런던에 소재한 피시앤칩스 가게 700여 곳의 주인 중 약 19퍼센트가 유대식 이름을 가지고 있었다. 1차 세계대전 전후부터는 이탈리아인들이 진출했다. 특히 이탈리아 이민자들은 아일랜드, 웨일스, 스코틀랜드에서 피시앤칩스 보급에 매우 중요한 역할을 담당했다. 아일랜드에서는 오늘날까지 이탈리아 이민자들이 개업한 가게들 상당수가 건재하며, 1920년대에 웨일스 남부의 한 지역에서는 이탈리아인 50여 명이 피시앤칩스와 아이스크림 사업을 독점하다시피 했다. 그런가 하면 1930년대 스코틀랜드에서는 피시앤칩스 장수의 80퍼센트가 이탈리아 출신이었다는 추산이 있다. 이들에 대한 시선이 곱지만은 않았다. 2차 세계대전이 발발하고 1940년에 이탈리아가 영국에 선전포고를 하자, 영국 내의 이탈리아 출신 남자들은 즉시 구금되었다. 전쟁이 끝난 후에도 글래스고의 업자들 사이에서는 이탈리아인들의 복귀를 반대하면서 여전한 적대감을 표출하는 분위기가 있었다.

20세기 후반기에는 그리스-키프로스 출신 이민자들이 새롭게 업계에 진입했다. 이들은 이탈리아 이민자들과 마찬가지로 피시앤칩스를 비롯한 요식업에 진출하는 비율이 높았다. 1975년경 런던에 있던 피시앤칩스 가게 약 800곳 중 최소한 150곳은 그리스-키프로스 출신 주인이 운영하고 있었다. 1966년에 영국인에게서 피시앤칩스 가게를 인수한 한 이민자 가족은 고단했을 정착의 역사를 들려준다. 이전의 영국인 주인은 저녁 6~7시에는 가게 문을 잠시 닫고 휴식하는 시간을 두었고, 월요일은 휴무일로 했으며, 토요일에는 점심시간까지만 영업을 했다고 한다. 그에 반해 가게를 인수한 이민자는 휴일도 거의 잊은 채 밤낮없이 일했다. 영국에서 피시앤칩스 가게를 운영하는 일이 어렵긴 했지만 고향 키프로스에서 일하던 것에 비하면 훨씬 나았다는 것이다. 그런가 하면 다른 이민자 가정 출신인 어떤 형제는 아버지가 1960년대에 차린 피시앤칩스 가게를 물려받아 2006년에는 '전국 생선튀김업자 연합'이 후원하는 '올해의 피시앤칩스 상'을 수상하기에 이르렀다.

1950년대 후반부터 영국으로 건너오기 시작한 또 다른 중요한 이민자 집단이 중국인들이다. 이들이 영국 사회에 진입, 정착한 방식은 앞선 이탈리아 이민자, 키프로스 이민자 '선배들'의 그것과 유사하다.

피시앤칩스를 파는 케밥 가게. 이민자들은 자신들의 고유 음식과 피시앤칩스를 함께 팔기도 했다.

바로 요식업에 종사하면서 가족 경영의 형태로 긴 시간 일하는 것이
다. 물론 많은 중국인 이민자들의 주된 목표는 중국식당 개업이었으
나, 서서히 영국인에게서 인수한 피시앤칩스 가게에서 피시앤칩스와
중국식 패스트푸드를 함께 파는 경우도 늘어났다. 이 중국인 이민자
들 역시 당시 영국 사회에서 인종 차별의 대상이었고, 피시앤칩스 업
계 역시 이들에게 호의적이지만은 않았다. 업계 안에서 때때로 "중국
인들이 몰려온다", "중국인 가게가 생선튀김 업자들을 위협한다"는
구호가 터져 나왔다. 이 밖에 남아시아, 주로 인도 및 파키스탄 출신
의 이민자들도 피시앤칩스 가게에서 이민자로서 삶을 개척해나갔고,
이들에 의해 할랄 피시앤칩스 가게가 등장하기도 했다.

이민자들이 피시앤칩스 가게에 진출한 이유는 무엇보다도 그것이 특별한 기술과 자본 없이 뛰어들 수 있는 업종이었기 때문이다. 이민자 대부분은 농촌 출신으로 고향의 힘든 삶을 등지고 영국 사회의 가장 낮은 곳으로 진입했다. 그 세계는 비린내 나는 생선과 산더미 같은 감자를 손질하며 하루를 시작하여, 종일 뜨거운 기름과 씨름하면서 간혹 화상을 입기도 하고, 자정 가까운 시간에야 온몸과 가게에 밴 냄새를 닦아내는 고된 현장이었다. 가족의 노동력이 총동원되었고, 일이 잘 풀려 사업이 어느 정도 안정되면 고향에 있는 같은 처지의 친척과 지인들이 그들의 도움으로 이민 와서 또다시 피시앤칩스를 발판 삼아 영국에서 삶을 시작하기도 했다. 이처럼 피시앤칩스가 영국 전역에서 사랑받는 국민음식이 된 데에는 다문화 사회에서 멸시받던 이민자들의 개척정신과 노력이 있었다.

미래의 영국과 피시앤칩스

오늘날에는 다채롭고 풍성해진 식문화 덕택에 피시앤칩스가 영국인들의 식생활에서 20세기 초반만큼의 점유율을 독점하지는 못한다. 또 피시앤칩스가 튀긴 음식이라는 점 때문에 오늘날 건강을 생각해 고칼로리 음식을 경계하는 사람들은 그것을 멀리한다. 그럼에도 피시앤칩스는 여전히 영국인들의 사랑을 받고 있으며, 다른 여타 음식과 같다 할 수 없는 특별함을 자랑한다. 그런데 요즈음에는 새로운 걱정거리가 떠올랐다. 바로 지구 온난화로 2050년경에는 피시앤칩스가 영국인들의 식탁에서 사라질 수도 있다는 걱정이다. 생선튀김의 재료로 가장 선호되는 코드와 해덕은 모두 대구과의 대형 생선으로 찬 바다에서 잘 잡힌다. 그런데 바다의 기온 상승으로 이 생선들이 가까운 미래에 사라지거나 크기가 대폭 작아질지도 모른다는 과학자들의 경고가 잦아지고 있는 것이다. 마치 우리나라 동해에서 오징어가 잘 잡히지 않는 것처럼 말이다.

장기적으로, 또 근본적으로 시급하고 중요한 것은 지구 온난화를 멈추려는 노력이겠지만 피시앤칩스에 국한해서 생각해볼 때 당장은 영국인들이 다른 종류의 생선에 적응하든지, 당분간은 먼 북쪽 바다에서 어획과 수입을 늘려야 한다. 수자원과 무역을 둘러싼 원만한 대외 관계 형성이 피시앤칩스 소비에도 큰 영향력을 미칠 것이다. 이러한 상황을 고려할 때 브렉시트로 표출된 배타성은 우려를 자아낼 수밖에 없다. 사실 드러나지 않았을 뿐, 영국의 대표 음식 피시앤칩스는 태생부터 '영국의 테두리' 안에만 존재한 적이 없었다. 지금까지 살펴본 것처럼 생선튀김은 유대인들이 만들어 먹던 음식이고, 감자튀김인 칩스는 아마 프랑스나 벨기에에서 전해졌을 것으로 보인다. 재료부터 감자의 원산지가 남아메리카라는 사실은 언급할 필요도 없는데다가, 생선을 비롯하여 튀김용 기름, 튀김옷을 만드는 밀가루, 곁들이는 콩 등 피시앤칩스에 필요한 많은 재료가 수입된다. 그리고 이민자들이 없었다면 피시앤칩스는 영국 전역으로 보급되기 어려웠을 것이다. 더군다나 20세기 후반 영국에 다양한 출신의 이민자들과 그들이 가져온 다채로운 식문화가 등장하지 않았다면 피시앤칩스에 영국을 대표하는 음식이라는 지위를 부여하려는 동기가 생겼을까 하는 의문이 든다. 결국 피시앤칩스의 역사와 미래는 국민 정체성의 형성에 관여하는 다문화적 요소의 중요성을 드러내며, 영국인들이 앞으로도 이웃들과 관계할 때 좀 더 개방적이고 포용적인 자세를 취해야 함을 시사한다.

1. 음식, 유로메나의 과거를 기억하다

피시앤칩스

재료

흰살생선(껍질 벗기고, 뼈와 가시 제거하고 살만 발라서 준비) 225g, 감자 900g, 다목적용 밀가루 225g 및 뿌리기용으로 약간 더, 차가운 맥주 285ml, 베이킹파우더 3티스푼, 튀김용 식용유.

만드는 법

1 손질한 생선살 양면에 소금 1/2티스푼과 후추 1티스푼을 뿌려 밑간을 한다.

2 껍질을 벗겨 칩스 모양으로 자른 감자를, 소금 넣고 끓인 물에 4~5분간 데친 뒤 꺼내 겉의 물기가 마르도록 잠시 둔다.

3 밀가루, 차가운 맥주, 베이킹파우더를 섞어 약간 묽은 정도로 튀김옷을 만든다.

4 밑간을 한 생선살 양면에 밀가루를 적당히 뿌리고 튀김옷을 너무 두껍지 않게 입힌 뒤, 190도로 예열해 둔 식용유에 넣어 겉면이 황금빛을 띨 정도로(약 4분간) 튀긴다. 튀긴 후 건져낸 생선을 키친타월에 받쳐두어 기름기를 뺀다. 남은 튀긴 기름은 180도로 유지한다.

5 겉이 마른 2의 감자를 생선 튀긴 기름에 넣어, 색이 나고 바삭할 정도로 튀긴다.

6 감자를 튀기는 동안, 튀긴 생선을 오븐에 몇 분간 돌려 바삭함을 유지한다.

7 튀긴 감자의 기름을 빼고 소금을 쳐서 생선튀김과 함께 낸다. 영국식으로 식초나 소금, 케첩을 곁들인다. 피클을 곁들여도 좋다.

박은재, 〈피시 앤 칩스, 영국 국민음식의 역설: 노동계급과 이민자의 음식에서 영국의 아이콘으로—〉, 《영국연구》 47호, 2022, 296-329.

Fox, Kate, *Watching the English*, London: Hodder & Stoughton, 2014.

Panayi, Panikos, *Fish and Chips: A History*, London: Reaktion Books, 2014.

Walton, John K, *Fish and Chips and the British Working Class, 1870-1940*, London and New York: Leicester University Press, 1992.

https://www.independent.co.uk/climate-change/news/fish-chips-climate-change-cod-haddock-extinct-smaller-research-a8961201.html.

https://www.nfff.co.uk/pages/fish-and-chips.

커리, 영국의 식탁에 오른 인도

| 신민하 |

커리curry는 전 세계적으로 가장 인기 있는 식재료이자 음식으로 꼽을 만하다. 우리 주변만 둘러봐도 꼭 인도식당뿐만 아니라 일식당, 호텔 뷔페, 분식집에서도 커리를 판매하고, 동네 슈퍼마켓에서도 커리 가루, 레토르트 형태의 커리 제품을 손쉽게 구할 수 있다. 그런데 우리가 아는 커리와 관련된 이야기는 꽤나 단순하고 일반화된 경향을 보이는 것이 사실이다. 예를 들어 '우리가 흔히 부르는 '카레'라는 용어는 커리가 일본을 통해서 소개되면서 함께 전해진 일본식 발음이다', '커리의 기원은 인도이지만 세계적으로 전파한 것은 영국이다', '정작

1600년 영국인들이 인도에 진출한 직후부터 접했던 커리는 오늘날까지 영국에서 가장 인기 있는 음식의 자리를 꾸준히 지키고 있다.

커리가 기원한 인도에는 커리라고 불리는 음식이 존재하지 않는다' 정도를 들 수 있겠다.

이와 같은 커리에 대한 단편적인 이해 방식은 커리가 전 세계 사람들의 일상과 연결되어온 역사가 어디서부터 이야기를 시작해야 할지 모를 만큼 방대하다는 사실과 연관이 있어 보인다. 실제 커리에 대한 역사를 좀 더 면밀하게 들여다보면 대항해시대, 제국주의, 식민주의, 노동자 이주, 문화변용, 세계화를 포함해 세계사의 중요 대목이 곳곳에 포진하고 있음을 알 수 있다. 그러한 복잡다단한 역사의 과정을 거치면서 '커리'는 막연하고 포괄적인 정체성을 지닌 용어가 되었다.

이 글에서는 인도에서 기원한 커리가 영국인들의 일상과 연결된 과정에 주목하고자 한다. 인도와 영국은 1600년 설립된 동인도회사의 인도 진출을 시작으로 1947년 8월 15일 인도가 독립하기까지 350여 년 동안 상업 활동과 식민지배 관계로 연결되어 있었기에 다양한 분야에서 상호 교류가 이루어졌다. 음식도 주요 교류 품목이었는데, 특히 영국인들이 인도에 진출한 직후부터 접했던 커리는 오늘날까지 영국에서 가장 인기 있는 음식의 자리를 꾸준히 지키고 있다. 오늘날 영국 전역에 인도, 파키스탄, 방글라데시 출신 요리사들이 운영하는 인도식당이 1만 2000곳을 넘는 것으로 추산되는데, 이는 인도의 수도 뉴델리와 최대의 항구도시 뭄바이에 있는 인도식당을 모두 합친 것보다 많은 수라고 한다. 한때 식민지였던 나라에서 기원한 음식이 영국에서 이토록 대중화된 배경은 무엇일까? 지금부터 커리, 영국, 인도가 얽히게 된 사연을 재구성해 보자.

커리, 인도 음식을 뭉뚱그린 제국주의적 표현

커리의 어원을 이해하려면 16세기 무렵으로 거슬러 올라가야 한다. 1498년 바스쿠 다 가마 Vasco da Gama 일행이 후추와 정향 같은 향신료를 찾아 인도 남서부 말라바르 해안에 도착한 이후 인도로 유입되는 포르투갈인의 수가 늘어나기 시작했다. 이후 1510년 포르투갈은 고

1. 음식, 유로메나의 과거를 기억하다

아 지역을 점령하면서 인도와 더욱 본격적인 관계를 형성했고, 자연스럽게 인도 현지인들이 먹는 다양한 음식도 접하게 되었다. 당시 기록을 살펴보면 포르투갈인들이 접한 인도 음식으로는 힐사hilsa라는 생선과 크림 머스터드 페이스트로 만든 벵골 지방의 대표 요리 소르세 일리시Sorshe Ilish, 채소와 겨자씨 · 아위를 비롯한 향신료를 볶아 만든 페이스트에 생선을 조린 남인도 타밀 지방의 요리 체티나드 그레이비Chettinad gravies, 병아리콩 가루에 버터밀크와 각종 향신료를 넣고 반죽해서 삶은 것을 다시 양념한 국물에 넣고 끓인 라자스탄 지방의 요리 가테 키 수브지Gatte ki Subzi 등이 있었다. 당시 포르투갈인들이 가장 많이 접했던 음식은 당시 타밀 지역에서 소두구, 생강 등 각종 향신료를 넣고 진하게 끓여 만든 국물 요리인 '카르히karhi'였다. 그런데 포르투갈인들은 국물 요리라는 공통점을 제외하고는 지역 및 계층에 따라 맛, 농도, 재료, 조리법이 상이한 현지 요리를 '카리carree' 또는 '카렐carel'로 통칭해서 부르기 시작했고, 이렇게 와전된 이름이 18세기 중반 영국인들이 인도에서 본격적인 세력을 형성하기 시작할 때까지 계속 전파되었다.

1600년대 들어 인도로 건너간 영국 동인도회사 직원들은 현지 문화에 철저하게 순응하면서 생활했다. 음식의 경우 영국에서 식재료를 조달하는 것이 불가능했기 때문에 인도 현지에서 구할 수 있는 재료를 사용해서 식사를 마련했다. 이 중에 커리는 아침, 점심, 저녁을 가리지 않고 즐겼던 음식으로 기록된다. 영국인들도 인도 현지의 다양한 요리들을 구별하지 않고 포르투갈인들이 사용했던 갖가지 용어들을 그대로 받아들였다. 아마 영국 동인도회사의 첫 번째 상관商館이 설치되었던 곳이 남인도 타밀 지역의 중심지인 마드라스(오늘날의 첸나이)였던 탓에 이 일대에 먼저 진출해서 활동하던 포르투갈의 영향을 받았던 것으로 보인다. 그리하여 포르투갈인들이 말하던 '카리'와 '카렐'이 영어식으로 '커리'가 되었다. 영국 동인도회사 직원들은 인도 현지에서 처음으로 접한 도 피야자do-piyajas(양파, 다진 마늘과 각종 향신료로 만든 국물에 고기를 조린 요리), 다양한 수프 요리 등을 모두 '인도 커리Indian Curry'라 불렀다.

일부 학자들은 영국인들이 인도 정착 초창기에 현지 음식의 이름을 세세하게 구별하지 않고 뭉뚱그려 불렀던 것은 아마도 현지 음식을 먹는 일을 의도적으로 피하려 했던 심리와 연관이 있으리라고 분석한다. 다시 말해, 낯선 인도에 도착한 영국인들은 순수한 '영국성Britishness'을 유지하고자 현지 음식에 무관심한 태도를 보였고, 그 결과 인도 음식의 다양성에 주의를 기울이지 않고 하나로 뭉뚱그려 불렀다는 것이다. 그러나 인도 주재 영국인들의 현지 음식에 대한 회피는 그리 오래가지 못했다. 영국에서 음식 재료를 가져오기가 쉽지 않았으며, 동인도회사의 하급 직원과 군인, 개별적으로 정착한 농장주들의 경우 대부분 스스로 요리할 능력이 없거나 영국식 요리법을 훈련받은 요리사를 고용할 여력이 없었기 때문이다. 결국 이들은 인도 현지에서 쉽게 구할 수 있는 음식 재료를 소비하는 쪽으로 생활방식을 바꿀 수밖에 없었는데, 인도에 정착하기 시작한 모든 영국인 계층 사이에 가장 빠르게 퍼져나간 현지 음식이 다름 아닌 커리였다.

나봅의 등장과 커리의 영국 상륙

18세기 중반부터 인도에 거주하는 영국인 중 '나봅nabob'(통치자를 지칭하는 인도어 나왑nawab이 와전된 단어)이라고 불리는 계층이 등장하기 시작했다. 나봅들은 영국 동인도회사 소속 직원으로 인도에 파견되었으나, 사무역을 통해 막대한 재산을 모으는 데 열중했다. 당시 시대적 상황에서 나봅은 '벼락부자', '졸부'에 가까운 뉘앙스를 띠었다. 또한 1757년 플라시 전투 이후 영국 동인도회사가 상업회사라기보다 영국 왕실을 대리하는 식민지 경영 기구의 성격을 띠게 되면서, 나봅은 오랜 시간 인도에서 생활하며 분수에 넘칠 정도로 화려한 생활을 하는 '앵글로-인디언'을 지칭하는 대명사가 되었다.

15세 정도의 어린 나이에 인도로 건너가 오랜 시간 생활했던 나봅들은 현지 상류층과 접촉하면서 자연스럽게 인도화되는 경향을 보였다. 일부 나봅은 많은 인도인 하인과 요리사를 고용하고, 현지 상류층보다 더 큰 저택에 거주하면서 자신들이 축적한 막대한 부와 지위를 드러내고자 했다. 나봅들은 일상에서 인도 요리를 매우 즐겼는데, 특히 커리는 저녁 식탁에서 가장 환영받는 음식이었다.

오랜 인도 생활을 마치고 본국으로 돌아온 나봅들은 인도 현지의 상류층과 어울렸던 자신의 지위를 드러내고자 인도에서와 같은 화려한 생활방식을 고수하는 경우가 많았다. 실제 일부 나봅은 귀국할 때 하인과 요리사들을 데리고 왔으며, 터번을 비롯한 인도식 전통 복장을 착용하고 생활하는 경우도 흔했다. 또한 인도식 건축양식을 적용한 대저택을 짓고 살던 나봅도 있었는데, 대저택은 인도에서 축적한 막대한 재산의 규모를 드러내는 역할을 했다. 반면에 인도인 하인이나 요리사를 데리고 올 수 없었던 나봅들은 런던에 막 문을 열기 시작한 커피하우스를 찾아 인도 음식, 특히 커리에 대한 그리움을 달랬다. 1773년 헤이마켓에 문을 연 노리스 스트리트 커피하우스는 커리를 즐기기 위해 나봅들이 방문했던 대표적인 장소다. 1784년 즈음에는 런던 피커딜리 인근의 여러 커피하우스에서 커피뿐만 아니라 커리 요리와 인도에서 수입한 커리 가루까지 판매했다.

커리는 1810년 옥스퍼드사전에 '커리 파우더curry powder'라는 단어가 실릴 정도로 영국인들 사이에 꽤나 알려진 음식으로 자리 잡았다. 공교롭게도 같은 해에 나봅들을 겨냥한 최초의 순수 인도식당이 메이페어의 포트맨 스퀘어 근처에 문을 열었다. '힌두스타니 커피하우스Hindoostane Coffee House'라는 상호를 단 이 식당은 과거 영국 동인도회사 군대에서 견습 군의관으로 복무하고 아일랜드 출신 여성과 결혼하여 영국에 정착한 무슬림 출신 사업가 세이크 딘 마호메드Sake Dean Mahomed, 1759~1851가 주인이었다. 그는 인도 현지 분위기를 재현하고자 식당 안 곳곳을 인도풍 그림으로 채웠고, 물담배인 후카를 위한 흡연실까지 별도로 마련했다. 그러나 힌두스타니 커피하우스의 운영은 성공을 거두지 못했다. 식당이 위치한 포트맨 스퀘어 인근에 거주하는 나봅들 대부분은 인도인 요리사를 고용하고 있었기 때문에 굳이 인도식당을 찾을 필요가 없었고, 인근에 더 훌륭한 시설을 갖추고 문을 연 식당들과의 경쟁에서도 밀리면서 힌두스타니 커피하우스는 개업 2년 만에 문을 닫았다.

한편, 1820년을 기점으로 인도에 대한 나봅들의 높은 관심을 겨냥해 또 다른 변화가 등장했다. 인도에서 수입한 커리 가루를 포장해서 판매하는 회사의 수와 신문 광고 횟수가 눈에 띄게 증가하기 시작한 것이다. 1820년 이전 영국에서 발행되는 신문에 커리가 다루어진 경우는 고작 귀퉁이 한편에 작게 조리법이 실리거나, 인도에서 소비되는 음식에 관해 아주 짤막히 언급되는 정도가 전부였다. 그러나 1820년 이후 커리는 영국인들이 가정에서 직접 만들어 맛볼 수 있는 식재료로 인식되기 시작했고, 인도산 커리 가루를 판매하는 회사의 수가 늘어났다. 그 결과 1820~1840년 기간 영국에서 커리의 주요 재료인 강황 수입액이 3배 가까이 증가하는 양상을 보였다.

AN EXQUISITE AND DELICATELY FLAVOURED CURRY.

MRS A B MARSHALL'S
CURRY POWDER
A Curry of Exquisite
Flavor, of the kind
prevalent in the
MADRAS PRESIDENCY.
30 & 32 MORTIMER STREET. LONDON.W.
Per bottle, 6d., 1s., and 2s. This Label on each bottle.

1899년 마샬의 커리 파우더 광고.

19세기 중반 영령 인도 전역에서 커리 파우더를 판매하거나 배달하러 다닌 '커리 쿨리Curry Coolie'의 모습.

CURRIE POWDER.——W. YATES respect-
fully informs the Public, that he continues to manufac-
ture the ORIGINAL CURRIE POWDER, patronised by
the Nobility and Gentry upwards of Twenty Years, at his
Establishment, No. 3, Sloane street. W. Y. warrants his
preparation to possess all the virtues of the Indian Currie
Powder, being made with the same kind of ingredients, and
possessing the superior advantage of freshness, which the
length of the voyage necessarily impairs in the Currie Powder
imported from India. To be had only of the Proprietor and
his Agents, Edwin Briggs, Chemist, 48, Wigmore-street ; Mr.
Shuttleworth, 140, Leadenhall-street; and Messrs. Pring and
Ward, Chemists, Dublin, in Bottles at 3s. 6d., 5s., 7s., and in
Cases containing six large Bottles, at 2l. On each Bottle are
directions for making the Currie, Mullagotawne Soups, and
the Indian method of boiling the rice, so essentially necessary
to make a good Currie,—Usual allowance to retailers.

1824년 《모닝 포스트》에 게재된 커리 파우더 광고.

커리 가루와 향신료를 판매하는 영국 회사의 신문 광고 중 하나를 1824년 12월 9일 자《모닝 포스트》에서 찾을 수 있다. 당시 신문 광고 내용의 특징은 하나같이 자기 회사가 수입한 인도산 커리 가루가 타사 제품보다 순도가 높다고 강조한다는 점이다. 또한 인도산 커리를 섭취하면 커리가 위를 자극하여 소화를 촉진하고 혈액 순환을 개선하여, 인도인들처럼 우수한 건강 상태를 유지하는 데 도움이 된다는 내용도 발견된다. 이러한 광고는 식민지 인도를 더럽고 질병이 만연한 곳으로 묘사하는 지배자 시각의 식민지 담론을 뒤집고, 이국적

1. 음식, 유로메나의 과거를 기억하다

인 동양을 매력적으로 보이게 하려는 '긍정적 시각의' 오리엔탈리즘 입장을 취했다는 점에서 매우 흥미롭다.

전체적으로 볼 때, 18세기 중반부터 후반까지는 나봅의 수가 많지 않았던 탓에 인도 커리가 영국 대도시의 요리 문화에 지대한 영향을 미쳤다고 보기는 어렵다. 그러나 19세기부터 커리는 영국의 일반 가정에서 식재료로 인기를 얻기 시작하면서 영국인들의 식탁에 한층 더 가까워졌다.

요리책 출판의 증가와 커리의 인기 상승

나봅이 영국에 커리를 들여오는 매개체 역할을 담당했다면, 1740년 대 말부터 서서히 등장했던 요리책은 영국에서 커리가 더욱 확산되는 데 중요한 역할을 했다. 영국에서 출판된 요리책으로서 커리 조리법을 최초로 소개한 것은 해나 글라스Hannah Glasse가 1747년 출간한 《간편하고 쉬운 요리 기술The Art of Cookery Made Plain and Easy》이다. 흔히 '18세기에 가장 많이 알려진 영어 요리책'으로 불리는 이 책은 1758년에 제6판이 나올 정도로 큰 인기를 끌었다. 그녀의 커리 조리법은 저렴하면서도 이국적인 음식을 원하는 영국 중산층 독자들의 기호를 충족시켰고, 나봅들이 영국으로 들여온 이른바 '앵글로-인디언 커리'와 차별되는 '영국식 커리'의 원형을 제시했다는 점에서 의미가 있다.

해나 글라스가 '인도식으로 커리 만들기To Make a Curry the Indian Way'란 제목으로 소개한 초판의 조리법은 다음과 같다.

> 닭 두 마리나 토끼를 잡아서 잘게 토막 낸다. 껍질을 벗긴 작은 양파 세 개나 네 개를 아주 잘게 자른다. 후추 열매 30개와 쌀 한 테이블스푼과 고수 씨앗 얼마간을 깨끗한 삽에 올려서 불에 볶은 다음, 빻아서 가루로 만들고, 그 가루에 소금 한 티스푼을 뿌려 고기와 잘 섞는다. 그리고 모든 재료를 소스팬이나 스튜팬에 넣고, 물 한 파인트를 부어서, 고기가 매우 부드럽게 익을 때까지 끓인다. 다음으로 신선한 버터를 큰 호두알만큼 넣고 잘 저은 후 적당히 걸쭉해지면 접시에 담아 식탁에 올린다. 소스가 너무 걸쭉하다면 물을 좀 더 붓고, 원한다면 소금도 조금 더 넣는다. 이때 소스가 꽤 걸쭉해야 한다는 것을 염두에 두어야 한다.

이후 영국에서 출판된 대부분의 요리책에 커리 조리법이 포함되기 시작했다. 그런데 한 가지 흥미로운 점은 거의 모든 요리책에서 커리의 기원이 인도임을 분명히 밝히고, 영국 중산층 요리와 연관성이 전혀 없는 이국적인 요리로 묘사했다는 점이다. 또한 요리책 집필에 참고한 조리법의 출처에 대해서는 일절 밝히지 않는다. 그렇지만 이 시기 출판된 요리책의 대부분은 나봅들이 들여온 앵글로-인디언 커리의 조리법을 변형해 소개한 것으로 추측되는데, 요리책에 소개된 토끼고기와 버터 같은 재료는 인도 커리에는 사용되지 않기 때문이다. 당시 인도에서는 토끼를 식용으로 사용하지 않았으며, 대부분의 인도 요리에는 일반적으로 버터가 아니라 암소의 젖을 정제해 만든 식용 기름인 기ghee가 사용되었다. 당시 출간된 요리책들이 커리의 재료에 변화를 꾀한 점은 영국 독자들의 입맛에 더욱 적합한 조리법을 제공하고자 하는 의도가 개입된 것으로 볼 수 있다.

이 시기부터 요리책에 커리 조리법이 포함된 것은 크게 두 가지 중요한 의미를 지닌다. 첫째, 해나 글라스의 요리책 출간 이후 런던 외곽의 도시들에서 출판된 각종 요리 서적에도 커리 조리법이 포함되면서 커리 요리가 점차 표준화, 상업화됨과 동시에 전국적으로 확산하는 계기가 마련된 것이다. 실제로 19세기 말 즈음에는 일반 가정에서 커리 가루를 세 종류 이상 갖추고 있는 것이 낯선 일이 아니었다. 일반 가정에서는 먹다 남은 고기를 처리하는 최고의 방법으로 커리 요리를 선호했으며, 이 과정에서 커리는 영국인들의 입맛에 맞도록 더욱 변형되었다.

둘째, 당시 출간된 다양한 요리책에 커리 요리법이 영국인들이 이해하기 쉬운 용어로 설명된 것은 커리라는 음식에 대한 지적 소유권이 영국으로 넘어가는 전환점이 되었다. 다시 말해 인도식 커리를 먹던 나봅들이 앵글로-인디언 커리를 영국으로 들여왔고, 이제 영국식 커리로 변모하는 과정에 접어들면서 커리는 외국 음식이면서 동시에 영국 음식이기도 하다는 '신기한 인식'이 생겨난 것이다.

예를 들어, 1845년에 출판된 일라이저 액턴Eliza Acton의 요리책《가정을 위한 현대 요리Modern Cookery for Private Families》는 당시 영국 중산층 독자의 요구를 가장 잘 반영한 것으로 알려져 있는데, 이 책에서는 앵글로-인디언 커리와 영국식 커리 조리법 여러 가지를 각각 별도 항목으로 소개해놓았다. 언뜻 보기에 다양한 커리 조리법을 제시한 것으로 보이지만, 영국에 인도식 커리가 소개된 지 100년이 채 안 되어 독자적인 조리법을 갖춘 영국식 커리의 존재가 사람들의 인식 속에 어느 정도 자리 잡았음을 보여주는 대목이라고 할 수 있다.

또 다른 예로 이저벨라 비턴Isabella Beeton이 1861년에 출간한《가정관리Book of Household Management》를 들 수 있다. 이 책에서 비턴은 커리 가루를 사용한 여러 가지 조리법을 소개했는데, 한 예로 '닭고기 커리'란 항목을 보면 버터에 얇게 썬 양파, 닭고기, 다진 사과 등을 볶은 뒤 육수를 붓고, 거기에 커리 가루와 밀가루를 넣고 부드럽게 저어 걸쭉하게 끓인 다음, 먹기 직전에 크림과 레몬즙을 첨가하라고 쓰여 있다. 이제 요리책에 소개된 커리 조리법에서 인도가 기원이라는 설명이 사라졌고, 더 많은 영국식 조리법과 식재료가 포함되었다.

19세기 중반에 이르자 영국에서 커리 조리법이 포함되지 않은 요리책이나 커리 가루를 팔지 않는 식품점을 찾을 수 없을 정도로 커리는 대중화됐다. 그러나 1857년 예상치 못한 사건이 발생하면서 커리의 운명에 또 한 번 전환점이 찾아왔다.

1857년 세포이 반란과 커리의 새로운 운명

1857년 5월, 영국 동인도회사 군대에 고용된 인도인 용병인 세포이들이 유혈 항쟁을 일으켰다. 그 유명한 세포이 반란(인도인들은 '세포이 항쟁' 또는 '1차 인도 독립 전쟁'으로 부른다)이 발발한 것이다. 1858년 7월 20일 괄리오르 전투를 끝으로 완전히 진압되기까지 델리를 비롯한 북인도를 중심으로 영국군과 세포이 사이에 치열한 교전이 벌어지면서 수많은 사상자가 발생했다. 세포이 반란이 진압되면서 인도는 여왕이 직접 통치하는 대영제국의 식민지로 편입되었고, '영국인＝지배자, 인도인＝피지배자'라는 관계가 본격적으로 설정되기 시작했다.

세포이 반란을 계기로 인도와 관련된 것을 대하는 영국인들의 시선과 태도에도 큰 변화가 나타났다. 특히 세포이 반란 기간 발생한 수많은 사상자 중 영국인 여성과 어린아이가 다수 포함되었던 점 때문에 영국인들의 분노는 극에 달했다. 그 결과 영국인이 인도 옷을 착용하는 것이 전면 금지되었고, 인도화된 생활방식을 고수하던 나봅들은 사회적 지탄의 대상이 되었다. 배신감으로 분노한 영국인들은 인도인을 식인종, 검은 악마, 강간범과 같은 극도로 부정적인 이미지로 바라보기 시작했고, 인도의 모든 문화를 폄훼했다.

그런데 외견상 커리는 인종적 편견의 대상에서 제외된 듯 보였다. 세포이 반란 발생 이후 영국의 고급 식당과 중산층 가정의 저녁 식탁에서 커리 소비가 줄어드는 경향이 나타나기도 했으나, 일반 가정의 점심 식사, 군대 식당, 클럽에서는 꾸준하게 소비되었다. 이는 아마도 나봅들을 통해 영국에 커리 조리법이 소개된 지 100년도 넘은 상황에서 커리를 하루아침에 식단에서 배제하기란 불가능했기 때문으로 볼 수 있다. 하지만 분명한 점은 커리에 대한 영국인의 시선과 태도가 이전과는 완전히 달라지기 시작했다는 사실이다. 이 시기부터 커리를 소비하는 방식에 인도를 대영제국의 완전한 식민지로 종속시키려는 제국주의적 사고방식과 노력이 투영되기 시작했는데, 이 일에는 영국 여성들이 주도적으로 참여했다.

세포이 반란이 휩쓸고 지나간 뒤 인도가 영국 여왕의 직접통치하에 놓이게 되면서 영국 여성들이 제국의 건설 과정에 참여할 기회가 이전과 비교해 훨씬 많아졌다. 남성들이 제국의 확장 및 통치와 관련된 공적 영역의 활동에 전념하는 동안 영국 여성들은 가정 내에서 규율, 검소함, 청결함을 함양하며 사적 영역을 통제하는 역할을 도맡았다. 특히 인도에 거주하면서 인도와 관련된 모든 것을 거부하고 폄훼하는 태도를 견지하며 '멤사힙memsahib'(인도 현지에 거주하던 영국 여성을 높여 부르던 말로 '주인마님' 정도로 해석할 수 있다)으로 불리던 영국 여성들이 본국으로 귀국한 이후에는 식민지의 이질적 문화를 철저하게 영국화하여 대영제국의 확장에 기여하고자 했다. 당시 멤사힙들이 적극적으로 앞장서 영국화를 시도한 대상에는 커리도 포함되어 있었다.

멤사힙들은 커리의 기원이 세포이 반란의 진원지인 인도라는 점을 철저하게 지우고자 노력하는 동시에 커리를 영국인의 입맛에 맞추는 데 열중했는데, 이러한 경향은 인도에 거주한 경험이 없는 영국 여성들 사이에도 빠르게 확산되었다. 당시 시대적 분위기를 반영해 출판된 요리책들의 내용을 살펴보면 이전과 비교해 커리 조리 방법과 재료에 뚜렷한 변화가 나타났음을 알 수 있다. 예를 들어, 1857년 이후 출판된 요리책에 소개된 커리 조리법을 살펴보면 힌두교에서 금기시하는 쇠고기나 이슬람교에서 금기시하는 돼지고기와 함께 인도에서는 요리 재료로 쓰이지 않던 사과, 파인애플, 토마토 같은 과일이 주재료에 포함되었고, 여기에 더해 밀가루를 써서 국물을 끈적한 소스로 바꾸는 영국식 스튜 조리 방법이 '반드시' 포함되면서, 커리는 인도인들처럼 손으로 먹는 음식이 아닌 포크와 숟가락을 사용해서 먹어야 하는 음식으로 변했다.

이 시기 커리는 중산층 가정에서 먹다 남은 고기를 남김없이 처리하는 훌륭한 방법임과 동시에 값비싼 프랑스 음식을 대체할 완벽한 중산층 음식으로 여겨지면서 경제적인 측면에서도 각광을 받았다.

이 밖에도 중산층 가정의 집주인이 손님에게 커리를 대접하는 것은 애국주의와 민족주의를 표현하는 한 방식으로 여겨지기도 했으며, 영국을 떠나본 적이 없는 사람들이 커리 한 접시로 대영제국의 제국주의가 거둔 결실을 공유하고자 하는 경향까지 가세하면서 커리의 위상은 '국민 식단national diet'으로까지 상승하는 양상이 나타났다.

이 시기 영국 여성들이 커리 요리에 대한 지식을 완전히 통제하고 개조를 시도했던 일은 식민지 인도를 대영제국 안으로 편입하는 일이 남성들만의 영역이 아님을 보여주는 대표적인 사례라고 할 수 있다. 영국 여성들은 커리에 대한 통제권을 확보하여 가정 규모에서 애국주의를 표현하는 데 활용했을 뿐만 아니라, 제국주의의 본질과 열망을 재현하고 정당화하는 방식을 또 한 가지 추가한 것으로 볼 수 있다. 이때 커리가 중산층 가정을 넘어 영국 최상류층의 일상으로 진입하는 데 결정적인 영향을 미친 여성이 있었는데, 다름 아닌 대영제국의 여제 빅토리아 여왕Queen Victoria, 1819~1901이었다.

영국 최고의 커리 마니아, 빅토리아 여왕

1877년 '인도의 여제'에 등극한 빅토리아 여왕은 인도에 직접 방문한 적은 없지만 오래전부터 인도에 매료되어 있었다. 인도에 대한 여왕의 관심과 열정은 1845~1851년에 부군 앨버트 공작Prince Albert,

1. 음식, 유로메나의 과거를 기억하다

1819~1861과 함께 여름휴가를 보낼 별장으로 지은 오스본하우스에서 엿볼 수 있다. 이 별장에는 인도산 가구, 인도풍 회화 작품을 비롯해 여왕이 정성 들여 수집한 다양한 물건이 진열되어 있으며, 건물 안쪽의 벽에는 코끼리 형상을 한 힌두신 가네샤와 공작새 문양이 곳곳에 새겨져 있다.

1847년 12월 29일 윈저 성에서 열린 만찬 메뉴에 '커리 드 풀레curry de poulet'가 포함된 것을 볼 때, 빅토리아 여왕은 1877년 이전에도 종종 커리 요리를 즐겼던 것으로 짐작된다. 빅토리아 여왕은 인도의 여제로 등극하면서 인도 요리, 특히 커리에 깊이 매료되었는데, 인도의 영국 식민정부에서 여왕의 여제 등극을 축하하기 위해 식사 시중을 들 압둘 카림이라는 무슬림 출신 하인을 선물로 보낸 것이 결정적 계기가 되었다. 빅토리아 여왕의 전기를 쓴 작가 윌슨A. N. Wilson에 따르면, 영국에 도착했을 당시 23세였던 카림은 달dal(콩으로 만든 인도식 수프)과 필라우pilau(각종 향신료를 섞은 볶음밥)를 곁들인 치킨 커리를 직접 만들어 68세인 여왕을 감동시켰다고 한다.

1861년 부군 앨버트 공작의 사망 후 윈저 성으로 데려온, 스코틀랜드 출신의 충실한 신하 존 브라운이 1883년 나이 56세에 세상을 떠나면서 큰 상심에 빠졌던 여왕은 자신을 어머니처럼 극진히 모시는 카림을 가까운 친구처럼 대하며 일상의 상당 시간을 함께했다. '주방 소년'으로 왔던 카림은 여왕에게 매일 우르두어를 가르치기도 했는

집무를 보는 빅토리아 여왕과 시중을 드는 압둘 카림의 모습(왼쪽). 빅토리아 여왕의 사저 오스본하우스 안에 인도풍으로 꾸며놓은 두르바르룸 내부(오른쪽).

데, 이것이 계기가 되어 여왕은 카림을 우르두어로 '선생님'을 뜻하는 '문시munshi'라고 불렀다.

빅토리아 여왕은 1890년에 인도 펀자브 출신 건축가를 고용하여 인도풍 꽃과 공작 문양으로 장식한 두르바르룸durbar room(두르바르는 즉위식을 뜻하는 인도어)을 지었는데, 이곳은 여왕과 가족이 인도식당으로 사용하기 위한 공간이었다. 하인들은 여왕이 두르바르룸에서 식사하는 날은 정교하게 제작된 인도식 복장을 착용했으며, 여왕 스스로도 보석으로 치장한 인도 왕족 복식을 마다하지 않았다.

빅토리아 여왕의 식탁에 일주일에 최소한 두 번은 커리 요리가 나왔고, 자연스럽게 커리는 영국 궁정의 식단에서 빠지지 않는 메뉴로 자리 잡게 되었다. 예를 들어, 빅토리아 여왕의 뒤를 이은 에드워드 7세Edward Ⅶ, 재위 1901~1910는 왕실 부엌에서 인도 음식 냄새가 나는 것

1. 음식, 유로메나의 과거를 기억하다

을 달가워하지 않았음에도 그의 식탁에는 정기적으로 커리가 올라왔으며, 그의 뒤를 이은 조지 5세George V, 재위 1910~1936는 커리와 봄베이덕(훈제치목 매퉁잇과 생선인 물천구로 만든 인도 요리) 외에는 어떤 음식에도 특별한 관심을 기울이지 않았다고 전해진다.

이러한 분위기에서 영국의 귀족과 상류층 사이에 커리가 인기 있는 음식으로 자리 잡는 데는 그리 오랜 시간이 걸리지 않았다. 또한 빅토리아 시대에 귀족과 상류층이 먹는 음식을 모방하려는 중산층을 겨냥해 출판된 요리책들은 커리 요리에 관한 별도의 장을 둔 경우가 대부분이었다. 이 시기 출판된 대표적인 요리책인《현대 가정요리 Modern Domestic Cookery》에는 "이전에 커리는 주로 인도에서 오랜 기간 거주한 사람들의 식탁에나 오르던 음식이었지만, 오늘날 영국 일반 가정의 식탁에 오르지 않으면 저녁 식사가 완성되지 않을 정도로 완전히 보편화되었다"라고 적혀 있다.

이제 커리는 '인도성Indianness'이 거의 지워진 음식이 되었고, 차와 크럼핏(두툼한 잉글랜드 전통 팬케이크)만큼이나 빅토리아 시대 영국인들의 일상생활에서 매우 중요한 위치를 차지하게 되었다. 또한 이 시기 동안 대영제국이 확장되는 과정에 동원된 인도인 계약 노동자들을 통해 커리는 영국을 넘어 전 세계로 퍼져나갔다. 인도인 계약 노동자들은 대영제국에 편입된 호주, 미국, 캐나다, 싱가포르, 몰디브, 모리셔스, 피지, 아프리카 등지로 이주하면서 커리를 만들어 먹을 수 있는 강황, 호로파, 커민 같은 기본 재료를 가져갔고, 구할 수 없는 재료는 현지에서 구할 수 있는 있는 것들로 대체했다. 그 결과 커리는 그들이 이주한 장소의 환경에 맞춰 변형되면서 더욱 다양한 형태와 맛을 띠게 되었다.

영국에서 커리의 진화는 현재 진행형

20세기 초에 이르자 커리는 영국의 상류층뿐만 아니라 중산층 사이에서도 인기 있는 음식 메뉴로 자리를 잡았다. 2차 세계대전 기간 중 영국 군대의 식단에 커리가 포함되어 있었는데, 당시 대규모 징집을 통해 모인 여러 사회계층 출신의 군인들을 통해 커리는 영국 전역으로 확산되었고, 전쟁이 끝난 뒤에도 꾸준히 소비되는 음식으로 남았다. 특히 1950년대 후반부터 1970년대에 걸쳐 영국 정부가 경제 호황에 따른 노동력 부족을 해결하는 방안으로 과거 식민지였던 나라들에 눈을 돌리면서, 파키스탄과 방글라데시로부터 런던과 미들랜드, 노스웨스트 지역의 방직 공장으로 이주 노동자들이 대거 유입되었다. 자연스럽게 이들 지역에 남아시아 출신 노동자들에게 저렴한 잠자리와 식사를 제공하는 게스트하우스와 식당이 급속도로 늘어나기 시작했다. 이를 계기로 커리는 가정식의 범위를 넘어 인기 있는 외식 메뉴로도 자리 잡기 시작했는데, 남아시아 출신 이주민이 운영하는 식당들이 영국인의 입맛까지 염두에 둔 재료와 조리 방식을 채택했기 때문이다.

예를 들어, 오늘날 영국인들이 가장 선호하는 커리 요리로 각광받는 치킨 티카 마살라가 그러한 배경에서 탄생한 요리다. 이 요리는 1960년대 말 스코틀랜드 글래스고의 한 인도식당에서 치킨 티카(인도 무굴제국의 궁정에서 기원한 음식)를 주문한 손님이 음식이 너무 퍽퍽하다고 불평을 했을 때, 당황한 주방장이 캠벨 수프 회사의 토마토 수프 통조림을 데워 요구르트와 섞어서 치킨 티카에 붓고 고수를 고명으로 올리면서 탄생한 것으로 알려져 있다.

지금까지 영국에서 커리라는 음식이 처음으로 소개된 이후 오늘날까지 변화해온 역사를 살펴보았다. 커리는 인도에서 기원했지만 그것을 오늘날 우리가 '커리'라고 부르는 음식으로 발전시킨 주인공은 영국인들이다. 그리고 커리라는 음식과 관련된 지식을 체계화하고, 가장 열렬하게 소비하고 즐겼던 이들도 영국인들이다. 한때 영국인들은 대영제국이 추구한 제국주의가 거둔 성공의 상징으로 커리의 정체성을 규정하고자 했다. 그러나 오늘날에는 커리를 영국 '다문화주의'의 상징으로 만들고자 노력하는 모습을 보이고 있다. 2001년 소셜마켓재단이 주최한 행사에서 당시 영국의 외무부 장관 로빈 쿡이 한 연설은 오늘날 커리의 정체성에 대한 영국인들의 인식을 가장 잘 표현했다는 평가를 받는다. 이 연설문의 일부를 인용하면서 글을 마친다.

오늘 저녁, 저는 영국과 영국성의 미래에 낙관적인 이유를 설명하고자 합니다. 〔…〕 영국은 한 인종이 아닌 무수한 다른 인종과 집단으로 이루어진 집합체이며, 그들 중 다수는 〔오늘날 영국을 구성하는〕 섬들이 고향이 아닙니다. 〔…〕 새로운 집단들의 도래로 풍요로워진 것은 우리의 경제만이 아닙니다. 그 과정에서 우리의 생활방식과 문화적 지평도 넓어졌습니다. 〔…〕 치킨 티카 마살라는 이제 '진정한 영국음식'이 되었는데, 그 이유는 영국인들 사이에서 가장 인기 있을 뿐 아니라 영국이 외부의 영향을 흡수하고 적응하는 방식을 완벽하게 보여주기 때문입니다. 치킨 티카는 인도 요리입니다. 마살라 소스는 고기를 국물 형태로 제공받으려는 영국인들의 욕구를 충족시키기 위해 첨가되었습니다. 다문화주의를 우리 경제와 사회에 긍정적인 힘으로 받아들이는 것은 영국성에 대한 우리의 이해에 중요한 의미를 가질 것입니다.

1. 음식, 유로메나의 과거를 기억하다

치킨 티카 마살라

재료

뼈와 껍질을 제거한 닭고기 800g. 신선한 고수 4큰술.

닭고기 양념장: 플레인 요구르트 1컵, 다진 마늘 1큰술 반, 생강 1작은술, 가람 마살라 2작은술, 강황 1작은술, 다진 커민 1작은술, 곱게 간 고춧가루 1/2 작은술, 소금 1작은술.

조리용 소스: 카놀라유 2큰술, 버터 2큰술, 다진 양파 2개, 다진 마늘 1큰술 반, 다진 생강 1큰술, 가람 마살라 1작은술 반, 곱게 간 커민 1작은술 반, 강황 가루 1작은술, 곱게 간 고수 1작은술, 토마토퓌레 400g, 고춧가루 1작은술, 소금 1 작은술, 걸쭉한 크림 1과 1/4컵, 흑설탕 1작은술, 필요할 경우 물 1/4컵.

만드는 법

1 미리 만들어둔 양념장에 닭고기를 30분 내지 1시간 동안 재운다.

2 충분히 큰 팬에 기름을 넉넉히 붓고 중간 불로 가열한다. 기름이 끓기 시
   작하면 한 번에 닭고기 2~3조각씩 집어넣고 표면이 갈색이 될 때까지 3
   분 정도 볶은 뒤 꺼내 따로 둔다.

3 닭을 조리한 팬에 조리용 소스를 만든다. 먼저 버터를 녹인 후 양파가 부
   드러워질 때까지 볶는다.

4 3에 마늘, 생강을 넣어 강한 불에서 1분간 볶은 후 가람 마살라, 커민, 강
   황, 곱게 간 고수를 넣고 골고루 섞어가면서 20초 정도 더 볶는다.

5 4에 토마토퓌레, 고춧가루, 소금을 넣고 10~15분 정도 소스가 걸쭉해지
   고 진한 갈색이 될 때까지 잘 저어가면서 끓인다.

6 소스에 크림과 설탕을 추가한 후 볶아놓은 2의 닭고기를 넣고 8~10분간
   더 익힌다. 이때 소스가 너무 걸쭉한 것 같으면 물을 약간 부어준다.

7 마지막으로 고수를 고명으로 얹은 후 따뜻한 밥이나 난과 함께 먹는다.

참고문헌 ———————————————————————————————

Achaya, K. T., *The Story of Our Food*, Hyderabad: Universities Press, 2000.

Collingham, Lizzie, *Curry: A Tale of Cooks and Conquerors*, New York: Oxford University Press, 2006.

Panayi, Panikos, *Spicing Up Britain: The Multicultural History of British Food*, London: Reaktion Books, 2008.

Ray, Krishnendu and Tulasi Srinivas, *Curried Cultures: Globalization, Food, and South Asia*, Berkeley and Los Angeles: University of California Press, 2012.

Sen, Colleen Taylor, *Feasts and Fasts: A History of Food in India*, London: Reaktion Books, 2015.

커피, 이교도의 음료에서
계몽과 자유의 음료로

| 임동현 |

커피의 기원에 관한 여러가지 설

오늘날 커피의 기원을 다루는 글은 대부분 20세기 초에 출판된 미국의 저술가 우커스William H. Ukers의 책을 출처로 하는 한 가지 설화와 함께 시작된다. 9세기 중반 에티오피아의 염소 목동 칼디는 염소들이 밤에 잠을 자지 않고 흥분하여 날뛰는 모습을 보게 된다. 걱정이 되었던 그는 인근의 수피즘 수도원장에게 이 사실을 알렸는데, 이에 대해 조사하던 수도원장은 염소가 신기한 열매를 먹는 것을 발견한다. 열매를 직접 먹어본 수도원장은 맛이 없어 모닥불에 던져버렸는데 그로부터 좋은 향이 나기 시작했고, 이것이 커피의 기원이라는 것이다.

우리는 이 설화를 사실로 받아들일 수 있을까? 설화의 내용이 저자에 따라 여러 가지로 변용되는 점을 볼 때 그러기는 어려워 보인다. 사실 이 설화는 이미 17세기 후반부터 유럽에 유통되기 시작했다. 17세기 로마에 살던 마론파 교도 나이론Faustus Nairon, 1628~1711에 따르면 커피가 발견된 장소는 에티오피아가 아닌 예멘이었으며, 설화의 주인공 칼디는 염소 목동이 아닌 낙타 목동이었다. 어쨌든 이 설화에 따르면 커피가 처음으로 음용된 시기는 9세기가 되는데, 이는 10세기에 페르시아에서 음용되던 반캄bunchum이 커피의 원조라는 견해와도 연결된다. 그러나 우리는 이미 19세기 말부터 반캄의 진위에 대한 의문이 꾸준히 제기되어왔다는 사실을 잊어서는 안 된다.

오늘날 커피의 기원에 대해 신뢰할 만한 출처는 존재하지 않는다. 진위를 알 수 없는 여러 설이 난무할 뿐이다. 커피가 아주 먼 고대부터 음용되었다는 견해도 존재하며, 14세기 에티오피아 카파Kaffa에서 예멘으로 전파되었다는 설도 있다. 결국 커피가 언제부터 재배되고 음용되기 시작했는지 정확하게 아는 것은 불가능하다. 그러나 한 가지 확실한 것은 커피가 15세기 예멘의 무역항 모카Mocha 인근의 수피즘 수도원에서 각성 음료로 소비되었다는 사실이다. 이 지역의 수피즘 수도사들은 새벽 예배에 참석하기 전 졸음을 쫓을 목적으로 커피를 음용하곤 했다. 이들은 이 음료를 '까흐와qahwa'라 불렀다. 오늘날 아랍어권에서 커피를 지칭하는 단어도 '까흐와'다. 까흐와는 페르시아와 튀르키예뿐만 아니라 북아프리카 전역으로 널리 확산되기 시작했고, 이어 16세기 유럽으로 전래되었다.

커피의 기원 문제와 마찬가지로 커피가 언제 처음으로, 어떤 경로를 통해서 유럽에 전래되었는지 역시 불분명하다. 유럽에서 커피에 대한 최초의 문헌은 16세기에 의사이자 식물학자로서 명망이 높았던 독일인 라우볼프Leonhard Rauwolf, 1535~1596가 작성했다. 1573년에서 1576년 사이 메소포타미아를 여행했던 그는 시리아의 알레포에서 음용되던 '카우베chaube'라는 음료에 대한 기록을 남겼다. 그러나 최초의 기록자가 독일인인 것과는 별개로 유럽에서 커피를 최초로 음용한 지역은 동방 및 북아프리카와 지리적으로 인접한 몰타섬이었을 것으로 추정된다. 당시 몰타섬에서는 1565년 몰타 공방전에서 사로잡힌 오스만제국 군인들이 노예살이를 하고 있었다. 이들은 커피 가루를 물과 설탕에 섞은 음료를 섭취했는데, 무슬림 노예들이 지치지 않고 일할 수 있는 것은 바로 이 음료 덕분이라는 인식이 몰타의 귀족 사회에 널리 퍼지기 시작했다. 16세기 말에는 이미 몰타섬의 귀족 사이에 커피가 널리 확산되어 있었다. 한편 유럽 동부에서는 1683년 빈 공성전 당시 튀르크 군대가 퇴각하면서 커피 포대를 성벽 밑에 놓아두고 갔다는 설이 전해진다. 이 설의 역사적 진위는 검증할 수 없

15세기 예멘의 무역항 모카 인근의 수피즘 수도원에서 커피는 각성 음료로 소비되었다. 수피즘 수도사들은 졸음을 쫓을 목적으로 음용한 이 음료를 '까흐와'라 불렀다.

지만 어쨌든 같은 해에 합스부르크 제국 최초의 커피하우스가 문을 열었던 것은 사실이다.

또한 인도가 매개였다는 설도 존재한다. 당시 커피는 이슬람 세계에 막대한 부를 가져다줄 수 있는 중요한 무역 상품이었고, 따라서 커피나무 씨앗을 외부로 반출하는 행위는 철저하게 금지되었다. 그러나 수피교도였던 바바 부단Baba Budan이 메카 순례를 다녀오는 길에 커피를 만났고, 커피나무 씨앗 일곱 알을 띠에 숨겨 몸에 동여매고 인도 남부의 마이소르로 밀반입하는 데 성공한다. 그리하여 인도에서도 커피가 재배되기 시작했고 그로부터 전 세계로 확산되어나갔다는 것이다. 마치 고려 말 원나라에서 목화씨를 가져온 문익점을 연상케 하는 이 설은 동인도회사를 경영하며 대서양 향료 무역에 나섰던 네덜란드와 영국을 통해 커피가 유럽에 전래되었다는 주장과 연결된다.

이렇듯 역사적 진위 여부를 확실히 알 수 없는 여러 설이 난무하는 가운데, 한 가지 확실한 사실은 커피 문화가 전 유럽에 자리를 잡을 수 있게 된 데에는 16세기 말 오스만제국 및 북아프리카와 광범위한 교역 활동을 하던 베네치아의 공헌이 결정적이었다는 것이다. 1645년 유럽 최초의 커피하우스가 문을 연 곳도 베네치아였다. 18세기 초에 이르면 베네치아 시내에만 총 200개소가 넘는 커피하우스가 생겨났고, 이로 인해 공화국 정부가 허가제 도입을 검토해야 하는 상황에 이르렀다. 이후 커피는 베네치아에서 전 이탈리아로, 그리고 전 유럽으로 확산되었다. 피렌체, 로마뿐만 아니라 파리, 런던, 빈 등 유럽의 대도시 곳곳에 커피하우스가 우후죽순처럼 들어서기 시작했다.

이교도의 음료, 그리스도교의 세례를 받다
——

이슬람 세계에서 유래한 커피에 유럽의 그리스도교인들이 의혹의 시선을 보낸 것은 당연한 일이었다. 많은 이들이 커피를 두고 무슬림이 와인을 대신해 마시는 음료라고 생각했고, 나아가 성직 계층의 일부

는 커피를 '사탄의 발명품'으
로 인식했다. 이들은 1600년
에 교황 클레멘스 8세Clemens
VIII에게 커피 음용을 금지해
달라는 청원을 공식적으로 올
리기도 했다.

"이교도가 마시는 음료가
그리스도교 세계에 확산되고
있습니다. 이 음료는 마시는
이들이 영혼을 사탄에 빼앗기
게 만듭니다. 그 전에 금지해
주실 것을 청원합니다."

교황 클레멘스 8세의 초상.

전해지는 설에 따르면 성직 계층의 기대와 달리 교황 클레멘스 8세
는 이 맛 좋은 음료를 이교도만 마실 수 있도록 하는 것은 죄악일 것
이라며 커피에 세례를 베풀었다. 바야흐로 이교도의 음료가 그리스
도교의 음료로 변모하는 역사적인 순간이었다. 그러나 이 일화 역시
문자 그대로의 사실로 받아들일 수는 없을 것이다. 이와 관련된 어떠
한 문헌 근거도 존재하지 않기 때문이다. 따라서 커피에 세례를 베풀
었다는 표현은 아마도 클레멘스 8세의 커피 애호를 나타내는 비유적
표현으로 이해해야 할 것이다.

그러나 오로지 성직 계층만 커피를 반대했던 것도 아니었으며 반대의 이유가 반드시 종교적인 것만도 아니었다. 우선 도입 초기 커피가 술의 대체제로 인식됨에 따라, 주류를 제조하고 판매하는 업자들이 커피 도입을 반대했다. 그리고 여성들은 커피 때문에 남성들이 정력을 고갈하고 재산을 탕진한다는 의혹의 시선을 보냈다. 군주들의 태도는 양면적이었다. 17세기 왕조 전쟁의 와중에 있던 유럽의 군주들은 커피에 세금을 부과함으로써 군사적 과업을 위한 재정 수단을 확보할 수 있었다. 따라서 초기에는 커피하우스 설립을 적극 환영하는 입장이었다. 그러나 시간이 갈수록 커피하우스가 정치적 뉴스의 진원지가 되자 군주들의 입장은 환영에서 통제로 선회했다. 또한 당대의 대학은 커피하우스에서 교류되는 지식에 대해 멸시하는 태도를 취했는데, 이와 관련하여 당시 유럽의 여러 대학이 학생들에게 커피하우스 출입을 금지했던 사례가 존재한다.

　어쨌든 이러한 의혹과 반대에도 커피는 유럽의 그리스도교 세계에 널리 확산되어 문화로 자리를 잡았다. 이렇게 된 공을 클레멘스 8세에게 돌리는 것은 과거로부터 많은 저술가들이 애용하던 클리셰이지만 실제로는 클레멘스 8세와 무관한 여러 확산 요인이 존재한다. 주류업자들의 걱정은 기우가 아니었다. 실제로 술의 대체제로서 소비된 것은 커피가 폭넓게 확산될 수 있었던 주된 요인 가운데 하나였다. 취기를 유발하고 때로는 정신을 잃거나 공격적인 행동을 보이게 만드는 등 술의 부작용에 대한 경각심이 커진 17세기 유럽의 상황에서, 커피는 이러한 부작용이 없을뿐더러 오히려 잠을 쫓아 머리를 맑게 하고 지성을 일깨우는 효과가 있는 음료로 여겨졌다. 이러한 인식은 18세기 밀라노에서 출판된 잡지《일 카페Il Caffè》에 수록된 기사를 통해 잘 드러난다.

> 만취, 정신착란, 흥분과 함께하는 와인 문명은 쇠퇴하고 숙고, 명상 그리고 명징한 사상과 함께하는 커피 문명이 시작되었다.

이와 더불어 도입 초기 커피가 의약품으로 인식된 것 역시 확산의 중요한 요인이었다. 커피에 대한 최초의 기록을 남겼던 독일인 라우볼프는 1582년에 출판된 여행기에서 '카우베'를 가리켜 "마치 잉크처럼 검고 수많은 질병, 특히 위장 관련 질환에 유용하다"고 기술한 바 있다. 또한 17세기에는 커피가 당시 유행하던 페스트를 치료하는 효과가 있다는 의학적 주장이 제기되기도 했으며, 17세기와 18세기 유럽 각국에 문을 연 커피하우스들이 홍보물에 커피를 마치 만병통치약과 같이 표현해놓는 것 역시 흔한 일이었다. 그에 따르면 커피는 '두통, 콧물, 위장 통증, 폐결핵, 심한 기침'을 그치게 하고 '수종, 통풍, 괴혈병의 예방과 치료'에 탁월한 효과를 낼 수 있었다. 게다가 '임신부의 유산을 막는 데'에도 탁월했다.

사교의 공간이 된 커피하우스

18세기가 되면 커피는 계몽주의자의 음료라는 새로운 정체성을 획득하게 된다. 의사소통의 증가는 계몽주의를 특징짓는 중요한 문화 현상이었다. 유럽의 각 도시에서 점차 사람들 사이의 만남이 잦아졌고 그들 사이에 사상과 의견의 활발한 교환이 일어났는데, 이는 18세기 유럽에 새롭게 탄생한 '사교'라는 만남의 장과 밀접한 연관이 있다. 사교란 친족집단 외부의 사람과 만나는 모든 교제 형태를 가리키는 용어다. 이전 세기까지는 이러한 교제 형태가 존재하지 않았으며, 친족집단 내부의 만남이나 공적이고 정치적인 성격의 만남이 주를 이루었다. 과거의 권위와 전통을 타파하고 특히 이전 세대의 문화를 쇄신하고자 했던 많은 계몽주의자들이 대체로 과거에는 존재하지 않았던 '사교'에 우호적인 태도를 취했고, 나아가 '새로운 사회 건설의 핵심'으로 생각하여 예찬했다. 극장, 오페라하우스, 관공서, 학회, 산책로와 정원, 귀족들의 저택, 프리메이슨의 회랑 등 사교의 장소는 다양했다. 17세기부터 그 수가 급증하기 시작한 커피하우스 역시 그중 하나였다.

그리하여 유럽의 각 도시에서 가장 사람들이 붐비는 장소에 커피하우스가 하나둘 문을 열기 시작했다. 베네치아의 경우 오늘날까지 명성을 떨치며 성업 중인 커피하우스 두 곳, 즉 각각 1720년과 1723

19세기 카페 플로리안에서 벌어진 축제의 풍경(왼쪽)과 카페 플로리안의 화려한 내부 정경(오른쪽).

년에 문을 연 카페 플로리안Caffè Florian과 카페 아우로라Caffè Aurora는 모두 도시의 중심인 산마르코 광장에 위치한다. 18세기 베네치아를 대표하는 극작가 카를로 골도니Carlo Goldoni, 1707~1793의 회고에 따르면, "여름 밤 산마르코 광장과 그 인근은 마치 대낮처럼 사람들로 붐빈다. 그리고 커피하우스는 언제나 활기에 찬 사람들, 모든 계층의 남성과 여성으로 가득했다."

골도니의 회고를 통해 짐작할 수 있는 것처럼 커피하우스는 다양한 계층 간의 만남이 이루어지는 장소였다. 그리고 바로 이러한 점이 귀족들의 배타적인 사교 클럽처럼 기능했던 다른 장소들과 차별성을 가지게 했다. 베네치아의 경우를 살펴보자면, 도시는 수공업자들의 상점이 밀집한 상업적 교류의 장소로 발달하기 시작했고, 전통적인 귀족들은 시내에서 멀리 떨어진 곳에 거주했다. 물론 시간이 지나며 도시의 편의 시설을 더 쉽게 이용하고자 시내로 이주하는 귀족의 수가 늘기도 했지만, 18세기까지도 여전히 많은 귀족이 도시의 외곽 지역에 거주하고 있었다. 그리고 그들은 필요에 따라 때때로 시내를 방문했다. 수공업자들의 상점과 더불어 커피하우스는 도시를 방문하는 귀족이 평민들과 가깝게 접촉할 수 있는 거의 유일한 장소였다. 이미 18세기 초 베네치아의 귀족 사이에서 도시를 방문할 때 커피하우스에 들르는 것은 일종의 유행이 되어 있었으며, 특히 여성들 사이에서 인기가 높았다.

이와 관련하여 우리는 18세기 사교의 중심에 여성이 있었다는 사실을 염두에 둘 필요가 있다. 전통 사회에서 여성의 사회 활동은 철저하게 부정되었고 따라서 이전 세기까지 여성들은 가정의 영역에 은둔해 있었다. 그러나 18세기 사교 문화의 확산과 더불어 여성들은 새롭게 탄생한 만남의 장으로 활발하게 진출하기 시작했고, 따라서 남녀 간 만남의 기회가 이전 세기와는 비교할 수 없을 정도로 확대되었다. 베네치아 외곽에 거주하던 귀족 여성들은 쇼핑과 유흥을 즐기러 치치스베오cicisbeo, 즉 귀부인을 호위하는 역할을 맡은 남성 귀족을 대동하고 빈번하게 시내를 찾았으며, 예외 없이 커피하우스에 들렀다. 당시 산마르코 광장의 카페 플로리안은 베네치아의 귀족 사이에 남녀 간의 자유로운 교제와 세속적 문화를 상징하는 장소로 널리 알려져 있었다.

반종교개혁* 이후 성도덕을 통제하는 데 강박적일 정도로 노력을 기울이던 가톨릭교회는 커피라는 음료에 대해 그랬던 만큼 커피하우스 안에서 이루어지는 만남에 대해서도 적대적인 시선을 보냈다. 당대의 여러 보수주의자들 역시 마찬가지였다. 18세기 내내 '풍속의 타락'을 야기하는 장소로서 커피하우스를 비판하는 목소리가 거세지자 베네치아공화국 정부는 몇 차례에 걸쳐 남성과 여성 고객이 동시에 이곳에 입장하는 것을 금지하는 명령edictum을 내렸다. 커피하우스의 경영자들은 그때마다 커피하우스가 '풍속의 타락'과는 무관한 건전한 여흥의 장소라 호소해야 했다. 그들이 공화국 정부에 제출한 청원서에는 어김없이 커피하우스에 출입하는 고객 명단이 첨부되어 있었는데, 그 명단은 하나같이 베네치아에서 손꼽히는 귀족 가문의 구성원으로 채워져 있었다. 이는 커피하우스의 경영자들이 자신들은 어디까지나 '고상한 사업'을 하고 있다는 뜻을 강조하려는 전략의 일환이었을 것이다. 따라서 청원서에 이름이 거론된 귀족들이 당시 커피하우스에 출입한 고객의 전부라고 생각해서는 곤란하다. 앞서 말했듯이 커피하우스는 다양한 계층 간 만남의 장소였다. 도입 초기 커피

---

* 반종교개혁은 1555년의 트리엔트 공의회로부터 시작되었다. 트리엔트 공의회에서는 전통적인 가톨릭 교리의 재정립, 종교개혁 사상의 확산을 막는 강력한 사상 통제, 그리고 성직 계층의 부패와 타락 및 풍속에 대한 단속 등을 논의했다. 이탈리아의 경우 이러한 문화적 분위기가 적어도 18세기 초까지 지속된다.

가 귀족을 포함한 도시 엘리트 계층을 중심으로 소비되었던 것은 사실이지만, 시간이 흐르며 점차 부르주아 계층과 일반 평민에게까지 소비층이 확대되었다. 이와 관련하여 우리는 극작가 골도니가 1750년에 발표한 사실주의 희곡《커피하우스La Bottega del caffè》의 등장인물이 몰락한 귀족에서부터 부르주아, 그리고 도시의 하층민에 이르기까지 모든 계층을 아우른다는 사실을 상기할 필요가 있다.

커피하우스의 주요 고객 가운데 당대의 지식인 계층 역시 빼놓을 수 없다. 미국의 저술가 우커스William H. Ukers가 전하는 일화에 따르면 산마르코 광장 인근의 커피하우스 스파데리아Spaderia의 고객들은 경영자인 마르코 안칠로토Marco Ancilloto에게 자유로운 생각의 교환을 위한 장소를 마련해줄 것을 요구했으나 거절당한다. 이 일화는 경영자의 의도와는 별개로 커피하우스를 방문하는 고객들이 그곳에서 기대했던 바가 무엇이었는지 보여준다. 커피하우스의 출현 이전 지적인 대화는 주로 서점과 인쇄소에서 이루어졌다. 18세기의 커피하우스는 이전 서점과 인쇄소의 역할을 광범위하게 대체했고, 커피와 커피하우스가 인기를 끌수록 그곳을 방문하는 이들은 음료 자체보다 그곳에서 일어나는 대화에 참여하는 것에 더 많은 관심을 두기 시작했다. 물론 이는 커피가 '정신을 일깨우고 이성의 활동을 촉진한다'는 인식과도 연관이 되는 일이다. 지적인 대화의 장소로서 커피하우스가 다른 만남의 장소들과 구별되는 점은 신문이나 잡지와 같은 읽을거리가 비치되어 있었다는 사실이다. 커피하우스가 자체 신문이나 잡지를 발행하는 경우도 흔했다. 당대의 커피하우스는 문자 그대로 대중이 쉽게 접근 가능한 일종의 '미디어 센터'로 기능했다.

18세기 커피하우스는 모두에게 문이 열려 있는 만남과 대화의 장소였다. 이러한 점에서 근대의 커피하우스는 중세 도시에서 광장이 수행했던 역할을 그대로 이어받은 셈이다. 동전 한 닢에 해당하는 커피 값을 지불할 능력이 있다면 성별이나 신분과 상관없이 모든 계층이 그곳에 비치된 신문과 잡지를 통해 유럽 각국의 정치, 사회, 문화에 관한 소식을 쉽게 접할 수 있었으며, 또한 누구나 자유롭게 관련 대화에 참여할 수 있었다. 그리고 이로써 커피하우스는 18세기 유럽을 풍미했던 계몽주의자들의 새로운 사상 확산에 최적의 환경을 제공하게 된다.

사상적 자유를 일깨운 각성의 음료

커피하우스 안에서 유통되던 새로운 사상들이란 군주에 대한 풍자와 비판에서부터 구시대의 문화에 대한 조롱과 새로운 풍속에 대한 예찬, 새로운 사회 건설을 위한 경제적·사회적 개혁 구상, 나아가 구체적인 정치 혁명에 대한 계획까지 아우른다. 그곳에서 사람들은 검열이나 탄압을 의식하지 않은 채 누구나 자유롭게 의견을 펼칠 수 있었다. 이와 관련된 사례는 유럽 각국에서 발견된다. 청교도혁명 시기 영국 런던의 커피하우스에서는 정치 뉴스와 함께 군주에 대한 풍자나 비판 등이 유통되었고, 프랑스 파리의 팔레 루아얄에 위치한 커피하우스에서는 구체적인 반정부 무장 봉기 및 약탈 계획이 논의되기도 했다. 여기에는 물론 국가별 맥락의 차이가 존재한다. 이탈리아의 지성사가 벤투리Franco Venturi, 1914~1994가 얘기했듯이 유럽 다른 국가들과는 달리 이탈리아의 계몽주의는 "혁명보다는 개혁에 가까웠으며, 무엇보다 〔정치적 문제가 아닌〕 경제적 그리고 사회적 문제들에 초점이 맞추어져 있었다." 그렇다면 우리는 이탈리아의 커피하우스에서 논의되었던 '새로운 사상'이 영국이나 프랑스 혹은 유럽의 다른 국가에서 논의되었던 문제들과 차이가 있으리라는 사실을 익히 짐작할 수 있다.

18세기 이탈리아의 커피하우스에서 유통되었던 '새로운 사상'이 어떤 종류의 것이었는지 구체적으로 알 수 있게 해주는 사료가 하나 존재한다. 바로 1764년 6월에서 1766년 5월까지 밀라노에서 출판되었던《일 카페Il Caffè》라는 잡지다. 이 잡지는 피에트로 베리Pietro Verri, 1728~1797가 선도하던 계몽주의자들의 모임인 푸니 아카데미Accademia dei Pugni의 기관지로, 피에트로 베리 자신과 동생 알레산드로 베리 Alessandro Verri, 1741~1816, 그리고《범죄와 형벌Dei delitti e delle pene》로 널리 알려진 법학자 체사레 베카리아Cesare Beccaria, 1738~1794 등 롬바르

1. 음식, 유로메나의 과거를 기억하다

디아의 많은 계몽주의자가 필진으로 참여했다.

　이탈리아어로 일반명사 카페caffè는 '커피'라는 음료와 '커피하우스'라는 공간 모두를 뜻하는데, 잡지의 제목은 각각의 의미가 갖는 상징성을 차용한 것이다. 일il은 이탈리아어 정관사로 영어의 더the에 해당한다. 우선 롬바르디아의 계몽주의자들은 각성 음료로 기능하는 커피의 속성과 잡지의 역할을 동일시했다. 《일 카페》의 첫 호에 실린 〈커피의 자연사Storia naturale del caffè〉라는 기사에서 피에트로 베리는 커피의 각성 효과에 대해 "영혼을 활기차게 하고 정신을 일깨운다"고 소개했다. 커피가 정신을 각성시키듯 잡지의 내용이 전통과 권위에 물든 이탈리아 문화를 각성시키리라는 것이다.

　그리고 이 잡지의 제호가 상징하는 더 중요한 의미는 바로 잡지의 내용이 18세기 밀라노의 커피하우스에서 실제로 이루어졌을 법한 대화의 주제들을 글로 옮겨놓은 것이라는 사실이다. 다시 말해 '카페'는 피에트로 베리를 위시한 롬바르디아의 계몽주의자들이 자신들의 사상을 펼쳐놓을 수 있었던 물리적 그리고 은유적 공간이었다. 푸니 아카데미의 구성원들이 '카페티스타caffettista(카페人)', 복수로 '카페티스티caffetisti'라고 불렸던 것은 바로 이러한 이유 때문이었다.

　《일 카페》의 기사에서는 이 가상의 공간을 '데메트리오Demetrio가 운영하는 커피하우스'로 소개한다. 데메트리오는 키티라섬 출신인 그리스인으로, 고향이 오스만제국에 정복당하자 지중해의 이 섬 저

푸니 아카데미의 회원들. 왼쪽에서 두 번째(앉아서 펜을 쥔 사람)가 알레산드로 베리, 오른쪽에서 두 번째(다리를 꼬고 앉은 사람)가 피에트로 베리다.

《일 카페》1호.

1. 음식, 유로메나의 과거를 기억하다

섬을 떠돌게 된다. 이후 데메트리오가 이탈리아에 정착한 과정을 묘사하는데, 이는 커피가 유럽으로 전래된 경로에 대한 은유적 설명으로 읽힐 수 있다. 지중해를 떠돌던 데메트리오는 예멘의 모카 항에서 커피 무역에 종사하게 되고, 이후 커피가 수입되던 이탈리아의 무역항 리보르노를 거쳐 베네치아, 밀라노, 나폴리 등을 주유하다가 결국 밀라노에서 커피하우스를 연다. 사실 커피하우스를 경영하는 그리스인은 골도니를 포함해 동시대의 여러 희곡 작가가 단골로 활용하던 문학적 페르소나였으며, 데메트리오도 마찬가지였다. 《일 카페》의 여러 기사에서 데메트리오는 마치 피에트로 베리의 또 다른 자아처럼 대담자이자 질문자로 빈번하게 등장한다.

피에트로 베리의 묘사에 따르면 데메트리오의 커피하우스가 갖는 특별함은 그곳에서 판매하는 음료가 아닌 그곳의 지적인 환경과 분위기에 있었다. "그 커피하우스에서 무언가 읽기를 원한다면 최신 정치 소식을 다룬 잡지들을 찾을 수 있다. 〔…〕《박학지Giornale Enciclopedico》나《유럽 문학 개관Estratto della letteratura europea》, 그리고 다른 흥미로운 소설 선집들도 찾을 수 있다. 〔…〕 새로운 정치적 상황 속에서 제기되는 문제들을 판가름하기 위한 훌륭한 지침도 제공한다." 또한 커피하우스는 다양한 주제의 대화가 이루어지는 장소이기도 했다. "그 커피하우스에서는 〔…〕 몇몇 사람들, 몇몇 합리적인 사람들과 몇몇 그렇지 않은 사람들이 토론하고 논쟁하고 농담을 건네거나 진지한 대화를 나눈다." 이어 피에트로 베리는 자신이 커피하우스에게 보고 들은 내용에 기초하여 잡지의 기사들을 작성했다고 밝힌다. "나는 천성적으로 말수가 적은 편이기 때문에 내가 그곳에서 보았던 모든 흥미로운 장면과 그곳에서 들은 것 중 기록할 만한 가치가 있는 모든 것을 기록하는 데 만족한다."

따라서 우리는 2년에 걸쳐 출판된 《일 카페》의 목차를 훑어보는 것만으로도 18세기 밀라노의 카페에서 과연 구체적으로 어떠한 논의들이 이루어졌는지 알 수 있게 된다. 그것은 커피, 카카오, 담배 등 기호식품에 관한 잡담에서부터 음악이나 문학 관련 주제들, 경제 체제의 혁신과 사회적·법률적 개혁, 그리고 여성의 본성과 사회적 조건에 관한 문제에 이르기까지 그야말로 모든 것을 아우른다. 물론 커피하우스의 대화를 기록했다는 설정은 보수주의자들의 반발을 피하기 위한, 이를테면 문학적 장치였을 것이다. 다시 말해 내가 쓰는 글은 나의 생각이 아니라 내가 보고 들은 내용이라고 설정한 것이다. 몽테스키외나 디드로와 같은 프랑스 계몽주의자들이 각각 페르시아인 여행자나 타히티 원주민의 입을 빌려 새로운 사상을 전개했던 것과 같은 기법이다.

어쨌든 롬바르디아의 계몽주의자들에게 이러한 문학적 장치가 필요했다는 사실은 《일 카페》에 수록된 기사들의 성격을 짐작할 수 있게 한다. 롬바르디아의 계몽주의자들은 유럽 다른 국가의 계몽주의자들에 비해 교회나 국가의 통제와 검열로부터 자유로웠다. 당시 롬바르디아의 통치자는 합스부르크제국의 계몽 전제 군주 마리아 테레지아Maria Theresia, 1717~1780였다. 그녀는 롬바르디아의 계몽주의자들을 정부의 요직에 적극 등용했으며, 롬바르디아의 계몽주의자들 역시 자신들의 개혁적 이상을 실현하기 위해 그녀와 협력하는 길을 받아들였다. 또한 제국의 영토 전체에서 강력한 정교분리주의 정책을 추진하던 그녀는 국가 행정의 영역에 교회의 간섭을 허용하지 않았다. 그렇다고 해서 보수주의자들의 반발까지 피해 갈 수는 없었다. 앞서 인용했던 벤투리의 지적대로 이탈리아의 계몽주의가 혁명적이기보다는 개혁에 가까운 논의들이었다고 하더라도 사회적 논란을 야기하기에는 충분했다. 그리고 18세기 밀라노의 커피하우스에서는 이런 종류의 논의들이 여과 없이 자유롭게 유통되고 있었다.

사상적 자유의 상징으로서 《일 카페》가 갖는 영향력은 단지 18세기에만 국한되지 않았다. 커피와 커피하우스의 상징성은 20세기 초무솔리니의 파시스트 정권하에 다시 부활한다. 파시스트 정권 치하에서 이탈리아의 여러 지식인들은 폭압적인 검열과 탄압을 무릅쓰고 전체주의 체제에 반대하는 내용을 담은 잡지와 출판물을 비밀리에 유통시키며 정권에 저항했다. 그런 가운데 《일 카페》와 같은 제호를 내건 잡지가 1924년 밀라노에서 출판된다. 이 잡지는 파시스트 체제에 대한 적대감을 노골적으로 드러내며, 이탈리아 민중에게 반反파시스트 운동에 동참할 것을 강한 어조로 호소했다. 비록 명시적인 언급은 찾아볼 수 없지만 이 잡지의 제호가 《일 카페》인 이유는 명백하다. 파시스트 정권의 폭압적인 검열과 탄압에 맞서 표현의 자유가 갖는 중요성을 절감한 20세기 이탈리아의 지식인들은 이탈리아 사회를 각성시키고 나아가 개혁과 변화로 이끌기 위해 필요한 자유로운 논의의 공간으로서 커피와 커피하우스가 갖는 상징성을 되살려낸 것이다. 그곳은 18세기 밀라노의 지식인들과 달리 20세기 이탈리아의 지식인들에게는 허용되지 않은 공간이었다.

카페 마로키노

카페 마로키노는 현대식 에스프레소의 탄생지라고 할 수 있는 토리노 인근의 알레산드리아에서 시작된 변형 에스프레소 가운데 하나다. 이탈리아어로 마로키노marocchino는 북아프리카의 모로코를 의미하는 형용사다. 뜨거운 초콜릿 음료 및 코코아 가루가 첨가되어 검은빛을 띠는 까닭에 마로키노라는 이름이 붙었다.

재료

에스프레소 1샷, 핫초코 10~15mL, 코코아 가루, 우유 25mL.

만드는 법

1 추출된 에스프레소 1샷을 유리잔에 따르고, 그 위에 핫초코 10~15mL를 붓는다.

2 그 위로 코코아 가루가 한 층을 이루도록 두텁게 뿌린다.

3 거품 낸 우유를 올린다.

4 기호에 따라 크림이나 초콜릿 시럽 등을 첨가할 수 있다.

Berindeanu, Florin, "Art at Il Caffè Florian", ed. Leona Rittner, W. Scott Haine and Jeffrey H. Jackson, *The Thinking Space: The Café as a Cultural Institution in Paris, Italy and Vienna*, Burlington: Ashgate Publishing Company, 2013.

Black, Christopher F., *Early Modern Italy: A Social History*, New York: Routledge, 2001.

Cowan, Brian, *The Social Life of Coffee: The Emergence of the British Coffeehouse*, London: Yale University Press, 2011.

Larosa, Stella, "Demetrio a Teatro: L'Introduzione del 《Caffè》 di Pietro Verri", *Lettere Italiane*, vol. 69, no. 3, 2017.

Satin, Morton, *Coffee talk: the stimulating story of the world's most popular brew*, Amherst: Prometheus Books, 2011.

Ukers, William H., *All About Coffee*, New York: The Tea and Coffee Trade Journal Company, 1922.

Venturi, Franco, "Church and Reform in Enlightenment Italy: The Sixties of the Eighteenth Century," *Journal of Modern History*, vol. 48, no. 2, 1976.

Verri, Pietro et al., ed. Giorgio Roverato, *Il Caffè*, Treviso: Canova, 1975.

벨기에 초콜릿, 달콤함에 녹아 있는 씁쓸한 근대

| 오정은 |

벨기에 초콜릿의 기원

벨기에는 흔히 초콜릿의 나라로 불린다. 초콜릿은 벨기에를 상징하는 식품이며, 벨기에의 대표적인 수출 품목이다. 세계 무역 통계에 따르면, 2018년 기준으로 벨기에의 연간 초콜릿 생산량은 약 70만 톤이며, 이 가운데 약 93퍼센트에 해당하는 약 65만 톤이 국외로 수출되었다. 이 수치는 같은 시점 전 세계 초콜릿 수출국 가운데 벨기에가 독일에 이어 세계에서 두 번째로 많은 초콜릿을 수출한 국가임을 의

1. 음식, 유로메나의 과거를 기억하다

미한다. 하지만 벨기에는 초콜릿 원료를 처음 생산한 국가도, 초콜릿 제품을 처음 만든 국가도 아니다. 벨기에가 초콜릿의 나라라는 명성을 얻은 것은 약 100년 전으로, 미국 허쉬사社가 초콜릿 대중화 시대를 연 것보다 늦은 시기였다.

초콜릿은 카카오콩을 원료로 한다. 카카오는 서기전 1000년경부터 중앙아메리카 원주민들이 갈아 먹었다고 알려져 있다. 초콜릿이라는 명칭도 서기 600년경 중앙아메리카의 마야인들이 만들어 먹은 '쇼콜라틀xocolatl'이라는 음료에서 유래한 것으로 추정된다. 중앙아메리카의 아스테카 문명에서는 초콜릿을 '신들의 열매'라 여겨 황제에게 바쳤다고 한다. 이 귀한 아메리카 음식이 아메리카를 점령한 스페인을 통해 16세기 유럽에 들어왔고, 17세기를 거치며 유럽 귀족 사회에 확산되었다.

오늘날의 벨기에 지역은 당시 스페인의 지배를 받고 있었다. 그래서 스페인이 들여온 카카오콩을 갈아 음료를 만드는 것이 가능했다. 1635년 겐트 지방에서 판매된 초콜릿 음료가 벨기에 초콜릿의 효시로 알려져 있다. 당시의 초콜릿은 커피나 홍차처럼 마시는 음료였고, 상류층 귀족의 전유물이었다.

기술이 발전하면서 점차 초콜릿을 맛볼 수 있는 계층이 넓어지고, 초콜릿 제품의 형태도 변했다. 기계를 이용해 카카오콩을 대량으로 갈 수 있게 된 상황에서, 1828년 네덜란드의 화학자 판 하우턴Coenraad

Van Houten이 카카오에서 카카오버터를 제거해 물에 타 먹을 수 있는 가루 초콜릿을 개발했다. 1847년에는 영국의 프라이Fry's사가 현대적인 판형 초콜릿을 만들었다. 이와 같은 기술 발전을 발판으로, 1894년 설립된 미국의 허쉬사가 대량생산 방식을 도입하여 초콜릿의 대중화 시대를 열었다. 하지만 이때까지도 벨기에는 초콜릿의 나라라는 명성을 얻지 못했다.

벨기에가 초콜릿 산업의 중심국이 된 것은 1912년부터라 할 수 있다. 이미 1831년 안트베르펜 지역에서 벨기에 최초의 초콜릿 공장이 문을 열었지만, 아직 두각을 나타내지 못하고 있었다. 그런데 1912년에 초콜릿회사 노이하우스 창업주의 손자인 장 노이하우스 2세Jean Neuhaus II, 1877~1953가 초콜릿 셸shell을 만들고 프랄린praline 초콜릿을 생산하기 시작하면서 벨기에가 명품 초콜릿 생산국의 명성을 얻게 되었다.

초콜릿회사 노이하우스는 스위스에서 벨기에로 이주한 장 노이하우스Jean Neuhaus가 1857년 브뤼셀의 그랑플라스 인근 상가인 갤러리 루아얄 생튀베르에 초콜릿 가게를 연 데서 시작되었다. 원래는 약국이었는데, 약의 쓴맛을 가리고자 초콜릿 가루를 입히는 방법을 이용하다가 다양한 초콜릿을 개발했다. 그의 아들 프레데릭 노이하우스Frédéric Neuhaus에 이어 회사를 물려받은 프레데릭의 아들 장 노이하우스 2세는 초콜릿을 단단한 껍데기(셸)처럼 만들고 그 안에 꿀, 견과류,

브뤼셀 갤러리 루아얄 생튀베르에 위치한 노이하우스 본점 전경(위쪽)과 노이하우스에서 개발한 프랄린 초콜릿(아래쪽).

크림 등 다양한 재료를 넣은 프랄린 초콜릿을 상품으로 출시하면서 초콜릿에 혁명을 일으켰다. 프랄린 초콜릿은 고급스러운 벨기에 초콜릿의 상징이 되었다. 노이하우스의 성공 이후 벨기에에서 여러 고급 초콜릿 회사가 성장하면서 벨기에 초콜릿의 명성이 드높아졌고, 벨기에는 초콜릿의 나라라는 별칭을 얻게 되었다.

벨기에에서 값비싼 수제 초콜릿만 생산하는 것은 아니다. 슈퍼마

켓이나 길거리 매점에서 판매하는 대중화된 초콜릿도 많다. 후술하
겠지만, 벨기에의 초콜릿 산업을 이끄는 주요 기업들 가운데에는 고
급화 전략을 구사하는 회사와 다국적기업 형태로 대량생산 체계를
가동하는 기업이 공존한다. 하지만 오늘날 초콜릿 애호가들이 흔히
떠올리는 벨기에 초콜릿의 이미지는 장인 정신으로 만든 고급 수제
초콜릿이다.

콩고 점령과 초콜릿 산업의 성장

벨기에가 20세기에 초콜릿 국가로 부상한 배경에는 19세기 콩고 점
령이 있다. 앞서 언급했듯이 벨기에는 스페인이 들여온 카카오로 17
세기부터 초콜릿을 생산했지만, 원료인 카카오를 충분히 많이 확
보하지 못했기 때문에 오랫동안 대량 생산을 할 수 없었다. 그런데
1885년 벨기에 왕 레오폴드 2세Leopold II가 오늘날 콩고민주공화국
에 해당하는 아프리카 콩고를 왕의 사유지로 선포하고 식민지배를
시작하면서 상황이 달라졌다. 벨기에는 콩고에 대규모 카카오 농장
을 조성하고, 원주민 노동력을 이용해 초콜릿의 원료인 카카오를 대
량 채취해 벨기에에 들여왔다. 원료가 풍부해진 덕분에 벨기에의 초
콜릿 장인들은 다양한 실험을 하면서 초콜릿 상품을 발전시켰다.
1840년 창업한 베르와츠Berwaerts를 비롯해 1883년 창업한 코트도르

Côte d'Or, 1896년 창업한 자크Jacques 등 오늘날에도 초콜릿 제조업체로 유명한 회사들이 콩고에서 온 카카오 원료를 사용하면서 크게 성장했다.

벨기에인에게 체형을 당한 콩고인.

콩고의 카카오 생산은 벨기에에게 초콜릿의 나라라는 명예를 안겼지만, 아프리카 콩고에게는 일종의 재앙이었다. 벨기에는 콩고에서 고무와 카카오를 생산하기 위해 원주민 노동력을 동원하면서 체벌과 학살을 자행했다. 당시 농장에서는 원주민 노동자에게 할당량을 부과하고, 할당량을 채우지 못하면 손과 발을 잘랐다. 농장에서 도망가다 잡힌 원주민에게는 교수형도 서슴지 않았다. 손과 발을 자르는 체형으로 노동력 손실이 발생하지 않도록, 체형은 노동자의 어린 자녀나 나이 든 부모와 같이 생산력이 떨어지는 가족에게 내려졌다. 당시 벨기에인에 의해 손발이 잘린 콩고인을 보여주는 사진 기록이 많이 남아 있는데, 사진의 주인공이 대부분 어린이나 노인인 이유가 여기에 있다.

벨기에의 강압적인 통치는 1960년 콩고의 독립으로 종료되었다.

하지만 원료 수입국과 원료 산지로서 벨기에와 콩고의 경제적 관계는 독립 이후 오늘날까지도 이어지고 있다. 2020년 벨기에와 콩고 사이의 무역 통계를 살펴보면, 벨기에가 콩고로부터 수입한 액수가 약 1억 800만 달러인데, 주요 수입품은 다이아몬드 7140만 달러, 코발트 1290만 달러, 카카오콩 814만 달러 순이었다. 콩고에서 벨기에로 수출하는 품목 대부분이 1차 원료이며, 여전히 카카오콩이 중요한 수출품임을 알 수 있다.

벨기에 초콜릿과 다른 나라의 초콜릿은 어떻게 다른가

벨기에 외에도 많은 나라에서 초콜릿 제품을 생산한다. 그런데 벨기에에는 다른 나라의 초콜릿과 구분되는 '벨기에 초콜릿'의 기준이 있다. 바로 카카오 함량이다. 벨기에의 초콜릿 제품들은 카카오 함량이 높다. 유럽에서 벨기에와 함께 초콜릿 생산으로 명성이 높은 대표적인 국가로 스위스가 있는데, 스위스 초콜릿은 알프스 초원에서 짜낸 신선한 우유를 첨가한 밀크초콜릿으로 유명하다. 그런데 초콜릿 생산 과정에 우유를 넣으면 카카오 함량이 줄어든다. 벨기에에서도 스위스 밀크초콜릿을 찾는 사람들이 있지만 대체로 카카오가 많이 포함된 다크초콜릿 선호도가 높으며, 카카오 함량이 높은 초콜릿에 가치를 부여하는 경향이 있다.

1. 음식, 유로메나의 과거를 기억하다

벨기에 초콜릿이 높은 카카오 함량을 유지하는 것은 벨기에 정부와 초콜릿 기업들의 의도적인 노력에 따른 결과다. 벨기에 초콜릿의 명성이 높아지면서 모방 제품들이 등장했는데, 벨기에는 세계 각국에서 생산되는 모조품과 벨기에 초콜릿을 차별화하기 위해 카카오 함량을 강조했다. 벨기에 초콜릿의 명성에 도전하는 제품들이 카카오버터 대신 질 낮은 지방을 사용하는 경우가 종종 있다는 사실에 주목하고, 카카오 함량으로 벨기에 초콜릿의 품질과 명성을 지키고자 한 것이다.

벨기에가 주장한 초콜릿의 카카오 함량 기준은 유럽에서 오랫동안 민감한 문제로 다루어졌다. 1970년대에 유럽공동체에서 벨기에가 카카오버터를 대신해 식물성 지방을 넣은 제품은 초콜릿으로 볼 수 없다고 주장하면서 카카오버터 100퍼센트인 제품만을 초콜릿으로 분류할 것을 제안하자, 이를 두고 유럽공동체 회원국들 사이에 일명 '초콜릿 전쟁'이라 불리는 신경전이 벌어졌다. 이 전쟁은 30년 정도 지속되다가 2000년에 유럽연합의 초콜릿 규정European Cocoa and Chocolate Directive이 마련되면서 종료되었다. 이 규정에서는 카카오버터 함량이 100퍼센트가 아니더라도 식물성 지방을 5퍼센트 이내로 함유한다면 공식적으로 초콜릿으로 인정하기로 했다.

2007년에 벨기에 초콜릿 기업들의 단체인 '벨기에 초콜릿·프랄린·비스킷·당과생산자협회'Choprabisco, L'Association Royale Belge des Industries du Chocolat, de la Praline, de la Biscuiterie et de la Confiserie(이하 '벨기에 당과생산자 협회')는 유럽연합 초콜릿 규정의 입법화를 촉구하는 뜻으로 벨기에 초콜릿 법규Belgian Chocolate Code를 채택했다. 이 법규는 정부가 인정한 공적 법령이 아니라 민간단체가 합의한 사적 규약이지만, 벨기에에서 활동하는 초콜릿 업체들 사이에 강한 영향력을 발휘한다. 초콜릿 제조업자들은 소비자의 오해를 예방한다는 이유로 '벨기에 초콜릿' 상표를 사용하려면 '벨기에 초콜릿 법규'를 준수할 것을 요구한다. 실제로 2013년 외국에 본사를 둔 초콜릿회사가 벨기에에서 초콜릿을 생산해 판매하려 했을 때 벨기에 당과생산자협회는 언론을 통해 해당 제조사의 제품은 '벨기에 초콜릿'이 아니라 '벨기에 초콜릿이 함유된made with Belgian chocolate' 제품이라고 강조했다. 해당 협회는 카카오 함량이 기준에 미치지 못하더라도 전통적인 벨기에 초콜릿 제조 방식을 준수할 경우 '벨기에 맛Belgian flavor', '벨기에 전통Belgian tradition', '벨기에 스타일Belgian Style' 같은 표현을 사용하는 것은 용인하지만, 소비자가 완벽한 벨기에 초콜릿인 줄로 알 만한 표현은 사용하면 안 된다고 강조한다. 비록 벨기에의 모든 초콜릿 제조업체가 벨기에 당과생산자협회에 가입한 것은 아니지만 대부분의 업체가 회원으로 등록하고 활동하기 때문에, 현재도 해당 협회는 벨기에 초콜릿 평가에 중요한 영향력을 행사하고 있다.

벨기에 초콜릿 산업의 오늘

———

오늘날 벨기에 경제에서 중요한 동력으로 기능하는 초콜릿 산업의 규모는 2차 세계대전 후 빠르게 확대되었다. 이는 전후 벨기에뿐만 아니라 유럽 전역에서 초콜릿 수요가 급격하게 증가한 데 힘입은 바가 크다. 특히 1958년 브뤼셀에서 개최한 세계 엑스포 기간에 벨기에 초콜릿이 널리 홍보되면서 벨기에 초콜릿의 수출이 크게 증가했다. 당시 벨기에 초콜릿회사인 코트도르가 브뤼셀 엑스포에 맞추어 '디저트 58'이라는 초콜릿 브랜드를 출시하고 적극적으로 홍보한 것이 벨기에 초콜릿의 국제화에 크게 기여했다.

2차 세계대전 후 벨기에 초콜릿 산업의 급격한 성장세는 몇 가지 통계 수치를 통해 확인할 수 있다. 1965년 벨기에의 연간 초콜릿 생산량은 7만 650톤이었다. 그런데 1990년에는 26만 8068톤으로 늘어났고, 2013년에는 54만 5200톤을 기록한다. 2019년에는 70만 톤에 이른다. 벨기에 초콜릿의 경쟁력을 보여주는 수출량도 급격한 규모 확대가 확인된다. 1980년대 벨기에의 연평균 초콜릿 수출 증가율은 6.1퍼센트에 이르렀다. 그런데 1990년대에는 연평균 증가율이 7.2퍼센트로 더욱 높아진다. 2000년대에 들어 세계적인 경제 위기를 맞이하며 수출 증가율이 감소했지만, 그럼에도 2000년대의 연평균 증가율은 2.5퍼센트를 기록했다. 2013년에는 벨기에의 초콜릿 수출량이 50만 톤을 넘었고, 2018년에는 65만 톤에 육박했다.

벨기에 초콜릿의 주요 수입국은 유럽연합 회원국들이다. 2019년 기준으로 벨기에 초콜릿의 국가별 수출액을 살펴보면, 전체 수출액 1억 2530만 유로 가운데 네덜란드에 대한 수출이 6260만 유로로 약 절반 정도를 차지하며 압도적 1위를 기록하고, 다음으로 영국 1990만 유로, 독일 1060만 유로, 룩셈부르크 670만 유로, 프랑스 620만 유로 순으로 상위 5개국이 모두 유럽 국가다. 하지만 유럽연합 역외 지역에 대한 수출도 증가하는 추세다. 1993년부터 2013년까지 10년 사이에 유럽연합 역외 수출은 약 4배 증가했다. 유럽연합 역외에서 벨기에 초콜릿을 수입하는 주요 국가는 미국, 캐나다, 일본이고, 최근 에는 중국, 말레이시아, 튀르키예, 브라질, 태국, 멕시코 등지에서 벨 기에 초콜릿 수입이 증가하고 있다.

벨기에 초콜릿 생산자는 기계화된 대량생산 체계를 갖춘 국제적 기업부터 수작업으로 제작하는 초콜릿 전문점까지 다양한 유형이 있 다. 벨기에의 초콜릿회사들은 초콜릿 산업의 성장 과정에서 저마다 고유한 브랜드 이미지를 만들어왔다. 세계 시장에서 벨기에 초콜릿 을 상징하는 대표적인 기업인 노이하우스, 코트도르, 고디바Godiva의 사례를 살펴보면, 각각의 특성과 이들이 벨기에 초콜릿 경제사에 미 친 영향을 이해할 수 있다.

앞에서도 거론한 노이하우스의 경우를 살펴보면, 1857년 창립해서 세대를 이어 벨기에 초콜릿 산업을 일으켰다. 1912년 초콜릿 틀 안에 다양한 재료를 넣은 프랄린을 개발하여 초콜릿의 맛과 모양을 새롭게 했고, 1915년에는 발로틴ballotin이라 불리는 프랄린 상자를 개발해 노이하우스가 생산하는 최고급 초콜릿인 프랄린의 이미지를 완성했다. 노이하우스는 1970년대에 미국, 캐나다, 일본, 콜롬비아 등 유럽 밖의 지역으로 초콜릿을 수출하기 시작했고, 1990년대에는 벨기에 주식시장에 상장하여 주식회사의 형태를 갖추었다. 규모가 커지고 세계 약 50여 개국에 제품을 수출하고 있지만 제품은 모두 벨기에 국내에서 만들고, 벨기에 소유 회사 성격을 유지하면서, 벨기에 산 고급 초콜릿의 이미지를 지키고 있다.

코트도르는 독일에서 이민 온 샤를 노이하우스Charles Neuhaus가 1883년에 벨기에 샤르베크에 설립한 회사지만, 1889년 비즈왈Bieswal 가족에게 회사를 매각하고, 비즈왈 가족 회사가 1906년 미셸Michiels 가족 회사와 합병하는 과정을 거치면서 대량생산 체계를 갖춘 대규모 회사로 발전했다. 1차 세계대전 전에 약 직원 100명의 규모였던 회사에서 1930년대에는 직원 350명 규모로 확장했고, 2차 세계대전 후에도 인수 합병을 통한 확장을 계속했다. 1982년 주식회사로 상장했는데, 1987년에 스위스의 유명한 초콜릿회사 슈샤르Suchard가 코트도르 지분 66퍼센트를 사들였다. 1993년에는 크래프트Kraft사가 슈샤르를 합병하고, 2012년에는 다시 크래프트사가 몬덜리즈 인터내

(왼쪽부터 시계 방향으로) 노이하우스 초콜릿, 코트도르 초콜릿, 고디바 초콜릿. 벨기에 초콜릿의 세계화와 대중화를 연 브랜드들이다.

셔널Mondelēz International과 크래프트 푸드 그룹으로 나뉘면서 코트도르는 몬덜리즈 인터내셔널 계열사가 되었다. 이와 같이 인수 합병을 거치며 코트도르는 세계 각국에 현지 법인을 둔 국제 기업으로 성장했고, 세계 각국에 판매망을 갖추고 벨기에 초콜릿의 대량 생산과 국제화를 주도하고 있다.

고디바는 1926년 초콜릿 장인 피에르 드랍Pierre Draps Senior이 브뤼셀에 연 작은 초콜릿 공방에서 시작한 회사로, 드랍 가의 가족기업 형태로 발전했다. 설립 초부터 고디바사는 고급 브랜드를 고집했다. 1958년에는 파리에 매장을 열었는데, 이것이 벨기에 초콜릿회사가 처음으로 외국에 매장을 연 사례로 기록된다. 이후에도 영국, 이탈리아, 미국 등지에 매장을 열었고, 1972년에는 일본에 아시아 최초의 매장을 열기도 했다. 현재 고디바사는 전 세계 80여 개국에 450곳 넘게 전문 매장을 운영하면서 벨기에의 고급 초콜릿 이미지를 전파하고 있다.

벨기에의 대표적인 세 초콜릿회사는 벨기에 초콜릿회사들의 서로 다른 성공 전략과 이를 통한 벨기에 초콜릿 브랜드의 발전을 상징한다. 노이하우스는 벨기에 초콜릿의 전통을, 코트도르는 세계 시장에서 대량 생산을 통한 벨기에 초콜릿의 대중화를, 고디바는 벨기에 초콜릿의 명품 이미지를 만든 회사다.

벨기에 초콜릿에 담긴 달콤씁쓸한 역사

벨기에에서 초콜릿은 단순한 식품이 아니다. 벨기에의 상징물이다. 오늘날 벨기에인에게 초콜릿은 남녀노소가 즐기는 간식거리로, 식사 후 디저트로, 혹은 감사의 마음을 표현하는 선물로 즐겨 찾는 친숙한 품목이다. 벨기에의 주요 관광지에서는 벨기에 여행을 기념하려는 외국인 관광객들에게 자랑스레 초콜릿을 내보인다. 벨기에에서 초콜릿은 벨기에 국가 경제를 좌우할 정도로 벨기에 산업에서 중요한 한 축으로, 벨기에인의 긍지와 자존심의 표상으로 인식된다.

국제사회에서도 벨기에 초콜릿의 위상은 확고한 상황이다. 지구촌 곳곳에 조성된 고급 쇼핑 지구에서 벨기에 초콜릿 가게를 쉽게 발견할 수 있다. 그 가게 안에 화려하게 전시된 초콜릿을 통해 세계 각국의 사람들은 작지만 강한 나라 벨기에를 떠올린다. 벨기에인들은 외국에서 마주한 벨기에산 고급 초콜릿 앞에서, 강대국 틈에서 선진국으로 성장한 벨기에 번영의 역사를 떠올리며 자랑스러워할 것이다. 하지만 그 초콜릿에 잔인하고 가혹했던 식민통치의 역사가 함께 녹아 있다는 사실을 떠올리는 사람은 많지 않을 것 같다.

벨기에는 1885년부터 1960년까지 76년간 콩고를 식민지로 지배하면서 약탈과 폭력을 일삼았지만, 콩고 독립 후 과거 식민지배 역사에 대한 사회적 논의를 소홀히 했다. 벨기에가 콩고에 대한 식민지배를 본격적으로 거론하기 시작한 것은 2020년으로, 당시 미국에서 흑인 조지 플로이드George Perry Floyd Jr.가 경찰의 폭력으로 목숨을 잃은 사건을 계기로 전 세계에 인종차별 반대 운동이 확산한 데 영향을 받았다. 2020년 6월 벨기에의 필리프 국왕Philippe Léopold Louis Marie은 콩고민주공화국 독립 60주년을 맞이하여 펠릭스 치세케디Felix Tshisekedi 대통령에게 과거 벨기에의 식민지배에 대해 '깊은 유감'을 표하는 편지를 보냈는데, 이것이 벨기에 국왕의 첫 공식 유감 표시였다. 2년 후인 2022년 6월 필리프 국왕은 콩고를 직접 방문하고, 다시 한 번 과거사에 깊은 유감을 표명했다.

일각에서는 벨기에 국왕이 '유감'을 표시했을 뿐 여전히 공식적인 사과는 하지 않는다고 비판한다. 하지만 오랫동안 식민지배 역사를 사실상 덮어두었던 벨기에 사회에서 과거를 직시하기 시작했다는 데서 최근 국왕의 유감 표시는 큰 의미가 있다. 국왕의 공식적인 유감 표명을 계기로 벨기에 교육부는 학교 역사 수업에서 식민지배 역사를 다룰 준비에 들어갔고, 시민사회에서도 벨기에의 식민지배에 대한 연구가 활발해졌다. 점차 많은 사람들이 화려하게 포장된 벨기에 고급 초콜릿 앞에서, 벨기에의 영광뿐만 아니라 벨기에의 번영을 위해 희생되었던 콩고인들의 아픔도 함께 생각하기를 기대하게 된다. 카카오 함량이 높은 벨기에 초콜릿에는 달콤한 맛뿐만 아니라 쌉싸름한 맛도 함께 들어 있다는 사실이 새삼 의미 있게 다가온다.

초콜릿 트러플

재료

카카오 매스를 70퍼센트 이상 함유한 다크초콜릿 300g, 휘핑크림 300mL,

무염 버터 50g, 코팅 재료(견과류 가루, 코코아 가루, 가루 설탕, 건조 코코넛 가루

등 원하는 대로).

만드는 법

1 초콜릿을 잘게 잘라 용기에 담아둔다.

2 냄비에 휘핑크림과 버터를 넣고, 끓기 시작할 때까지 약한 불로 데운다.

주의: 크림이 끓으면 안 되며, 크림 주변에 거품이 조금씩 올라오면 냄비

를 불에서 내린다.

3 데운 크림을 초콜릿에 붓고 잘 섞이도록 부드럽게 젓는다. 이를 식힌다.

4 식은 초콜릿 혼합물을 짤주머니에 넣어 모양을 만들거나, 비닐장갑을 끼고 둥글게 빚는다. 초콜릿이 구형을 이룰 수 있도록 충분히 식힌 뒤 성형해야 한다.

5 빚은 초콜릿을 바로 코팅 재료에 굴려 재료가 충분히 묻도록 한다.

6 코팅 재료가 잘 안 묻는다면 따로 녹인 다크초콜릿 용액에 잠깐만 담갔다가 꺼낸다. 이때 담근 초콜릿을 건지고 나서 잠시 식힌 뒤에 코팅 재료를 입혀야 한다.

참고문헌 ───────────────────────────────────

대한무역투자진흥공사, 〈벨기에의 달콤한 초콜릿 산업〉, 국별주요산업, 2020.

Blenkinsop, Philip, "Belgian chocolate makers seek protection from copycats", *Reuters*, 27 March 2013.

Mercier, Jacques, *The Temptation of Chocolate*, Lannoo Publishers, 2008.

Savage, Maddy, "Is Belgium still the capital of chocolate?", *BBC News*, 31 December 2012.

Squicciarini, Mara P. and Johan Swinnen ed., *The Economics of Chocolate*, Oxford University Press, 2016.

에스토니아 음식,
지역을 대표하는 음식이란 무엇일까?

| 서진석 |

에스토니아 음식이란

에스토니아에서 '에스토니아 사람들'이 가장 좋아하는 '에스토니아 음식'이 뭐냐고 물으면 많은 사람이 사워크림을 올린 만두 펠메니드 pelmeenid, 마늘빵과 비슷한 퀴스라우굴레입 küüslauguleib, 비트 샐러드, 돼지고기를 삶아 젤리처럼 만든 쉴트 sült, 호밀흑빵 루킬레입 rukkileib, 돼지 선지로 만든 순대 베리보르스트 verivorst, 곡물 반죽에 양이나 돼지의 피를 섞어 만든 소시지 베리캐크 verikäkk 등을 꼽는다. 에스토니아에 오래 산 외국인은 이 말을 듣자마자 대부분 그게 러시아나 독일 음식이지 어떻게 에스토니아 음식이냐며 반론한다. 그 밖에 바닷가에서 먹는 청어나 작은 가자미 말린 것을 에스토니아 음식으로 꼽기도 하는데 그것은 음식이라기보다 식재료에 가깝고, 발트해에 면한 국가에서는 대부분 먹는 물고기이므로 그리 특별할 것은 없다.

발트해는 육지에 둘러싸인 바다라서 지중해나 북해만큼 해산물 요리가 풍부하지 않다. 바다도 그리 짜지 않고 해산물이 살기에는 그다지 좋은 환경이 아니다. 바다가 가깝다고 해서 한국처럼 다양한 수산물이나 회를 먹을 수 있다고 생각하면 큰 오산이다.

에스토니아를 잘 아는 외국인들이 에스토니아 음식에 대해서 보통 가지고 있는 생각은 다음과 같다.

'에스토니아인들은 식재료를 있는 그대로 먹는 것 같다.'
'에스토니아 음식은 라트비아나 독일 음식과 큰 차이가 없는 것 같다.'
'에스토니아 음식은 고기와 감자가 전부다.'
'대부분의 나라에서는 맛을 즐기기 위해서 먹지만 에스토니아에서는 생존을 위해 먹는 것 같다.'
'음식 종류에 상관없이 각종 베리가 많이 들어간다.'

1. 음식, 유로메나의 과거를 기억하다

(왼쪽부터 시계방향으로) 숲에서 베리를 따는 아이들, 돼지 선지로 만든 순대 베리보르스트와 샐러드, 청어 샌드위치 킬루레입.

논리의 방향을 정하려면 '에스토니아 음식'을 어떻게 정의해야 할지 고민해봐야 한다. 전통에 근거하여 수 세기 동안 전해져 내려온 음식인지, 아니면 에스토니아에서만 볼 수 있는 풍토 환경을 바탕으로 한 것인지, 아니면 그냥 대부분의 에스토니아 사람들이 즐겨 먹는 음식인지 등 다양한 각도에서 살펴봐야 할 필요가 있다.

만약 전통적으로 대를 이어 내려온 것을 에스토니아 음식이라 정의한다면 흑빵, 돼지 선지로 만든 순대 베리보르스트와 가축의 피를 넣어 반죽한 소시지 베리캐크, 콩과 훈제 돼지고기를 넣고 끓인 수프, 해안 지역에서 주로 먹는 훈제 생선, 밀·귀리·콩·보리 등 여러 곡물의 가루를 섞은 카마kama 등을 들 수 있다. 전부 화려하지 않으며 소박한 것이 특징이다.

특정한 지역에서 볼 수 있는 풍토 환경을 바탕으로 정의한다면 먼저 섬 지역에서 주로 먹는 청어 샌드위치 킬루레입kiluleib이 있다. 에스토니아에서는 청어가 두 종류로 나뉜다. 일반적인 청어를 말하는 킬루kilu, 그보다 크기가 더 큰 래임räim이 그것이다. 내륙에서는 작은 킬루를 즐겨 먹고, 발트해에 면한 바닷가 마을이나 섬에서는 큰 래임을 자주 먹는 편이다. 보통 식초에 절여 먹는데 지역에 따라 튀겨 먹기도 한다. 러시아와 국경을 맞댄 동남부 지방에 거주하여 러시아의 영향이 눈에 띄게 강한 소수민족 세토Seto인들이나, 동북부 변경의 페입시 호수 주변에 사는 고의식파 러시아정교도의 음식도 특정한 풍토색을 드러내는 예가 될 수 있겠다. 하지만 이것은 일부 지역에서 먹는 향토 음식일 뿐이라서 에스토니아 전체를 대표하는 음식으로 보기는 어렵다.

에스토니아 사람들이 몇 세대에 걸쳐 즐겨 먹는 음식으로 정의하자면 우리가 아는 자우어크라우트를 얹은 돼지고기구이, 커틀릿, 소시지 같은 독일 계열 음식이나 쉴트, 감자와 비트로 만든 샐러드 로솔리에rosolje, 고기와 비트를 같이 넣고 끓인 수프 보르스치borscht, 중앙

아시아에서 기원한 꼬치요리 샤슬리크shashlik 같은 러시아계 음식이
대부분 포함된다. 이러한 것들이 오늘날 에스토니아인들의 밥상에
주로 오른다.

에스토니아 음식은 고색창연한 탈린의 모습과 비슷하다

모호한 정체성과 함께 꾸준한 다양성을 보이는 에스토니아 음식은
수도 탈린의 구시가지 같은 느낌이 든다. 13세기 덴마크의 지배를 시
작으로 리보니아, 스웨덴, 차르 러시아의 지배를 연이어 받으면서 형
성된 구시가지는 북유럽식, 독일식, 러시아식 등 다양한 건축 양식이
한곳에 어깨를 나란히 하고 서 있다. 어찌 보면 지배와 압박의 상징이
지만 에스토니아인들은 그런 구시가지를 자랑스러운 문화유산으로
여겨 애정을 쏟고 보전하고 홍보한다.

음식 역시 탈린의 구시가지처럼 정체성을 규명하기가 애매하지만,
주변 국가들의 영향하에 형성된 음식을 맛보면, 처음엔 에스토니아
음식에 대해서 왈가왈부했을지라도 나름대로 독특한 원료과 조리법
으로 빚어낸 맛에 감탄을 금치 못하게 된다.

오늘날은 영토가 뚜렷이 형성된 국가를 이루고 있지만 약 100년
전까지만 해도 에스토니아는 문화, 언어, 종교 등 무형으로 전승되는
요소들로 구성된 가변적이고 추상적인 경계 안에 머물러 있었다. 여

러 문화권이 한데 섞인 다양성은 이 지역을 유럽에서 가장 복잡다단한 곳으로 만들었다. 그러므로 분야를 막론하고 에스토니아를 연구할 때는 언제나 그런 현실을 염두에 두어야 한다.

에스토니아는 정치적으로는 독일, 스웨덴, 폴란드-리투아니아연방 등 여러 나라들이 거쳐갔지만 원주민들은 19세기 중반까지 사실상 독일인들의 지배를 받으며 농노 생활을 해왔다. 18세기 이후 정치적으로는 제정 러시아, 문화·사회적으로는 독일에 이중 지배를 받으면서 근대 사회를 맞아들였다.

에스토니아가 세계사 무대에 처음으로 등장한 것은 13세기 초다. 1201년에 이웃나라 라트비아의 수도 리가에 브레멘 대주교와 독일 기사단이 도시를 건설하기 시작하며 곧 에스토니아 남부로까지 그 영향력을 확장한다. 에스토니아 북부는 먼저 덴마크의 지배를 받았으나, 얼마 지나지 않아 독일인들이 오늘날의 라트비아와 에스토니아 지역에 건설한 리보니아공국에 복속된다. 발트해 연안에 위치한 리보니아는 지정학적 가치로 말미암아 주변 국가들의 격전지가 되어 전쟁이 끊이질 않는다. 1558년 러시아가 리보니아를 침공하자, 폴란드와 리투아니아, 스웨덴이 동맹을 맺고 참전해 러시아의 서진西進을 막았다. 이 리보니아전쟁(1558~1583)의 결과는 리보니아의 분단이었다. 리보니아는 한동안 남북으로 나뉘어 각각 폴란드-리투아니아연방과 스웨덴의 통치를 받다가, 17세기 중반 들어 스웨덴의 독점 지배

최근 탈린 구시가지에 재탄생한 중세 에스토니아 요리 식당.

를 받게 된다. 그러다 18세기 초에 시작된 대북방전쟁(1700~1721)으로 러시아제국(1721~1918)이 리보니아 전체를 점령한다. 에스토니아인은 한자리에 가만히 있는데 땅주인이 돌아가면서 바뀐 셈이다.

13세기에는 발트해를 무대로 활동했던 상인들의 길드와 무역도시를 연결한 한자Hansa동맹이 형성된다. 북유럽에서 주로 활동하던 길드와 상인들이 원활한 거래와 안전을 도모하고자 형성한 이 무역동맹은 발트해 인근에 몇 군데 거점도시를 두었고, 이때 탈린도 한자동맹의 주요 도시로 부상한다. 오늘날 볼 수 있는 탈린의 모습은 대개 14세기부터 15세기까지 약 100년에 걸쳐 형성된 것이다. 당시 에스토니아에서 활동하던 중세 상인들이 먹던 음식이 요리사들의 연구와 상상력을 바탕으로 탈린 구시가지 내 여러 식당에서 다시 태어나고 있다.

에스토니아를 점령한 외민족들이 남긴 식도락의 흔적

한자동맹 시대에 독일인들의 대량 이주가 이루어졌다. 리보니아 초기부터 독일에서 이주해 온 이민자들은 정권이 바뀌더라도 지배 국가와 합의하며 수백 년간 권리를 보호받았다. 발트독일인Baltic Germans, Baltendeutsche이라 불린 그들은 에스토니아 전역에 장원과 궁궐을 세워 에스토니아 농노들을 지배했다. 그들은 정치적인 영향 외에 문화적으로도 많은 영향을 미쳤다. 독일 문화와 에스토니아 문화가 접목되는 현상이 자주 목도되는데, 그중의 하나가 바로 음식 문화다. 발트독일인들은 독일 음식을 직접 에스토니아에 들여오기보다는 현지 음식과 조화를 이루는 요리법을 개발했다.

에스토니아의 정체성에 영향을 끼친 외민족은 독일인만이 아니다. 에스토니아는 1940년 소련의 침공을 당하기 전부터 러시아의 영향권에 놓여 있었다. 에스토니아에 러시아인들이 진출한 것은 12세기 무렵인 것으로 알려졌으나 러시아인들의 본격적인 집단 유입이 시작된 것은 17세기 무렵이다. 1656년 러시아정교회에 대규모 종교 개혁의 바람이 분다. 러시아정교회는 종교 개혁의 바람에 순응하여 새로운 국교회를 따르는 신의식파와 이전의 전통을 유지하려 하는 고의식파로 분열되며, 고의식파는 박해의 대상이 된다. 핍박을 피해 발트 3국으로 망명한 고의식파 신도 대부분이 에스토니아에 자리를 잡는다. 오늘날 에스토니아와 러시아 영토로 양분되어 있는 페입시 호수 주위에는 이때 에스토니아에 건너온 구교도의 후손들이 여전히 옛 교의를 이어가며 살고 있다. 그들은 주로 호수에서 고기를 잡거나 양파, 오이를 재배하여 시장에 내다 판다. 구교도가 양파를 들여온 것은 아니지만, 에스토니아인들은 양파라고 하면 페입시 호숫가에 살고 있는 구교도 후손들과 연관을 짓는다.

18세기 대북방전쟁 후 에스토니아는 완전히 제정 러시아의 지배 하에 들어갔으나, 19세기 초 농노제가 철폐되고, 1차 세계대전이 끝난 1918년에는 에스토니아공화국이 처음 수립된다. 공화국 창설 이후 에스토니아 문화를 재정립하는 사회적 분위기가 형성되는데, 그때 음식 문화 역시 그 대상이 된다. 에스토니아 음식 조리법의 기준이 될 요리책들이 다수 집필된다. 그 전까지는 발트독일인이나 러시아인이 주고객이었던 외식 문화를 에스토니아인들도 즐기기 시작한다. 1930년 후반기에는 에스토니아인들을 위해 기존 시설을 개조하거나 새로이 문을 연 식당과 호텔, 에스토니아인들의 구미에 맞춘 고급 식당과 카페가 잇따라 나타난다. 농촌 위주로 발달했던 에스토니아 음식 문화에 서유럽의 고급스러운 분위기까지 가미되었다. 이전부터 내려오던 에스토니아 음식의 전통과 새로운 트렌드를 겸비한 식문화가 형성된 것이다. 농촌에서 도시로 근거지를 옮기는 사람들이 많아지면서, 농촌 환경에서 나오는 식자재와 육체노동에 필요한 고칼로리 음식에 치중하던 섭식 문화에도 큰 변화가 생긴다.

2차 세계대전 종전 후 발트독일인들은 독일 등 다른 나라로 떠나고, 에스토니아는 다시 소련의 지배하에 들어간다. 그동안 이루었던 요식업의 발전은 멈추거나 후퇴한다. 1차 세계대전 이후 성황을 이루던 대형·중형 식당이 시민들 사이에 계급의식와 빈부 격차에 따른 차별을 불러일으키며 사회주의 이념에 맞지 않는다는 이유로 문을 닫아야 했다. 많은 음식 연구가, 전문 요리사가 정치범의 누명을 쓰고 시베리아로 끌려갔다. 그러나 소련에서 가장 서방 세계에 가깝다는 지리적인 장점으로 말미암아 페레스트로이카 즈음해서는 소련 내에서 보기 어려운 서구식 주점이나 클럽이 성황을 이루며 미국 문화와 자본주의가 깃든 독특한 문화가 형성된다. 그리고 소련 내 여러 공화국의 다양한 음식 문화 역시 에스토니아에 소개되었다.

에스토니아의 역사적 정체성이 투영된 음식

———

에스토니아 음식의 실체는 에스토니아라는 국가의 역사적 정체성과 성격이 비슷하다. 음식 연구 역시 그 딜레마를 피할 수는 없다. 여러 세기에 걸쳐 에스토니아와 발트해는 바다 주변에 흩어져 살던 민족과 국가들을 연결해주는 문화 교류 거점의 역할을 하면서 보기보다 더 다양한 특색을 띤 지역으로 발전했다. 현재 '에스토니아 음식'은 고색창연한 수도 탈린처럼 다양한 문화와 원료들이 한데 모여 먹음직스러운 화려함을 자랑하는 것처럼 보이지만, 정작 수백 년간 에스토니아 사회를 떠받친 '에스토니아 원주민의 음식'은 감자나 호밀, 절인 배추, 삶은 고기 같은 아주 소박하고 간단한 음식들이다. 농노 생활을 해온 민중 사회의 전통 음식이 다양한 조미료와 화려한 개성을 자랑하기는 어렵다. 그렇다면 에스토니아 음식을 어떻게 정의해야 할까? '에스토니아의 문화적·역사적 정체성을 공유하는 사회 구성원들의 상당수가 여러 세대 동안 즐겨왔던 음식'이라고 정의한다면 음식의 기원은 그리 중요하지 않을 수도 있다.

음식 문화를 비롯해 에스토니아의 문화는 대부분 농촌 환경에 기반을 둔다. 수백 년 동안 주로 독일인들의 지배를 받으면서 19세기 초까지 농노 생활을 해왔으므로 20세기 초까지도 에스토니아 대부분의 지역은 전통적인 마을 구조를 유지했다. 에스토니아의 전통적인 마을은 밀집된 형태가 아니고, 너른 농경지 여기저기에 한 집씩 멀찍이 떨어져 있다.

에스토니아의 전통 가옥에는 살림집과 곡물 창고가 한 지붕 아래

에스토니아 사아레마섬의 전통 농가 주택(위), 호밀로 만든 흑빵(왼쪽)과 디저트인 크랜베리 카파(오른쪽).

있다. 곡물을 탈곡하고 가공하는 일을 집 안에서 하다 보니 집채가 아

주 커졌다. 아직도 시골에는 그러한 전통이 유지되는 곳이 많다. 에스

토니아인들의 과거 역사에는 단 한 번도 음식이 풍족했던 적이 없었

1. 음식, 유로메나의 과거를 기억하다

다. 그래서 빈궁했던 시절의 기억을 바탕으로 에스토니아인들은 여전히 식사할 때 "애트쿠 레이바Jätku leiba"(빵이 좀 남길 바란다)라고 인사를 한다. 에스토니아 농민 음식은 가볍고 단순하며, 작은 소시지와 빵을 주로 하고 호밀·귀리·보리 같은 곡류를 사용하는 것이 기본이다. 육지가 아닌 섬이나 바닷가 지역에서는 감자와 말린 생선, 호밀빵이 주된 음식이었다. 시기별로 구할 수 있는 신선한 재료에 맞추어 계절마다 음식의 형태가 달라졌다.

힘든 육체노동을 하는 농노 생활에는 열량이 풍부한 음식이 필요하다. 부피나 무게에 비해 열량이 풍부한 흑빵이 주식이 되었고, 흑빵을 활용한 카마 같은 디저트도 파생됐다. 그런 전통을 반영하여 아래와 같이 빵에 대한 금기 사항도 등장한다.

> 빵의 자른 면을 문 쪽으로 두면 안 된다.
> 따뜻한 빵은 칼로 자르지 말고 손으로 쪼갠다.
> 빵을 떨어뜨리면 주워서 입을 맞추어야 한다.

감자는 1740년대에 와서야 먹기 시작했고, 대중적으로 보급된 것은 20세기 들어서다. 폴란드 다음으로 인구에 대비해 많은 감자를 수확하게 된 것도 그리 오래지 않은 일이다. 보리도 20세기 들어 비로소 널리 보급되었고, 밀이나 쌀 같은 고급 식재료가 귀족의 부엌에서

에스토니아인 부농의 식탁으로 옮겨간 것도 그리 오래된 일이 아니다. 에스토니아어에서는 호밀이나 귀리로 만든 흑빵leib과 밀로 만든 흰빵sai을 의미하는 단어가 다르다. 일반 민중의 시장에 밀로 만든 빵이 처음 나왔을 무렵 남성들은 일명 '시장에서 파는 빵'이라 불리는 하얗고 달콤한 빵으로 호감 있는 여성의 관심을 끌려고 했다.

19세기 중반 농촌 개혁 이후 현재 농촌과 민족음식의 기틀이 마련되었고, 이를 바탕으로 에스토니아 음식 문화도 나름대로 변화를 이루기 시작했다. 그 과정에 에스토니아를 거쳐간 지배 계급의 음식 문화 역시 많은 영향을 끼쳤다.

에스토니아 사람들이 생각하는 가장 에스토니아다운 음식 몇 가지

그럼 정말 에스토니아만의 음식은 과연 없을까. 많은 외국인이 놀라는 사실 중 하나가 에스토니아에는 가축의 피로 만든 음식이 상당히 많다는 것이다. 대표적인 것으로 선지로 만든 베리보르스트를 들 수 있다. 우리의 순대와 비슷하게 생겼으나 주로 기름에 구워 먹는다. 크리스마스를 앞두고 월귤 잼과 함께 먹기 때문에 에스토니아인들에게는 송구영신 분위기를 내는 음식이다. 그리고 베리보르스트처럼 곡물이 씹히진 않지만 피와 고기를 갈아 넣고 만든 소시지 같은 베리캐크도 있다. 보리나 밀가루, 양파, 돼지비계, 조미료 등을 함께 섞어 만

겨울 에스토니아 늪지에서의 식사

에스토니아의 생선 말리는 풍경.

고기 피루카스.

에스토니아를 대표하는 술 '바나탈린'.

든다. 전통적으로 에스토니아에서는 가을에 도축을 한 다음, 크리스마스에 선지가 들어간 음식을 먹었던 것으로 사료된다. 선지는 날것을 그대로 사용하거나 소금과 섞어 염장을 하기도 했다. 피로 만든 음식이 활력을 불러일으킨다거나, 그 음식을 먹으면 도축된 짐승의 영혼이 깃든다는 미신도 있었다. 1930년부터는 완전식품으로 인정받아 농촌 밖으로도 널리 보급되기 시작했으며, 소련 시대에는 에스토니아를 가장 대표하는 전통 식재료로 손꼽혔다.

에스토니아어로 피루카스pirukas라 불리는 음식은 인접한 라트비아와 리투아니아에선 상응하는 것을 찾기 어렵다. 굳이 번역하자면 '파이' 정도가 되겠지만 사실 생김새나 맛이 파이와는 거리가 멀다. 피루카스는 호밀로 빚은 두꺼운 만두피에 다양한 소를 넣고 기름에 튀긴 음식이라고 할 수 있는데, 안에 들어가는 것이 무엇이냐에 따라 고기 피루카스lihapirukas와 배추 피루카스kapsapirukas 정도로 나뉜다. 발트독일인들이 보편적인 조리법으로 정통 파이를 만들었다면, 러시아인의 유입이 많아지면서 그들의 입맛에 맞춘 피루카스가 나타났다. 18세기 발트독일인들은 건포도 등 과일을 말려 넣은 피루카스를 즐겨 먹기도 했다. 오늘날과 같이 다양한 형태의 피루카스가 등장한 것은 19세기경이다. 페입시 호숫가 지역에는 생선을 넣은 피루카스도 있다. 생선을 모두 넣거나 상황에 따라 머리나 꼬리만 넣기도 한다. 그런 방식으로 구체적으로 규정된 조리법 없이 지역에서 구할 수 있는 재료를 호밀 반죽 안에 넣어 튀기거나 찌는 오늘날의 피루카스로 점차 자리를 잡았다. 현대에는 기차역이나 버스터미널 등에서 간단하게 요기를 때울 수 있는 패스트푸드의 하나가 되었다. 작은 크기로 만들어 주전부리로 먹기도 한다.

해안 지역과 섬에서는 훈제 생선이나 절인 정어리가 주요 식재료다. 지리 여건상 육지 음식의 발전 추이와는 거리가 멀 수밖에 없고, 앞에서 거론했듯 에스토니아는 바다에 접해 있으면서도 해산물 음식이 발달하지 않았다. 발트해는 염도가 떨어지고 육지 사이에 있어 해양 생물종이 풍부하지 않은 탓에 지중해 일대에서 볼 수 있는 화려한 해산물 요리는 수입산으로나 가능하다.

현재 남아 있는 자료에 따르면 리보니아 이전 시대에 에스토니아 섬사람들은 물개 같은 바다 포유류를 즐겨 먹었다. 고기뿐 아니라 겨울에 꼭 필요한 지방과 가죽을 얻을 수 있는 물개는 특히 섬 지역 사람들에게 굉장히 중요한 의미가 있다. 심지어 고기와 지방은 화폐 역할을 했을 정도다. 고기를 염장하거나 훈제해서 보관하고, 어린 물개는 빵과 함께 날로 먹었다고 한다. 주로 키흐누 같은 섬 지역에서 19세기까지 조직적으로 물개 사냥을 했는데, 점차 먹을거리가 풍부해짐에 따라 전통을 보존하기 위한 행사 수준으로 축소되다가 소련 지배 시기에는 자취를 감췄으나, 현재는 겨울식량 비축과 어민의 수입 증진을 위해서 한정된 범위로 이루어지고 있다.

발트 지역에서는 오래전부터 양조 기술이 발전했다. 꿀술modu은 단지 에스토니아만이 아니라 북유럽 전체에서 마시는 음료다. 일반적으로 포도가 자라지 않는 지역에서 포도 대신 꿀로 술을 만든다고 알려져 있다. 에스토니아 역시 자연환경상 포도가 자라지 않는 지역이다. 그러므로 고대부터 꿀술이 포도주처럼 식탁에 올랐다. 리보니아 시대에 홉과 감미료를 넣어 약간 쓴맛을 가미한 것으로 알려졌다. 발트독일인들도 에스토니아의 꿀술을 최고로 쳤다. 고급 음료로서 발트독일인들의 식탁에 주로 오르던 꿀술은 18세기에 대중화해, 이제 사회계급에 관계없이 누구나 즐길 수 있는 음료가 되었다.

중세 시절 수도원에서는 재미있는 광경이 벌어졌다. 증류법을 터득한 이후 불로장생의 약을 만들고자 고심하다 건강의 묘약을 만든 것이다. 그 약은 도수 높은 술, 약초, 설탕 등을 섞은 액체인데, 리보니아 시대에 즐겨 마셨을 것으로 추측된다. 정확한 기록은 없어 약을 만드는 방식이나 형태, 재료를 통해 연대를 추측해볼 뿐이다. 수도원에서 만든 이 '불로장생의 약'을 약국에서 판매했다. 현재는 이 '불로장생의 약'이 에스토니아를 대표하는 술로 사랑받고 있다. 바나탈린Vana Tallinn이란 이 술은 과실즙, 약초 진액, 설탕, 감미료 등으로 만든다. 알코올 도수가 40도나 되고 걸쭉한 느낌이 있어 그냥 마시기에는 부담스러울 수 있다. 위스키처럼 얼음을 타거나, 차나 커피에 타 마시는 게 일반적이다. 정말 몸이 좋지 않을 때 차에 바나탈린을 섞어서 마시

고 잠자면 정말 아침에 귀신같이 감기가 떨어지기도 한다. 물론 현재
는 약국이 아닌 주류 판매점에 가야 볼 수 있다.

에스토니아 음식의 새로운 정의

에스토니아 음식은 100년 전 공화국이 건설되기 전에 에스토니아가
그랬듯이 개념이나 형태를 한 가지로 정의 내리기 어려울 만큼 모호
하다. 농경 문화를 기본으로 하여 형성된 에스토니아 식문화는 토착
식재료를 활용하는 단순하고 기초적인 요리법으로 전통을 이어왔으
나, 다른 나라와 차별될 만한 특성은 많이 발달하지 못했다. 그러나
에스토니아가 독일, 러시아 등 강대국에 오랜 시간 지배를 받으면서
받은 문화적 영향은 음식 문화에도 그대로 적용되었다. 에스토니아
에 뿌리내린 발트독일인과 발트러시아인은 본국의 음식을 현지화하
고 현지의 토착 재료와 조리법을 활용하여 새로운 형태의 음식을 재
발명했다.

이러한 역사적 맥락을 바탕으로 에스토니아 음식을 다시 정의해보
자면, '에스토니아의 자연에서 나는 식자재를 기본으로 하면서 에스
토니아인들이 수 세대 동안 사랑해온 음식'이라고 할 수 있겠다. 이
는 마치 에스토니아인을 '에스토니아에서 태어나고, 에스토니아에서
수 세기 동안 형성된 공동체 이념에 동의하고 참여하는 이들'로 정의

하는 것과 비슷하다. 에스토니아는 수백 년간 역사의 방향이 어찌 될지 어떤 미래가 기다리고 있을지 모든 것이 묘연한 상태로 역사를 일구어왔다. 에스토니아 민족이 민족 개념을 세우고 그 정신을 함양하기 시작한 것도 겨우 19세기 말부터다. 그동안 막연한 비정형 상태로 흘러오던 에스토니아 민족의식이 구체적으로 체계를 갖춘 것이 바로 그 무렵이다. 에스토니아의 식문화 역시 비슷한 경로로 발전했을 것이다.

현재 에스토니아는 북유럽의 신흥 관광대국으로 부각되고 있다. 그리고 IT 강국으로서 급속한 경제 발전을 이룬 나라라는 명성을 바탕으로 노르딕(북유럽)의 새로운 일원으로 편입하려 열중하고 있다. 에스토니아의 식문화는 대내외적 환경에 직접 영향을 받아 항상 예측 불가능한 방향으로 발전을 이루었다. 이전과는 완전히 새로운 환경에 접어든 에스토니아, 앞으로 에스토니아의 음식이 어떤 방향으로 변천할지 지켜봐야겠다.

베리보르스트

재료

보릿가루 1.25kg, 돼지고기 여러 부위 675g, 다진 양파 200g, 선지 500g, 소금, 후추, 캐러웨이나 오레가노 같은 향신료(없으면 고기의 잡내를 제거하는 다른 재료로 대체), 돼지창자 10m.

만드는 법

1 보릿가루를 소금물에 넣고 반쯤 익을 때까지 끓인다. 보리가 씹히는 식감을 잃지 않도록 너무 곱게 갈지 않는다.

2 고기를 저며 양파와 섞고, 양파가 갈색이 될 때까지 살짝 익힌다.

3 1에 2를 넣어 섞고, 건더기가 부드러워질 때까지 끓인 다음 불에서 내려

서 식힌다.

4 3에 선지와 양념을 넣되, 기호에 따라 양을 조절한다.

5 4를 창자에 넣는다. 요리 도중 충전물이 부풀어오를 수 있으므로 너무 꽉 채우지 않는다. 적당히 채운 뒤 창자 끝을 부드러운 실로 여민다.

6 5를 미지근한 물에 넣고 30분간 뭉근히 익힌다.

7 충분히 익힌 후 물에서 꺼내 서늘한 곳에 보관한다.

8 먹기 전에 따뜻한 물에 잠시 넣어두었다가 취향에 따라 오븐에 굽거나 팬에 지진다. 설익히지 않도록 주의한다.

9 주로 월귤 잼을 곁들여 먹지만, 무화과나 살구 잼과도 잘 어울린다. 입맛에 따라 감자와 신선한 채소를 곁들여도 좋다.

참고문헌

Bardone, Ester (ed.), *101 Eesti Toitu ja Toiduainet*, Tallinn : Varrak, 2016.

"Eesti köök-mida see endast kujutab?", https://maitseelamused.blogspot.
com/2010/11/eesti-kook-mida-see-endast-kujutab.html.(접속 일자:
2023.3.27.)

"Eesti toidukultuuri ja köögi arengulugu", https://sisu.ut.ee/toiduelamus/ees-
ti-k%C3%B6%C3%B6gi-arengulugu.(접속 일자: 2023.3.27.)

음식, 유로메나의 오늘을 탐색하다

쿠스쿠스,
프랑스인이 사랑하는 아랍 음식

| 박단 |

쿠스쿠스를 아시나요?

———

오늘날 프랑스의 일반 식당에서나 심지어 학교 급식에서도 흔히 만날 수 있는 대중 음식 가운데 쿠스쿠스couscous가 있다. 필자도 유학시절 이 음식의 정확한 기원은 모른 채 자주 즐겨 먹던 '프랑스 음식'이었다. 쿠스쿠스 요리는 마그레 드 카나르Magret de canard(오리 가슴살 요리), 물 프리트Moules frites(감자튀김을 곁들인 홍합탕)에 이어 세 번째로 프랑스인들이 선호하는 음식으로 알려져 있다.

단단한 밀을 으깬 세몰리나로 만든 쿠스쿠스 파스타.

쿠스쿠스 요리는 주로 마그레브Maghreb(북서아프리카 지역)에서 먹는
음식으로, 단단한 밀을 으깬 세몰리나semolina라는 곡물을 쪄서 만든
'쿠스쿠스 파스타'를 고기, 당근, 감자 등과 함께 먹는 것이다. 쿠스쿠
스는 일반적으로 대중의 주식으로 알려졌지만 축제에서는 주요리로,
지역에 따라서는 버터, 설탕, 견과류 등을 곁들여 디저트로 먹기도 한
다. 오늘날 마그레브뿐만 아니라 프랑스, 에스파냐, 이탈리아, 그리스
등 남부 유럽에서도 즐겨 먹지만, 아무래도 마그레브 국가를 오랜 기
간 식민 통치하고 오늘날에도 무슬림 이민자가 500만 명 이상이나 거
주하는 프랑스에서 가장 많이 소비되는 것으로 알려져 있다.

프랑스인들의 엄청난 사랑을 받는 쿠스쿠스가 간혹 프랑스 내 무슬림을 지칭하는 대명사로 쓰여 인종차별적 용어 역할을 하는 것은 역설적이기도 하다. 아마도 쿠스쿠스가 대표적인 아랍 음식이기에 프랑스 및 유럽의 이슬람 혐오자들 사이에서 이슬람권을 상징하는 용어로 쓰이는 듯하다. 게다가 무슬림이 만드는 쿠스쿠스에는 무슬림 공동체 특유의 도축 방식을 거친 할랄('무슬림에게 허용된 음식'이라는 뜻) 육류가 사용되기에, 프랑스에서 쿠스쿠스 요리는 단순히 한 가지 음식 이상의 의미를 지니기도 한다.

이러한 상황을 고려하여 쿠스쿠스에 관해 몇 가지 궁금한 문제를 살펴보고자 한다. 첫째, 이 음식의 역사적 기원은 어떠한가? 이 음식의 명칭은 어디서 유래했으며 누가, 언제, 어떻게 먹기 시작했을까? 둘째, 아랍에서 기원한 이 음식을 어떠한 이유로 특히 프랑스인들이 즐겨 먹게 되었을까? 일반적으로 음식은 홀로 이동하지 않는다. 전 세계에 산재한 중국 음식점을 생각해보면 중국인들이 전 세계로 이주했다는 사실을 쉽게 떠올릴 수 있을 것이다. 즉 북서아프리카 무슬림이 식민주의를 매개로 프랑스로 가장 많이 이주했기에 쿠스쿠스를 비롯한 마그레브 음식이 프랑스에서 흔히 소비되고 있으리라는 연관성을 생각할 수 있을 것이다. 마지막으로는 쿠스쿠스가 다른 나라로 확산하면서 어떠한 모습으로 변형되었는가를 살펴볼 것이다.

이는 결국 쿠스쿠스가 어떻게 세계화되었는가를 살피는 단초가 될 것이다. 결론적으로 쿠스쿠스 요리는 마그레브에서 태어나 특히 유럽에서 사랑받게 된 음식임을 알 수 있고, 이는 그야말로 유럽과 메나 MENA(북아프리카와 중동) 지역이 역사적으로 얼마나 밀접한 관계에 있는지 잘 보여주는 사례라고 할 수 있을 것이다.

쿠스쿠스는 어떤 요리인가?

쿠스쿠스는 통상 북아프리카 베르베르족Berbères의 음식으로 알려져 있다. 전통적으로 고기 스튜나 채소 스튜와 함께 먹지만, 오늘날에는 커리나 멕시칸 칠리 등 다양한 음식과 함께 먹을 정도로 세계화되어 있기도 하다. 쿠스쿠스 요리는 모로코, 알제리, 튀니지 등지에서 비롯되었지만 이후 프랑스, 리비아, 서아프리카 사헬 지역Sahel Zone, 시칠리아 지역, 중동 일부 지역 등 다양한 국가에서 즐겨 먹는 음식이 되었다.

통상 '쿠스쿠스 파스타'를 만드는 데는 세몰리나 1kg(6컵), 물 500~750ml(2~3컵), 소금 1티스푼, 식물성 기름 250ml(1컵), 시나몬 스틱 1개, 말린 월계수 잎 1장, 밀가루 1과 1/2테이블스푼 등이 필요하다. 여기에 잘 알려지지 않은 팁을 추가한다면, 쿠스쿠스 파스타를 만드는 데는 한참 시간이 걸리기 때문에 다른 것에 우선하여 만들어놓는 것이 바람직하다. 쿠스쿠스 파스타는 취향에 따라 뜨겁게 먹어도 좋고 차갑게 먹어도 좋다. 또한 그냥 먹어도 좋고 양념을 해서 먹어도 좋다. 쿠스쿠스에는 전통적으로 채소 스튜, 발효유, 버터밀크가 함께 나오는 경우가 많다. 심지어 쿠스쿠스 파스타에 건포도와 말린 과일을 넣어 먹는 것을 좋아하는 사람들도 있다. 여기에 특히 고기 스튜를 곁들이면 한층 맛이 좋다.

쿠스쿠스 요리의 준비는 여러 단계로 나뉜다. 먼저 세몰리나와 물을 섞어서 쿠스쿠스 파스타를 만들고, 이것을 세 차례 찐다. 그다음이 쿠스쿠스 파스타를 공기 중에 널어놓고 말린다. 이렇게 말린 쿠스쿠스 파스타 한 접시에 올리브유나 버터 등을 섞고 선호하는 조리법에 따라 병아리콩, 완두콩, 건포도를 추가한다. 그 후 양파, 당근, 붉은 호박, 순무, 근대와 같은 채소로 스튜를 만든다. 쿠스쿠스 파스타에 스튜를 끼얹고, 마지막으로 양념해서 조린 고기를 얹어 함께 먹는다. 고기는 통상 양고기나 닭고기를 사용하는데, 전통적으로 쿠스쿠스 요리는 스튜 국물과 증기로 찐 세몰리나가 향을 흡수하기 때문에 한 종류의 고기만 사용하는 것을 원칙으로 한다. 육류는 지역에 따라 양, 염소, 송아지, 닭, 낙타, 생선 등을 사용한다.

이것이 전통 쿠스쿠스 조리법이라면, 오늘날 판매되는 쿠스쿠스는 어떨까? 전통적인 가정식으로 여겨지는 북서아프리카에서와 달리 대중 음식으로 자리를 잡은 현대 프랑스에서는 뷔페에서 쿠스쿠스가 샐러드로 분류되는 경우도 많다. 예를 들어 가구 전문점 이케아의 푸드코트에서는 베지볼에 곁들여 나오기도 한다. 하지만 프랑스군에서 전투식량으로 이용되기도 하듯이 대개는 주식으로 취급한다.

쿠스쿠스의 기원

쿠스쿠스의 기원에 대해서는 다양한 설이 있지만 가장 많이 받아들여지는 학설은 베르베르 기원설이다. 요리 역사가 뤼시 볼랑Lucie Bolens은 베르베르의 마시니사Massinissa, BC 238~148 왕 통치 시기에 만들어진 한 무덤에서 발견된 초기 형태의 쿠스쿠스 냄비를 근거로 베르베르 기원을 주장했다. 이후 아랍인들이 7~8세기 북서아프리카를 정복한 후 쿠스쿠스를 자신들의 음식으로 받아들였다는 것이다. 그 근거로 지금의 알제리 지역인 티아레에서 9세기의 것으로 알려진 '쿠스쿠스 파스타 찌는 냄비couscoussier'가 발견된 점을 들고 있다. 북서아프리카의 이슬람화 과정에서 아랍인들이 쿠스쿠스 요리를 자연스럽게 받아들였으리라 생각된다.

하지만 다른 주장도 존재한다. 일반적으로 쿠스쿠스 파스타에 국물을 얹고 고기와 채소로 장식하는 요리인 쿠스쿠스는 다양한 형태로 곳곳에 존재했다. 단지 그 이름이 지역에 따라 다르기 때문에 이 요리의 기원에 관한 주장이 매우 다양했다고 할 수 있다. 심지어 쿠스쿠스가 중세에 와서 마그레브 지역의 어느 마을에서 발명되었을 것이라는 주장도 존재하는데, 이 주장은 서부와 중부 마그레브(현재의 모로코와 알제리)에서 쿠스쿠스 요리가 '발명'되어 이베리아 반도(알안달루스), 동부 마그레브(현재의 튀니지), 그리고 시칠리아 쪽으로 확산했을 것으로 본다. 하지만 이 주장의 근거는 베르베르 기원설만큼이나 확실하지 않다.

쿠스쿠시에. 쿠스쿠스 파스타를 찌는 이중 냄비.

쿠스쿠스를 지칭하는 용어도 그 기원만큼이나 다양하다. 쿠스쿠스 요리와 접시를 모두 가리키는 아랍어 '쿠스쿠스kuskusu'가 12~13세기 유럽의 요리책에 등장한다. 하지만 11세기에는 '탐taam'(음식, 곡물)이라는 단어가 사용되기도 했다. 가톨릭 성인들이 남긴 기록에서 '탐'이라는 단어가 발견되는데, 이 기록에서는 우아르글라Ouargla(알제리 북동부) 주민들이 한 신비주의 수도자에게 식사를 대접했다는 이야기를 하면서 "주민들은 소시지를 얹은 탐을 준비했습니다"라고 적었다. 이처럼 쿠스쿠스와 같은 것으로 보이는 요리가 시기에 따라 혹은 지역에 따라 서로 다른 이름으로 존재했을 가능성이 충분해 보인다.

한편, 다양한 요리법도 일찍부터 소개되었다. 중세 때 간행된 책 두 권에서 이 요리의 조리법을 매우 상세하게 설명해놓았다.《모든 종류의 요리 준비 모음Genre de pharmacopées dans la préparation de toutes sortes de mets》(12~13세기 익명 편찬)과《식탁의 진미Les Délices de la table, des meilleurs nourriture et genre de mets》(이븐 라진 알투지비·이븐 알카팁, 13세기)가 그것이다. 이 책들이 전하는 900가지 요리법 중 8가지가 쿠스쿠스에 할애되어 있다.《식탁의 진미》에서는 "국물을 부어 먹는 쿠스쿠스가 일반적인 것으로 모두에게 알려져 있다"고 쓰고, 이와 다른 방식의 조리법도 추가로 설명한다. 하나는 모로코의 마라케시에서 주로 먹는 피티야니fityani인데, 이것은 쿠스쿠스 파스타를 오히려 국물에 붓는 방식이다. 또 다른 방식은 쿠스쿠스 파스타 대신 빵 부스러기를 사용하며, 닭고기·순무·자두로 마무리한다.

13세기 인물인 이븐 라진 알투지비Ibn Razin al-Tujibi, 1227~1293는 쿠스쿠스의 조리법은 간단하게 설명하고 그 준비 과정은 매우 구체적으로 설명한다. 그에 따르면, 쿠스쿠스 파스타는 먼저 '개미머리 크기'만 한 알갱이가 될 때까지 손바닥으로 굴려 만든다. 그런 다음 쇠고기, 향신료 및 배추, 순무, 당근, 상추, 회향, 녹두, 호박, 가지 등 제철 채소로 만든 국물을 마련하고, 마지막에는 국물이 스며든 쿠스쿠스 파스타에 고기 및 채소를 얹은 다음 계피, 후추 및 생강을 흩뿌린다.

이뿐만 아니라 쿠스쿠스 요리는 13~14세기 알안달루스에서 발간된 식이요법 책에도 언급되어 있는데, 이 의학 문헌에는 이 음식이 기름진 고기로 마련되어 '빠르게 잘 소화되는 건강에 좋은 음식'이라고 나와 있다. 이븐 알카팁Ibn al-Khatib, 1313~1374은 그것을 서양식 타리드 tharid 비슷한 것으로 설명했는데, 타리드란 채소와 고기를 끓인 국물에 납작한 빵을 조각조각 쪼개 넣고 조린 요리로, 중세 이슬람 세계에 널리 퍼졌던 음식이다.

아랍 동부에서도 서부에서만큼 대중적이지는 않았지만 쿠스쿠스가 소비된 것으로 알려져 있다. 예를 들어 시리아와 이집트에서 쓰인 13~15세기 책 세 권에서 쿠스쿠스를 '마그레브 요리'로 규정하면서 조리법을 설명해놓은 것을 찾아 볼 수 있다.

프랑스 문헌으로 한정하자면 1532년 출판된 라블레의 소설《팡타그뤼엘Pantagruel》에 쿠스쿠스가 등장하고, 우리에게《삼총사》의 저자로 잘 알려진 알렉상드르 뒤마는 저서《요리 대사전Grand Dictionnaire de cuisine》에서 쿠스쿠스를 직접 거론하지 않았지만,《총사: 알렉상드르 뒤마의 신문Le Mousquetaire: journal de M. Alexandre Dumas》1855년 2월 19일 자에서 알제리 콩스탕틴 지역의 고슴도치 사냥을 이야기하면서 쿠스쿠스를 언급했다.

쿠스쿠스의 확산

쿠스쿠스 요리법은 북서아프리카 사람들이 이주하는 지역마다 전파되었고, 유럽 사회까지 가 닿았다. 유럽에는 오래전부터 드물게 특정인들을 통해 소개된 바 있으나, 본격적으로 알려진 것은 아무래도 북아프리카인들이 유럽 특히 프랑스로 대규모 이주한 일과 관련이 있다. 인간의 이동이 결국 음식의 이동을 가능하게 하기 때문이다.

우선, 유럽인이 북아프리카에 왔다가 쿠스쿠스를 알게 되어 유럽에 소개한 경우를 살펴보자. 1470년에 튀니스에 머물렀던 플랑드르인 여행자 안셀므 아도르느Anselme Adorne는 쿠스쿠스 요리에 큰 호기심을 갖게 되었다. 그가 묘사한 바에 따르면, "쌀처럼 보이는 반죽으로 채워진 큰 접시에 저녁 식사가 제공되었는데, 실제 이 반죽은 쌀이 아니라 밀가루로 만든 것이다. 이 요리는 쿠스쿠스라고 불리는데 그것은 통상 이 나라 사람들이 즐겨 먹는 음식으로, 영양가 있고 체중을 늘리기에 적합하다. 쿠스쿠스 요리에는 양배추에 싸인 고깃조각과 닭고기 조각을 올리는데, 이곳 사람들은 다섯 손가락으로 이 접시를 잡고 다른 손으로 쿠스쿠스를 동그랗게 만들어 입에 넣는다."

반대로 북아프리카인이 직접 유럽에 이 음식을 소개한 경우도 있다. 모로코에서 자란 북아프리카인 장레옹Jean Léon은 1518년 포로로 잡혀 교황 레오 10세Leo X에게 보내졌다. 그는 북아프리카에 대해 설명하면서 모로코 페스 사람들의 식습관을 이야기했다. 그의 이야기에 따르면 그곳 사람들은 겨울에 쿠스쿠스cuscusu라고 하는 음식을 먹는데, 냄비에서 익힌 곡물을 고수 씨앗만 한 심으로 반죽해서, 여기에 버터를 섞고 그 위에 국물을 붓는다. 이 요리를 먹을 때 북아프리카인들은 손님과 같은 접시에서 쿠스쿠스 파스타를 덜어 숟가락 없이 먹는다. 장레옹은 2010년 국내에 번역 소개된 《책략가의 여행》의 주인공이기도 하다.

이와 같은 경로로 유럽에 소개되었지만 그렇다고 쿠스쿠스 요리가 금세 유럽인들이 즐기는 대중적인 음식이 되지는 못했다. 800년 동안 쿠스쿠스가 조금씩 세계를 정복해나가면서, 자연스레 시대와 지역에 따라 다양한 변형이 나타났다. 이미 14세기에 위대한 여행가 이븐 바투타Ibn Battuta, 1304~1368?는 사헬 지역(사하라사막 남쪽 가장자리의 반건조 지대)에서 사람들이 세몰리나로 만든 쿠스쿠스 파스타 대신 포니오fonio라는 곡물로 만든 쿠스쿠스를 먹는다고 전했다.

20세기 이전까지 유럽에서 쿠스쿠스 요리가 전파된 지역은 지중해 북쪽 해안에 한정되었다고 볼 수 있다. 쿠스쿠스가 유럽 대륙에서 보편적으로 소비되기 시작한 것은 인구가 대규모로 이동한 20세기가 되어서였다. 쿠스쿠스는 1차 세계대전 당시 전선으로 떠난 남자들을 대신해 공장에 일하러 프랑스에 온 알제리인 가족들 사이에서 조금씩 소비되었다. 이 당시 이주한 가족의 수는 정확하게 알 수 없으나, 아프리카 출신 참전 군인의 수가 적지 않았으니 이주 가족의 수도 꽤 되었을 것으로 추정된다. 한편으로 대부분 무슬림인 북아프리카인 참전자 30만 명과 사하라 이남 아프리카인 참전자 18만 명에게는 쿠스쿠스를 포함한 아랍 음식이 제공되었다. 당시 프랑스는 참전병 가족의 환심을 사는 일을 두고 독일 및 오스만제국과 경쟁하는 중이었기 때문에, 무슬림에게 필요한 예배 장소와 그들에게 맞는 음식 제공이 무엇보다도 중요했다. 전쟁 후에도 무슬림 약 8만 5000명 이상이 프랑스에 남았다. 이들이 지속적으로 쿠스쿠스 요리를 소비했음은 물론이다.

하지만 본격적으로 쿠스쿠스가 프랑스에 알려지기 시작한 것은 1962년 알제리 독립 후였다. 오랫동안 알제리에 정착하여 쿠스쿠스 요리를 즐겨 먹던 피에누아Pieds-Noirs 곧 유럽계 정착민 약 100만 명이 알제리 독립과 함께 프랑스로 탈출하면서부터였다. 이들은 현재 그 후손까지 합쳐 약 300만 명에 달한다. 이 '사건'이 쿠스쿠스가 프랑스 요리로 통합되는 데 결정적인 계기가 되었다고 할 수 있다. 게다가 오늘날 프랑스에 거주하는 무슬림은 베르베르인 약 200만, 아랍계까지 포함하면 500만 명이 넘는다. 이들 무슬림 이민자도 쿠스쿠스 요리의 주 소비층인 것을 고려한다면 쿠스쿠스를 즐겨 먹는 사람은 대략 1000만 명에 가깝다고 할 수 있다. 그 결과 쿠스쿠스는 오늘날 프랑스인 대부분이 사랑하는 음식이 될 수 있었다. 요즘에는 프랑스인들이 두 번째 혹은 세 번째로 선호하는 요리가 쿠스쿠스이고, 아랍 요리 가운데에서는 가장 선호하는 요리라는 여론조사 결과가 나온다.

쿠스쿠스 요리가 프랑스로 건너와 그 형태가 일부 변화한 측면도 있다. 프랑스에 본격적으로 도입된 후 시간이 흐르면서 쿠스쿠스는

　　　　　　　2. 음식, 유로메나의 오늘을 탐색하다

내용물이 더 풍부해지고 더욱 먹음직스러운 음식으로 변해갔다. 프랑스인들이 많이 먹는 이른바 '왕실royal 쿠스쿠스'는 소시지의 일종인 메르게즈merguez와 미트볼, 그리고 여러 다른 고기를 곁들인다. 이는 여러 가지 고기를 한꺼번에 파스타 위에 놓지 않는다는 북아프리카식 쿠스쿠스 조리 원칙에는 어긋난다고 볼 수 있다.

　프랑스에 도입된 후 예기치 못한 일이 일어나기도 했다. 쿠스쿠스에 육류가 많이 추가되다 보니 여기에 사용되는 고기의 도축 방식이 쟁점이 되었다. 물론 이는 쿠스쿠스 요리에만 해당하는 문제는 아니었다. 무슬림이 소비하는 육류는 반드시 할랄 규정에 맞게 다비하Dhabihah 방식으로 도축되어야 하기에 이슬람 음식에 사용되는 육류 모두가 관련된 문제다. 다비하 방식에 따르면 도축할 때는 반드시 가축의 머리를 메카 방향으로 놓고 기도를 한 후, 고통을 느끼지 못하게 날카로운 칼로 가축의 목을 한 번에 긋고, 피가 완전히 빠질 때까지 기다려야 한다. 이주 초기에는 무슬림 대부분이 비교적 부유하지 못한데다가 이슬람 공동체가 충분히 발달하지 못했던 터라, 이들이 할랄에 맞는 식재료를 구하기가 쉽지 않았다. 그러한 까닭에 당시에는 편법으로 유대인의 코셔Kosher 음식점에서 육류를 구하기도 했다. 할랄이 아닌 육류를 쿠스쿠스에 올릴 수 없기 때문에 이 문제가 해결되기 전에는 쿠스쿠스가 무슬림 이주민 공동체 사이에서 대중화되기 어려웠다. 그렇기에 쿠스쿠스의 대중화는 할랄이라는 특수성을 빼놓고 설명하기 어렵다.

프랑스인들이 쿠스쿠스를 포함한 아랍 음식을 점차 즐겨 먹게 되자 이제는 또 다른 의미의 할랄 논쟁이 시작되었다. 비록 쿠스쿠스 때문에 벌어진 일은 아니지만 2012년 프랑스 대선 당시 극우 정당인 민족전선의 당수 마린 르펜이 '우리는 원하든 원치 않든 할랄 육류를 먹고 있다'고 주장했고, 당시 대통령이자 대통령 후보이기도 했던 사르코지도 '할랄 육류는 따로 명시할 필요가 있다'고 강조하며 이에 동조했다. 오늘날 무슬림 노동자가 다수 포진한 식품업계의 사정상 다비하 방식으로 처리된 육류를 기독교 신자 등 원하지 않는 사람들까지 저도 모르게 소비하고 있다는 주장이 제기된 것이다. 2009년 프랑스의 패스트푸드 전문점 퀵Quick이 무슬림을 위해 '할랄 육류' 전용 햄버거점 출시를 단행한 이래, 파리·리옹 등 무슬림이 특히 많이 거주하는 지역을 중심으로 할랄 전문 점포가 지속적으로 늘어왔다. 하지만 일부 지역에서는 '할랄 햄버거점'이 오히려 비무슬림의 선택권을 제한한 역차별이라는 주장도 나온다. 이처럼 육류가 포함된 무슬림 음식은 비무슬림 세계에서 할랄 문제로 대중화에 어려움을 겪기도 한다.

쿠스쿠스의 다양성

쿠스쿠스 요리는 시기별, 지역별로 매우 다양한 변형이 존재한다. 게

2. 음식, 유로메나의 오늘을 탐색하다

다가 주식, 축제용, 후식 등 용도에 따라서도 달리 조리된다. 예를 들어, 알제리에서는 채소와 고기를 곁들인 전통적인 쿠스쿠스 외에도 매우 다양한 쿠스쿠스 요리를 맛볼 수 있다. 같은 알제리 안에서도 지역, 도시 및 오아시스마다 쿠스쿠스의 조리 방법이나 맛이 다르다. 인적이 드문 외딴 지역에서는 마른고기로 만든 소박한 쿠스쿠스 요리를 먹고, 상대적으로 풍요로운 동부 지방에서는 많은 향신료를 기본으로 사용하며, 북부 지방에는 세련된 방식의 쿠스쿠스 요리가 존재한다. 통상 베르베르어를 사용하는 지역에서는 주로 채소를 기반으로 한 쿠스쿠스 요리를 먹는다. 대표적인 베르베르인 지역인 알제리 카빌리아 지방의 '메스풀리mesfuli 또는 mesfuf'라는 쿠스쿠스는 설탕, 버터, 때로는 건포도와 함께 먹는다. 한편 생선을 곁들인 쿠스쿠스는 매우 희귀한 음식으로 알제리 동부 해안에 거주하는 베르베르 일파인 쿠타마Kutama족이 즐겨 먹는다.

모로코 사람들 사이에는 오른손 엄지와 중지만을 사용해 쿠스쿠스를 먹는 문화가 있다고 알려져 있다. 모로코에서는 밀 세몰리나 대신 수수로 만든 쿠스쿠스도 많이 먹는데, 이는 베르베르어로 아페르푸르aferfur라고 불린다. 오늘날 모로코에서는 쿠스쿠스 냄비에 양파, 건포도, 계피를 곁들인 세몰리나를 넣어 달콤한 맛을 낸 쿠스쿠스 요리를 만들어내기도 한다. 모로코의 쿠스쿠스 역시 매우 다양해서, 지역마다 한 가지 이상의 유형이 있다고 알려져 있다. 모로코 전통 쿠스쿠스 요리는 일곱 가지 채소를 올리는 것으로 유명한데, 그 개수와 종류가 꼭 정해져 있는 것은 아니다. 호박, 주키니호박, 순무, 당근, 양파, 양배추, 병아리콩, 가지, 토마토 등 계절에 따라 다양한 재료를 사용하고, 일부 지역에서는 여기에 감자나 고구마를 추가하기도 한다. 모로코의 쿠스쿠스 요리는 고수와 같은 향기로운 허브는 말할 것도 없고 사프란, 생강, 라스 엘 하누트ras el hanout와 같은 향신료로 맛을 내는 것이 특이하다. 그리고 쇠고기나 양고기를 얹는데, 쿠스쿠스 요리의 가장 보편적인 기준은 앞서 언급한 대로 다른 육류를 섞지 않고 한 가지 고기만 선택해 고유한 맛을 내는 것이다.

일상적으로 먹는 쿠스쿠스와 달리 쿠스쿠스 트파야couscous tfaya, 쿠스쿠스 세파couscous seffa 같은 공동체 행사용 쿠스쿠스가 별도로 존재하는 것도 흥미롭다. 축제 같은 공동체 행사 때 마련하는 쿠스쿠스에는 채소를 넣지 않는 것이 특징이다. 간단한 형태로 제공되는 장례식 음식은 예외다.

'벨불라belboula 쿠스쿠스'도 모로코 요리 문화를 대표하는 쿠스쿠스다. 보리 세몰리나로 만들며 고전적인 쿠스쿠스와 같은 방식으로 마련한다. '쿠스쿠스 쿠마시couscous khoumassi' 또는 아베르키스awerkis는 사하라 모로코의 대표적인 쿠스쿠스로, 일반적으로 듀럼 밀가루, 부드러운 밀가루, 옥수숫가루, 보릿가루, 볶은 보릿가루 등 다섯 가지 곡물을 혼합해 만든다. 사하라 지역에서는 쿠스쿠스에 낙타 고기를 채소 스튜와 쿠스쿠스 파스타. 전통적으로 쿠스쿠스는 채소 스튜가 함께 나오는 경우가 많다.

왕실 쿠스쿠스. 소시지의 일종인 메르게즈와 미트볼 등 여러 가지 고기를 곁들인 프랑스식 변형 쿠스쿠스.

트파야를 얹은 쿠스쿠스 정식. 구운 양파와 건포도, 견과류로 만들어 꼭대기에 얹은 장식이 '트파야'다.

첨가하는 경우도 종종 있다.

이 밖에 이집트 서부의 시와 오아시스, 이집트 북서부의 카레Qaret Um El Saghir 오아시스에 모여 사는 베르베르인들도 자신들만의 고유한 쿠스쿠스 요리를 주로 먹는다.

쿠스쿠스의 세계화와 그 의미

산 비토 로 카포San Vito lo Capo라는 시칠리아의 작은 어촌 마을에서 매년 쿠스쿠스 축제가 열린다. 알제리, 튀니지, 모로코, 팔레스타인, 이스라엘, 이탈리아 등 여러 나라에서 온 요리사들이 모여 쿠스쿠스와 함께 다양한 요리를 선보이며 경쟁을 펼치는 요리 대회가 축제의 중심 행사다. 전시회와 콘서트도 열린다(공식 사이트 couscousfest.it). 2018년 9월 21일부터 30일까지 산 비토 로 카포에서 열린 제21회 국제 쿠스쿠스 페스티벌에서는 튀니지 팀이 세계 쿠스쿠스 챔피언으로 선출되었고, 2019년에는 세네갈 팀이 이 상을 받았다.

이러한 세계화에 기반하여 쿠스쿠스 요리는 인류 무형문화유산으로 등재되었다. 2019년 1월 알제리, 모로코, 튀니지 및 모리타니는 쿠스쿠스를 유네스코 문화유산 목록에 등재하기 위한 공동 프로젝트를 발표했다. 자신들이 좋아하는 요리를 선양하기 위해 뭉친 4개국 곧 알제리, 모로코, 튀니지, 모리타니는 사실 정치적으로 사이가 별로 좋지 않다. 특히 모로코와 알제리는 서西사하라 영토 분쟁으로 상당한 갈등을 겪고 있기에 모든 측면에서 상호 대화가 쉽지 않은 상태였다. 그렇기에 이 합의는 매우 특별했다. 쿠스쿠스 공동 등재는 정치 현안과 관계없이 이 지역 사람들이 문화, 역사, 음식으로 연결되어 있음을 재인식할 기회가 된다. 그러한 면에서 2020년 12월 유네스코가 '쿠스쿠스의 생산 및 소비와 관련된 지식, 노하우와 관습Knowledge, know-how and practices pertaining to the production and consumption of couscous'을 무형문화유산 대표 목록에 등재했다는 것은 이들 국가에게는 문화정체성 일치의 재확인이자 커다란 경사였다.

쿠스쿠스 등재는 이들 나라의 문화공동체 형성에도 긍정적 영향을 미칠 것으로 보인다. 이 요리가 마그레브의 보편적 유산으로 평가된 점이 무엇보다 중요하다. '알제리 선사·인류학 및 역사 연구 센터 CNRPAH'의 연구원인 위자 갈레즈Ouiza Gallèze에 따르면, 이 "수천 년 이어져 온 요리"는 "여러 민족에 공통으로 속하기 때문에 초문화적"이라고 할 수 있다. 또한 그는 유네스코에서 쿠스쿠스 요리를 마그레브의 전통 요리로 분류한 것은 마그레브가 동일한 전통을 공유한다는 의미이기에 "마그레브 민족 간의 견고한 연결을 강화하는 수단"이 될 것이라고 했다.

한편, 이는 또 다른 측면에서도 중요한 의미를 띤다. 유네스코 무형문화유산 대표 목록 등재는 예로부터 끊임없이 이 요리를 만들어온

Négresse pétrissant la Galette dans la Guessâa

Collections ND. Phot.

쿠스쿠스를 만드는 알제리 여성을 담은 엽서. 쿠스쿠스의 유네스코 무형문화유산 등재는 예로부터 이 요리를 만들어온 여성에 대한 인정이기도 하다.

이 지역 여성들에 대한 '인정'이라고 평가되는 것이다. 쿠스쿠스에 대한 높은 평가는 오랜 시간 정성 들여 만들 수밖에 없는 요리의 특성에 대한 평가이기도 하지만, 궁극적으로는 열심히 일하는 이 지역 여성들에 대한 인정이기도 하다. 사실, 마그레브 지역 대부분 가정에서는 쿠스쿠스를 만드는 과정에 남자가 참여하지 않는다. 또한 이 요리를 할 때는 항상 일정하게 열을 가해야 하는데, 유네스코 무형문화유산 등재는 이를 가능하게 하는 비법을 고대부터 전수한 마그레브의 유목민 선조의 관습에 대한 찬사이기도 하다.

쿠스쿠스, 공유의 요리

앞에서 살펴보았듯이 쿠스쿠스의 종류는 지역마다 다양하고 심지어는 각 가정의 전통에 따라 요리법이 다르다고 하나, 모든 사람에게 자신의 '어머니'가 해준 요리가 가장 맛있을 것이라는 생각은 마음을 따뜻하게 해준다. 또한, 세계인이 쿠스쿠스를 사랑하는 이유는 이 음식이 '공유의 요리' 즉 많은 이들과 함께 먹을 수 있는 요리이기 때문일 것이다. 이러하니 쿠스쿠스를 누가 혼자 먹겠는가? 이 요리는 그 안에 따뜻함과 함께 환대를 품고 있다. 오늘날 쿠스쿠스를 소개하는 풍부한 문헌에서 알 수 있듯이 이 요리는 가족과 함께, 때로는 이방인과 함께, 때로는 축제를 즐기며 먹는 음식이다. 특히 마그레브 지역에서는 금요일에 온 가족이 모여 먹거나, 손님을 초대해 먹는 음식으로 자리매김해 있다.

이러한 측면에서 쿠스쿠스가 프랑스인들이 즐겨 먹는 음식이라는 사실은 특별한 무엇인가를 떠올려준다. 프랑스 하면 떠오르는 대표적인 이미지 가운데 하나가 바로 주류 프랑스인과 무슬림 이민자 사이의 엄청난 갈등이기 때문이다. 그러한 상황에서 프랑스인들이 즐겨 먹는 주요 음식에 쿠스쿠스가 상위 순위를 차지한다는 것은 상당한 의미가 있어 보인다. 쿠스쿠스 요리 자체의 특성에 담긴 '공유'라는 개념이 이웃에 대한 환대이자 갈등 관계에 있는 사람들 사이의 평화를 상징하기에, 어쩌면 쿠스쿠스는 주류와 비주류의 갈등, 선주민과 이주민의 갈등, 심지어는 종교 간 갈등도 사그라지게 해주지 않을까? 이미 이 음식은 마그레브에 속한 국가들 간 갈등을 뛰어넘어 인류 무형문화유산의 대표 목록에 등재되지 않았는가? 132년 동안 알제리를 식민 통치한 프랑스인들의 입맛을 사로잡은 쿠스쿠스는 분명 이러한 화해의 역할을 충분히 할 수 있을 것 같다. 식탁에 커다란 쿠스쿠스 요리를 올려놓고서 기독교인과 무슬림이 서로 음식을 나누는 모습은 그야말로 갈등하는 유로메나에서 화합하는 유로메나로 나아가는 길을 제시하는 것 같다.

2. 음식, 유로메나의 오늘을 탐색하다

쿠스쿠스 샐러드

재료

쿠스쿠스 적당량, 소금, 올리브유, 샐러드용 채소.

만드는 법

1 쿠스쿠스를 익힌다. 쿠스쿠스는 증기로 찌는 것이 정통 방법이지만, 쿠스쿠스와 물의 양을 1대1로 해서 약한 불에 삶거나, 전자레인지에서 익혀도 무방하다. 단, 지나치게 익어 쿠스쿠스가 퍼지지 않도록 유의한다.

2 익힌 쿠스쿠스에 올리브유와 소금을 입맛에 맞게 넣고 포크로 잘 섞는다.

3 잘게 잘라둔 샐러드용 채소를 섞는다. 어떤 채소든 무방하며, 참치나 삶은 계란, 볶은 고기 등 원하는 재료를 다양하게 섞어도 좋다.

참고문헌 ─────────────────────────────────────

박단,《이만큼 가까운 프랑스》, 창비, 2017.

임기대,《베르베르 문명》, 한길사, 2021.

임기대,〈시칠리아 이슬람화 과정과 베르베르인의 문화 흔적 양상-쿠스쿠스를 중
　심으로-〉,《지중해지역연구》24권 1호, 2022. 2.

Brisville, Marianne, "Et le Moyen Age inventa le couscous", *L'Histoire*, n. 471, mai
　2020.

Katz, Solomon H. (ed.), *Encyclopedia of Food and Culture*, Vol.1, Charles Scribner's
　Sons, 2003.

l'Africain, Jean-Léon, *Description de l'Afrique*, trad. Adrien Épaulard, Librairie
　d'Amérique et d'Orient Adrien Maisonneuve, 1981.

https://fr.wikipedia.org/wiki/Couscous(검색 일자: 2021.11.1.)

훔무스,
식탁 위 레바논과 이스라엘의 전쟁

| 김재희 |

1948년 이스라엘 수립 이후 끊임없이 이어진 아랍-이스라엘 간 분쟁이 이제 식탁으로 옮겨져 훔무스hummus의 원조를 두고 새로운 라운드가 시작되었다. 전 세계에 훔무스를 대량 수출하고 있는 이스라엘이 구약성서를 근거로 자신들이 훔무스의 원조임을 주장하며 '이스라엘 훔무스'를 홍보하고 나서자, 레바논을 비롯한 아랍 국가들은 발끈했다. 아랍 국가들은 훔무스가 이스라엘 수립 훨씬 전부터 아랍인들의 식탁에 빠지지 않았던 음식이며, 특히 14세기 이집트 요리책에 유사한 음식의 요리법이 나와 있음을 근거로 자신들이 진정한 훔무스의

원조라고 나섰다. 특히 레바논은 이스라엘이 아랍의 훔무스를 훔쳐 원조를 날조한다고 맹렬히 비난하고 있다.

아랍-이스라엘 역사는 정치적·지역적·국제적 분쟁으로 점철되어 있다. 특히 레바논과 이스라엘은 두 차례 벌어진 카나 학살Qana massacre*을 포함해 수차례 전쟁을 치르며 미사일을 주고받았다. 팔레스타인과 이스라엘은 최근까지도 끊임없이 충돌하고 있으며, 심지어 전투를 금지했던 라마단 기간에도 공습이 이어지고 있다.

이러한 가운데 일부 아랍 국가들과 이스라엘 간, 특히 레바논과 이스라엘 간에 훔무스의 원조를 두고 또 다른 전쟁이 벌어지고 있다. 여기에 그리스, 튀르키예, 팔레스타인, 시리아, 요르단과 이집트까지 모두 자신들이 훔무스의 원조라고 주장하고 나서서, 훔무스 전쟁에는 모두 8개 국가가 직접 혹은 간접적으로 관련되어 있다.

훔무스란 무엇인가

훔무스는 병아리콩 자체를 뜻하는 말이기도 하고, 병아리콩으로 만

---

* 1차는 1996년 4월 18일, 2차는 2006년 7월 30일 일어났다. 1차 사건 당시 이스라엘군의 공습으로 레바논 남부 카나 마을의 민간인 106명이 사망했고, 2차 사건 때는 어린이 27명을 포함하여 약 55명이 사망한 것으로 알려졌으나, 뒤에 나온 보고서에 따르면 어린이 16명을 포함하여 모두 28명이 사망하고 13명이 실종되었다. (〈카나 학살〉, 《마으리파》, 2019.05.03.)

든 독특한 소스의 이름이기도 하다. 홈무스는 인류가 가장 일찍부터 먹어온 콩이자, 오늘날 전 세계에서 가장 맛있다고 손꼽하는 음식 중 하나로 알려져 있다. 주요 생산국은 최대 생산지인 인도를 비롯하여 호주, 튀르키예, 파키스탄, 에티오피아, 러시아, 미국, 캐나다, 멕시코, 이란, 아르헨티나, 알제리 등 다양하다. 홈무스는 값이 싸면서도 건강에 유익한 영양소가 풍부하다. 중동 의학 전문 사이트(altibbi.com)에 따르면 100그램당 홈무스의 영양소는 다음과 같다.

열량: 162kcal

단백질: 8.86그램

탄수화물: 27.42그램

식이섬유: 7.6그램

칼슘: 49밀리그램

철: 2.89밀리그램

마그네슘: 48밀리그램

아연: 1.53밀리그램

식물성 단백질 함량이 높고, 콜레스테롤은 없으며, 혈관에 좋은 불포화지방산이 풍부하고, 식이섬유는 완두콩의 2배 이상이다. 그 밖에도 철분, 칼슘, 마그네슘, 아연, 포타슘(칼륨), 구리 등 무기질이 풍부

병아리콩 자체를 뜻하기도 하고, 병아리콩으로 만든 독특한 소스의 이름이기도 한 훔무스는 인류가 가장 오래전부터 먹어온 콩이자, 세계적으로 맛있다고 손꼽히는 음식이다.

하다.

훔무스는 만성 염증 퇴치에 도움이 되고, 특히 참깨로 만든 타히니 페이스트tahini paste를 첨가한 훔무스(아랍어로 '훔무스 비타히나ḥummuṣ bi ṭaḥīna')가 염증성 질환 예방에 좋다고 알려져 있다. 같이 쓰이는 올리브유 역시 폴리페놀이 풍부하여 항염 효과가 있다. 훔무스는 뇌와 신경 활성화를 돕는다. 일부 연구에서는 3세 이후 어린이의 성장에 필요한 단백질 섭취를 위해 어린이 식단을 구성할 때 훔무스를 넣을 것을 권장한다. 훔무스는 머리카락을 튼튼하게 하고 피부를 맑고 빛나게 하는 데 도움이 되며, 건조한 피부를 개선하고 주름 진행을 늦춰준다고 한다. 훔무스 소스는 열량이 낮으면서도 쉽게 포만감을 느끼게

하는 저열량 건강식이다. 혈당 조절에 좋고, 심장에 가벼운 문제를 겪고 있거나 심장병에 걸릴 가능성이 있는 사람들이 다양한 방법으로 훔무스를 섭취하여 병을 예방했다는 연구 결과도 있다. 병아리콩에 함유된 식이섬유는 혈액 내 해로운 콜레스테롤 흡착을 막아주고, 구리·아연·셀레늄과 비타민 B1, 엽산은 면역력을 높여준다.

이와 같은 풍부한 영양학적 효능 외에도 섭취가 간편하고 가격이 저렴하여 오래전부터 아랍권과 중동 지역에서는 매끼 식탁에 오르지 않는 날이 거의 없을 정도로 즐겨 먹는 음식이었다. 무슬림에게 허락된 할랄 푸드이기도 하고 유대교도의 식품 율법인 코셔에도 적합하다. 미국과 유럽에서도 최근에 비건 바람을 타고 고기를 대체할 수 있는 '건강한 대안적 채식'으로 알려지면서 점차 소비가 늘고 있다. 병아리콩을 삶아서 먹으면 마치 삶은 밤처럼 달달한 맛이 나는데 오래 씹을수록 더욱 좋아진다. 주로 삶은 병아리콩을 타히니 페이스트와 함께 갈아서 레몬즙, 소금, 올리브유 등을 넣어 빵에 찍어 먹는데, 기호에 따라 커민, 허브, 고수, 석류 등을 추가하여 다양한 맛으로 즐길 수 있다. 국내에서도 한 건강 방송에서 '고단백질 저칼로리' 음식으로 소개된 뒤로 훔무스의 인기가 꾸준히 높아지고 있어, 각종 채소에 버무려 먹거나, 잼을 대신해 빵에 발라 먹거나 샌드위치를 만들어 먹는 방법을 쉽게 찾아볼 수 있다.

훔무스 원조를 둘러싼 논쟁

———

남녀노소 가리지 않고 임산부까지 모두가 즐길 수 있으며 전 세계에서 사랑받는 음식의 원조가 된다면 어느 국가든 상당한 자부심과 뿌듯함을 느낄 것이다. 여러 국가가 훔무스의 원조를 둘러싸고 첨예한 대립을 벌이는 데는 그런 까닭도 있을 듯하다. 그러나 아랍권을 비롯한 서아시아와 지중해 연안에 걸친 너른 지역에서 과연 누가 처음으로 병아리콩을 불려서 삶은 다음 올리브유와 타히니 페이스트를 섞었는지는 현재 알 도리가 없다. 훔무스는 빈부 격차를 막론하고 모든 계층에서 소비되기에 그 시장 규모가 연간 10억 달러 이상으로 추산된다. 그렇기에 훔무스를 둘러싸고 경제적·정치적·외교적·민족적 의미에서 무기 없는 치열한 전쟁이 벌어지고 있다.

2008년 10월

레바논과 이스라엘 간 훔무스 전쟁의 발발은 파디 아부드Fadi Abboud 전 레바논 관광부 장관재임 2009~2014이 2008년 10월 프랑스에서 열린 국제 식품 박람회Salon International de l'alimentation에 참석했을 때로 회고된다. 그곳을 찾은 많은 관람객이 훔무스를 이스라엘 전통 요리로 알고 있다는 사실에 분노한 파디 장관은 레바논으로 돌아와, 즉시 전 세계에서 가장 큰 훔무스를 만들어 훔무스가 레바논 요리임을 알리

2. 음식, 유로메나의 오늘을 탐색하다

겠다고 다짐했다.

2009년 10월 24일

파디 아부드 장관이 협회장을 맡고 있던 레바논 제조업자협회Associ-
ation of Lebanese Industrialists와 레바논 식품사업가 조합Syndicate of Lebanese
Food Industrialists, 그리고 IFP그룹(중동의 컨벤션 전문 회사)은 레바논 산업
부의 후원으로 "훔무스는 레바논의 것, 탑불라도 마찬가지"라는 표어
를 걸고 행사를 개최했다. 행사의 목적은 약 2년 전에 이스라엘이 가
장 큰 훔무스(무게 400킬로그램, 지름 4미터)를 만들어 기네스북에 등재
한 기록을 경신하는 것이었다. 이 행사에서 레바논 요리사 250명이

2009년 레바논이 처음 기네스북에 올린 세계 최대 훔무스.

참여해 무게 2000킬로그램에 달하는, 세계에서 가장 큰 훔무스를 만들어 기네스북에 등재했다. 또한 표어에 걸맞게 세계 최대의 3000킬로그램짜리 탑불라도 만들었다. 탑불라는 토마토, 파슬리, 박하, 파를 주재료로 만드는 샐러드의 일종이다.

2010년 1월 8일

예루살렘 아부 구슈 마을에 있는 아랍계 이스라엘 식당 '아부 구슈'가 레바논의 도전을 받아들여, 병아리콩 2.5톤과 타히니소스 1.5톤을 사용해 지름이 6미터에 달하는 인공위성 수신기에 훔무스 4090킬로그램을 만들어서 기네스 기록을 경신했다.

2010년 5월 8일

레바논은 다시 무게 1만 452킬로그램, 지름 7.17미터에 달하는 최대 훔무스를 만들었다. 무게 1만 452킬로그램은 레바논 총면적 1만 452킬로미터를 상징한다. 람지 앗슈와이리Ramzi Choueiri 셰프의 지휘 아래, 전문 요리사 50명과 호텔경영학과 대학생 300명 이상이 이 훔무스 요리에 참여했다. 이 요리에는 병아리콩 7000킬로그램, 레몬즙 1600킬로그램, 타히니소스 2000킬로그램, 마늘 100킬로그램, 소금 130킬로그램, 그리고 올리브유 710리터가 사용되었다. 결국 레바논은 최대 훔무스 요리 기록을 되찾았다.

　　　　　　　　　　　　2. 음식, 유로메나의 오늘을 탐색하다

이스라엘은 무게 15톤에 달하는 훔무스를 만들어 기네스에 심사를 요청했으나, 기네스 측이 안전을 이유로 심사단 파견을 거부해 신기록으로 등록되지 못했다. 따라서 현재까지 최대 규모 훔무스는 레바논이 만든 것으로 기록되어 있다.

레바논의 원조 주장

———

레바논은 현전하는 요리책 중 역사상 가장 이른 시기의 것들로 꼽히는 이븐 사야르 알와라크Ibn Sayyar al-Warraq의 《요리책Kitab al-Ṭabīḫ》(10세기 중반)과 무함마드 빈 알하산 알바그다디Muḥammad bin al-Ḥasan al-Baghdadi의 《요리책Kitab al-Ṭabīḫ》(13세기), 이집트의 요리책 《칸즈 알파와이드Kanz al-fawa'id》(14세기) 등을 근거로 훔무스가 아랍 음식임을 주장하고 있다.

하지만 이러한 근거에 대하여 학자들은 훔무스 비타히나의 주재료로 사용되는 타히니가 일부 요리책에 언급된 것은 맞지만, 이것을 누가 언제 어떻게 훔무스와 섞었는지 원조를 밝히기는 쉽지 않다고 한다. 일부 학자들은 이집트 요리책 《칸즈 알파와이드》에 '훔무스 비타히나'가 언급된 것을 근거로, 병아리콩에 식초와 레몬즙을 넣고 허브를 곁들여 먹기 시작한 것은 이집트 사람들이라는 의견을 제시한다. 병아리콩은 당시 대도시였던 시리아의 수도 다마스쿠스에서 들여왔지만, 레몬즙과 허브 등을 이용한 조리법은 이집트인이 만들었고, 따라서 훔무스의 원조는 레바논이 아닌 이집트라는 것이다. 한편 어떤 특정 음식이 이집트나 그리스 서적에 언급되었다 하더라도 그것의 원조가 이집트이거나 그리스라는 의미는 아니라는 지적도 있다.

그러나 레바논은 1959년 레바논에서 최초로 만든 훔무스 통조림을 쿠르타스Cortas사가 미국·유럽으로 수출했다는 증거를 바탕으로 원조 주장을 굽히지 않고 있다. 나아가 사우디아라비아의 '캅사Kabsa', 이집트의 '코샤리Koshari', 요르단의 '만사프Mansaf', 모로코의 '타진Tajine', 시리아의 '페리카Freekeh', 팔레스타인의 '무사칸Musakhan' 등 각 아랍 국가를 대표하는 요리가 있는 것처럼 훔무스를 레바논의 대표 음식으로 인정받고자 노력하고 있다. 2010년에는 레바논 제조업자협회의 제안으로 훔무스를 국가무형문화유산으로 지정했다.

또한 레바논은 훔무스의 원조를 주장하는 팔레스타인이나 시리아, 이집트 등에 대해 어느 나라가 원조여도 좋지만 이스라엘만은 절대로 안 된다는 입장이다. 레바논 시민들은 이스라엘 자본으로 북미에서 훔무스를 제조·판매하는 사브라디핑Sabra Dipping사를 대상으로 BDS운동을 펼치고 있다. BDS란 '불매Boycott, 투자 철회Divestment, 제재Sanctions'의 약자로, 이스라엘의 팔레스타인 가자지구 공습에 대항하여 이스라엘 브랜드에 대한 불매 및 불참, 투자 중단 및 경제 제재를 촉구하는 시민운동이다.

한편 레바논 정부는 EU에 '레바논 훔무스'에만 훔무스라는 이름을 붙이도록 '원산지 명칭 보호 AOC, Appellation d'Origine Controlee'를 요청했다. 그러나 EU는 '훔무스는 어느 한 국가에 국한되지 않는 중동 지역의 음식'이라는 이유로 요청을 받아들이지 않았다. 이스라엘이 수출한 훔무스 요리가 런던, 파리, 뉴욕 등 전 세계 주요 도시에서 하루 50만 접시 이상 팔리는 탓에 막대한 손실을 입고 있다고 주장하는 레바논은 그리스 치즈에만 페타 feta라는 상표를 붙일 수 있는 것처럼 레바논 훔무스만을 훔무스라 표기하도록 만들려 했으나, 이스라엘, 튀르키예 등의 거센 항의로 결국 실현되지 않았다.

이스라엘의 원조 주장

이스라엘은 3500년 전부터 쓰이기 시작했다는 유대교 율법서 '토라 Torah'에 훔무스라는 단어가 등장한다는 근거로 원조임을 주장하고 있다.

> 오라, 룻아, 빵을 먹어라, 그것을 호메츠에 적셔라.
>
> —'구약성서', 〈룻기〉 2장 14절

실상 〈룻기〉는 서기전 6~4세기에 쓰인 것으로 알려졌다. 모압 사람이지만 이스라엘 사람들의 신 야훼를 하느님으로 받아들인 여인 룻의 이야기를 담고 있다. 룻이 보아즈와 결혼하여 낳은 후손이 예수의 조상인 다윗이라 한다. 이스라엘은 〈룻기〉 2장 14절에 나오는 '호메츠hometz'가 후에 '훔무스'가 되었다고 주장한다. 호메츠는 현대 히브리어로 '식초'를 의미한다.

또한 아랍 전역에서 팔레스타인으로 이주한 아랍계 유대인들이 훔무스와 같은 아랍 음식을 가져왔다는 주장도 있다. 그러나 콜롬비아 대학에서 근대 아랍 정치와 중동 지성사를 가르치는 조제프 마사드Joseph Andoni Massad 교수는 시리아·레바논 등에서 살던 아랍계 유대인은 대부분 미국이나 라틴아메리카로 이주했고, 반면에 이스라엘로 이주한 아랍계 유대인은 모로코·예멘·이라크 지역에 살던 유대인들이라고 말한다. 본래 그들 지역에는 병아리콩을 갈아 타히니소스를 넣는 음식이 없었다. 레반트(지중해 동부 연안) 지역의 민속춤인 다브카도 없던 지역이었다. 하지만 이스라엘은 훔무스도, 팔라필falafel도, 팔레스타인 다브카도 모두 자신들의 것이라고 주장한다. 팔라필은 병아리콩이나 누에콩 반죽을 경단처럼 둥글게 빚어 튀긴 음식이다.

이스라엘은 세계 곳곳에서 영업 중인 이스라엘 식당을 통해 아랍 음식을 자신들의 음식으로 홍보하고 있다. 폴란드 수도 바르샤바에 있는 '텔아비브 어반 푸드Tel Aviv Urban Food'라는 이름의 식당 체인과,

런던에만 열다섯 군데 이상 있는 이스라엘 식당이 대표적이다. 이들 식당에서는 아랍 대중 음식을 '이스라엘 팔라필', '이스라엘 훔무스', '이스라엘 삭슈카' 등의 메뉴로 소개하고 있다. 삭슈카shakshuka는 마그레브(북서아프리카) 지역의 음식으로, 맵게 양념한 토마토소스에 달걀을 넣어 익힌 요리인데 영어로 '에그 인 헬'(지옥의 달걀)이라고도 한다.

2012년에는 5월 13일을 '세계 훔무스의 날International Hummus Day'로 제정해 대대적인 홍보에 나섰다. 매년 기념행사를 후원하는 식당과 업체를 '훔무스 지도'에 표시해 알린다. 2015년에는 사업가이자 음식 블로그를 운영하는 작가 니다 데구티에네Nida Degutiene가 이스라엘에서 거주했던 경험을 살려 영국에서 《이스라엘의 맛Taste of Israel》이라는 책을 출간했는데, 이 책에서는 이스라엘의 코셔, 명절 '하누카' 등과 함께, 훔무스를 비롯하여 팔라필, 삭슈카 등을 이스라엘의 대중 음식으로 소개했다. 이스라엘은 이 기회를 놓치지 않고 출간에 즈음하여 대대적인 홍보를 벌였다.

'세계 훔무스의 날' 제정을 처음 제안한 미국계 이스라엘인 벤 랭Ben Lang은 훔무스가 그 어느 특정 국가에 속하지 않은 '모두의 것'임을 알리고자 제안했다고 항변하지만, 이스라엘은 이마저도 자신들에게 유리하도록 이용하고 있다. 이러한 논쟁을 더 두고 볼 수 없었던 이스라엘의 영화감독 오렌 로젠펠드Oren Rosenfeld는 2015년 다큐멘터리 영화 〈훔무스 더 무비Hummus the Movie〉를 제작해 '훔무스는 전 세계인 모

〈훔무스 더 무비〉 포스터.　　　　〈훔무스를 만들어요 전쟁 말고〉 포스터.

두가 함께 즐기는 맛있는 음식'임을 외쳤다. 호주의 영화감독 트레버 그레이엄Trevor Graham도 2012년 다큐멘터리 〈훔무스를 만들어요 전쟁 말고Make Hummus not War〉를 통해 원조를 둘러싼 갈등에 아쉬움을 표현한 바 있다.

관련 국가들의 입장

레바논과 이스라엘이 벌이고 있는 훔무스 원조 전쟁에 또 다른 나라가 뛰어들었으니, 이는 바로 팔레스타인이다. 팔레스타인은 훔무스와 훔무스를 주재료로 만드는 팔라필을 이스라엘 점령에 대한 저항의 상징으로 삼고 있다. 한창 전쟁이 벌어지던 시대에 살았던 사람들은 폭격과 유혈의 공포 속에 하루하루를 보낼 때 훔무스나 팔라필 같은 음식이 사람들을 모이게 하는 유일한 위안이었다고 한다. 또한, 팔레스타인 야파에 있던 가장 오래된 훔무스·팔라필 식당(1920~1930)을 근거로 이스라엘이 생기기도 전에 훔무스가 존재했으며, 특히 팔레스타인이 여러 제국의 통치를 거치는 동안 아랍·페르시아·튀르키예 등 다양한 문화와 음식 교류의 장이었음을 역설한다. 일부 팔레스타인인은 SNS를 통해 훔무스를 비롯한 팔레스타인 음식을 적극적으로 홍보하고, 스마트폰 앱을 개발하여 팔레스타인 요리법을 공유하고 있다.

그 밖에도 그리스, 튀르키예, 시리아에서 자신들이 처음으로 훔무스를 알았고 다른 지역 사람들에게 알려주었다며 원조 분쟁에 끼어들었다.

한편, 미국의 음식 역사가이자 아랍음식 전문가인 찰스 페리Charles Perry는 "훔무스를 개발한 국민의 정체성을 한정 짓기는 매우 어렵다, 중동 사람들은 주방과 요리 전통을 함께 공유했기 때문이다, 하지만 굳이 따지자면 시리아를 가장 가능성 있는 후보로 본다"고 했다. 그 이유는 우선 다마스쿠스가 중세 시대 수도로서 가장 번영했던 도시이자 가장 대도시였다는 점, 둘째는 전통적으로 훔무스를 담는 용기와 방식 때문이다. 훔무스를 높이 둘러 담았던 토기는 고대부터 있었던 접시가 아닌 세련된 도시 상품이었다는 것이다. 따라서 다마스쿠스의 튀르크인 통치자들을 위해 훔무스가 개발되었을 것이라는 게 찰스 페리의 의견이다. 훔무스에 관한 레바논과 이스라엘 간의 분쟁에 관해 페리는 "굳이 레바논과 이스라엘 중에 훔무스의 원조를 고르라고 한다면 나는 레바논 쪽으로 좀 더 기운다"는 입장을 밝힌 바 있다.

그 밖에 훔무스가 시리아에 있는 도시 '훔스Hums'와 발음이 같다는 이유로 시리아를 원조로 보는 시각도 있다. 이와 관련한 두 컷짜리 시사만평(217쪽 도판 참조)도 있는데, 첫 번째 컷(오른쪽)은 TV를 시청하던 한 아랍인이 시리아 홈스(혹은 힘스)와 팔레스타인 가자에 대한 폭격 장면이 나오자 관심 없는 듯 재빨리 리모컨으로 채널을 돌리는 모습이고, 반면에 두 번째 컷(왼쪽)은 셰프가 훔무스와 맛자meze(다양한 음식으로 구성된 전채 요리)를 보여주는 장면에 환호하는 모습이다.

중동사 학자 아리 아리엘Ari Ariel은 훔무스에 관한 가장 오래된 요리법이 13세기의 이집트 요리책《친숙한 음식에 대한 설명kitāb waṣf al-aṭ'ima al-mu'tāda》에 있으며 이 요리책에 나오는 훔무스, 즉 삶아서 으깬 병아리콩에 식초, 레몬, 각종 향신료와 허브를 넣은 형태가 오늘날 우리가 즐기는 것과 동일하지만, 음식에 국경을 가르려는 음식 민족주의Culinary nationalism는 경계한다는 입장이다. 각국의 원조 주장은, 수천

2. 음식, 유로메나의 오늘을 탐색하다

"훔무스와 맛자!"
(TV 자막: 긴급 요리)

"훔스와 가자"
(TV 자막: 긴급 뉴스)

년 동안 지중해를 둘러싸고 다양한 문화를 공유하던 여러 나라가 저마다 현대의 국경선에 맞춰 개발해낸 논리일 뿐일지도 모른다.

치열해지는 맛과 요리 전쟁

중동 요리의 원조에 대한 논쟁은 아랍-이스라엘 간 기존의 전쟁 못지않게 격렬하다. 다만 총과 폭탄, 미사일 대신 인터넷에서 서로 험한 말을 주고받는 방식을 취할 뿐이다. 훔무스 원조를 둘러싼 주방 대전에 깊은 관심을 갖고 주시하는 아랍 국가들은 각각 자국의 대표적인 음식에 대한 종주권을 국제적으로 공인받고 요리법을 특허처럼 등록

하는 방안을 모색하고 있다. 레바논은 다른 아랍 국가들과 공동으로 대응하고자 WTO 가입을 추진하고 있다.

음식을 둘러싼 원조 논쟁은 비단 훔무스에 그치지 않는다. 고기 대신 훔무스를 갈아서 튀긴 팔라펠은 '가난한 사람들의 케밥'으로 널리 사랑받는 만큼 이집트, 시리아, 레바논, 팔레스타인 간에 원조 논쟁이 벌어졌는데, 여기에 이스라엘까지 끼어들었다. 쿠스쿠스는 알제리와 모로코가 각각 자국의 무형문화유산으로 인정받고자 했고 여기에 튀니지까지 원조 논쟁에 가세했지만, 결국 2020년 알제리·모로코·튀니지·모리타니 공동의 유산으로 유네스코 무형문화유산에 등재되었다.

고대 시리아 지역에서 발원한 언어인 아람어로 '구이'를 뜻하는 케밥에 대한 원조 논쟁은 더욱 뜨겁다. 이를 '시시케밥Shish kebab'이라 부르는 튀르키예는 오스만튀르크 정복 시대에 군인들이 사막에서 이동 중에 먹기 쉽게 만든 것이 원조라고 주장한다. 이란 사람들은 자신들이 처음 케밥을 알았다고 한다. 사프란 넣은 밥을 곁들여 '첼로 카밥Chelo kabab'이라 부르며 페르시아 왕들이 즐겨 먹었던 음식이라고 강조한다. 시리아를 비롯해 레바논, 요르단 및 기타 아랍 국가에서는 '샤와르마shawarma'라고 부른다. 파키스탄에서는 밥을 곁들여 '비리아니biryani 케밥'으로 알려져 있다.

그 밖에도 추로스를 둘러싼 영국과 스페인 간의 미묘한 갈등, 달콤한 디저트인 바클라와baklava에 대한 아랍권·유대인·그리스·아르메

2. 음식, 유로메나의 오늘을 탐색하다

니아·이란 등의 원조 주장과 같이 음식의 원조에 관한 국가 간의 갈등과 논쟁은 앞으로도 계속될 전망이다.

끝나지 않을 전쟁

김치는 전 세계에서 '한국' 하면 떠올리는 한국 문화의 아이콘이다. 그런데 2020년 느닷없이 김치가 한국과 중국 간 식탁 위 분쟁의 대상이 되었다. 그동안 중국에서는 '김치'라는 한국어를 '파오차이泡菜'로 번역했는데, 사실 파오차이란 채소절임을 뜻하는 매우 포괄적인 명칭이라 별반 문제될 게 없었다. 그런데 2020년 12월 국제표준화기구(ISO)에서 중국 쓰촨의 채소절임 제조법을 파오차이에 대한 국제 표준으로 제정하면서 논란의 소지가 생겼다. 파오차이에 대한 ISO 문서에 "해당 규정은 김치에 적용되지 않는다This document does not apply to kimchi"고 분명히 명시되어 있지만, 중국에서 계속 김치를 파오차이로 표기한다면 논란이 끊이지 않을 것이다. 그래서 한국 정부에서는 김치를 중국어로 옮길 때 파오차이 대신 '신치辛奇'라 하자는 고육책을 내놓았다.

모든 계층에서 골고루 사랑받는 대중 음식은 각 나라의 상징이자 관광객을 끌어들이는 요소가 된다. 유명한 음식은 그저 먹기에 좋을 뿐만 아니라, 그 지역의 전통이자 관습과도 같다. 훔무스와 같은 아랍 음식은 아랍 지역의 역사와 문명을 반영한다. 아랍 지역은 대중 음식이 다양하고 풍부한 지역으로 알려져 있다. 유사한 듯 보이지만, 각 나라를 대표하는 음식이 있다. 음식을 둘러싼 원조 전쟁은 정치적이면서도 정체성에 관한 존재론적인 싸움이기도 하다. 사람들은 선조들이 살아왔고 자신과 후대가 살아갈 땅과 땅을 둘러싼 자연, 역사, 문화 요소, 그리고 그곳에서 나는 것들을 지키기 위한 싸움을 하고 있다. 또한 이스라엘은 매년 10억 달러에 이르는 훔무스 시장을 쉽게 포기할 수 없을 것이다.

미국의 유명 요리 프로그램 진행자인 레이첼 레이Rachael Domenica Ray는 2017년 12월 이스라엘의 명절 하누카를 맞이해 훔무스, 팔라필, 그리고 무탑발mutabbal 등을 이스라엘 요리로 소개하는 트윗을 게재했다가 아랍 사람들로부터 거센 항의를 받고 삭제한 바 있다. 무탑발은 훔무스와 비슷하지만 병아리콩 대신 구운 가지를 주재료로 하고, 양파·타히니소스·레몬즙·마늘·올리브유를 섞은 다음 석류, 파슬리와 고수 등을 장식하는 음식이다. 반면 영국의 버진 애틀랜틱 항공은 훔무스를 아랍 음식 메뉴로 소개했다가 친이스라엘 승객들로부터 항의와 불매운동 위협을 받고 메뉴에서 삭제하며 사과문을 게재했다. 유명 미국 드라마 〈NCIS〉에서 한 요원이 비밀 임무를 수행하러 이스라엘로 파견되며 궁금해 하는 동료에게 "훔무스 먹으러 간다"고 말하는 장면은 그동안 이스라엘이 얼마나 공격적으로 훔무스를 이스라엘

2. 음식, 유로메나의 오늘을 탐색하다

음식으로 홍보해왔는지 잘 보여준다.

　김치와 달리 훔무스의 종주권은 쉽게 혹은 관련 국가 간의 합의하에 어느 특정한 국가에게 돌아가기 어려울 것으로 보인다. 훔무스를 둘러싼 논쟁과 갈등은 과연 어떻게 귀결될지 귀추가 주목된다.

훔무스

재료

병아리콩, 소금, 타히니소스(참깨 페이스트) 또는 올리브유와 참깨, 다진 마늘, 레몬즙, 후추, 꿀.

만드는 법

1 병아리콩을 하루 정도 물에 담가 충분히 불려놓는다.

2 불린 병아리콩을 찬물에 담가 손으로 비벼서 껍질을 제거한다.

3 병아리콩 분량의 2배 정도 물을 붓고 소금을 넣어 30분간 삶는다.

4 병아리콩을 삶은 물, 양념 재료와 함께 믹서에 넣고 간다.

5 마지막에 올리브유를 살짝 뿌린다.

6 준비한 훔무스를 빵, 토르티야(또띠야), 크래커, 셀러리 등에 찍어 먹는다. 기호에 따라 파프리카 가루, 타임, 커민 가루, 파슬리, 고춧가루, 석류 등을 곁들이면 더욱 풍미가 좋다.

Arberry, A. J., "A Baghdad cookery-book", *Islamic Culture* 13, 1939, A translation of *al-Kitab al-Ṭabīḫ*.

Ariel, Ari, "The Hummus Wars", *Gastronomica* Vol. 12, No. 1 (Spring 2012), pp. 34-42.

Perry, Charles, "Cooking with the Caliphs", *Saudi Aramco World*, Vol 57: 4, July/August 2006.

Diana Spechler, "누가 훔무스를 만들었는가?! 레바논인, 튀르키예인, 시리아인 모두 훔무스를 자신들의 것이라고 주장하며 나서다", *TRAVEL*, BBC, 2017.12.13.

Hussein Abdul Hussein, "누가 훔무스를 만들었는가, 아랍인들인가 아니면 이스라엘인들인가?", *Alhurra*, 2018.01.03

"레바논과 이스라엘 간 '훔무스 전쟁'에 대하여 당신은 무엇을 알고 있는가?", *Al-hurra*, NPR, 2016.07.18

"레바논, 이스라엘과의 '훔무스 전쟁'을 국경으로 옮기다", *alittihad*, UAE, 2010.01.10

Muhammad Ali Saleh, "사람들 간 논쟁이 일어나고 있는 음식 훔무스, 팔라펠 그리고 케밥에 대한 '소유권'은 누구에게 있는가?", *Asharq Al-Awsat*, London, 2005.08.19.

Nael Toukhi, "음식은 어떻게 정치에 영향을 받는가? 팔레스타인과 이스라엘 간 훔무스와 바클라와", *Raseef*, Lebanon, 2017.7.2.

"음식을 둘러싼 분쟁… 또 이렇게 이스라엘은 팔레스타인의 유산을 약탈한다", *shafaqna*, 2017.10.19.

James M. Dorsey, "중동의 문화전쟁: 맛과 요리의 전투", *eurasia review*, United

States, 2018.5.29.

"중동의 식탁, 훔무스의 '특허' 전쟁에는 관심 없다", *alarab*, UK, 2018.1.8.

"훔무스와 팔라펠… 요리 전쟁", *AL-WATAN*, Qatar, 2019.4.6.

Yonathan Cohen, "훔무스, 아랍인들과 유대인들의 만남을 가능하게 만들었다",
i24news, Israel, 2016.5.13.

Loris Valentin , "훔무스, 평화를 상징하는 음식의 놀라운 이야기", *MUSA NEWS*,
Italy, 2021.5.13.

"레바논, 전 세계에서 가장 큰 훔무스를 만들어 이스라엘을 패배시키다", *alwatan-voice*, Palestine, 2009.10.24.

자우어크라우트,
세계로 뻗어 나간 독일 김치

| 김연신 |

문화, 발효, 자우어크라우트

인류는 고대부터 생존을 위해 음식을 저장하고 섭취하는 다양한 방식을 발전시켜왔다. 말리고 절이고 발효시키는 방식들이 이에 속한다. 특히 젖산을 이용한 발효는 인류가 음식을 만들어 먹던 '가장 오래되고 가장 안전한 기술'이며, 전 세계 모든 문화권에서 볼 수 있는 보편적인 저장 방식이다. 채소를 발효시킨 대표적인 예로서 한국

채소를 발효시킨 대표적인 예로서 한국에 김치가 있다면 서구에는 자우어크라우트가 있다.

에 김치가 있다면 서구에는 자우어크라우트Sauerkraut*가 있다. 이 독일어 단어의 뜻을 풀이하면 '시큼한 절인 양배추'다. 영어권에는 발효 채소를 뜻하는 단어가 없으므로 미국의 발효음식 연구자 카츠S.E. Katz는 자우어크라우트와 김치를 결합하여 '크라우트-치'라는 신조어를 만들어 사용한다.

카츠는 발효가 '배양, 경작, 재배'라는 뜻을 가진 단어 '문화culture'와 직결된 개념이며, 따라서 발효 음식은 인류의 가장 오래된 문화유산에 속한다고 말한다. 그는 미생물 발효를 통해 자연과 생산적 공존을 이어온 전통적 발효 음식에서 문화의 결정체를 본 것이다. 이 관점에서 볼 때 오늘날 살균 처리된 공장의 가공식품에 자리를 내어준 전통 발효 음식의 쇠퇴는 동시에 문화의 쇠퇴를 뜻하기도 한다.

---

* 국립국어원에서 정한 표기는 '사워크라우트'이지만 이 글에서는 현지 발음에 더 가깝게 '자우어크라우트'로 쓰기로 한다.

서구에선 고대부터 '절인 양배추' 자우어크라우트와 유사한 발효 음식이 식용되었다. 자우어크라우트의 기원에 관해선 의견이 분분하다. 로마인들이 동양의 정복지에서 가져왔다거나, 이미 수천 년 전부터 중국에서 먹던 절임 채소를 몽골족이 유럽 쪽으로 가져갔다는 설이 있지만 그 기원을 추적하기는 쉽지 않다. 로마제국에서는 양배추를 통째로 소금에 절여 항아리에 담고 식초를 부어 먹었다고 전해진다.

게르만족의 신성로마제국이 지배하던 유럽 중세부터 양배추는 주로 경작에 적합한, 기후가 서늘한 지역에서 재배되었다. 사람들은 집 뜰에서 키운 양배추로 직접 자우어크라우트를 만들어 겨울 내내 먹었다. 추운 계절에 비타민 C를 제공하는 음식으로서 자우어크라우트가 유럽인의 식탁에서 맡았던 역할은 가히 컸다고 하겠다. 발효 과정에서 다양한 영양소가 생성된다는 사실이 널리 알려지면서 오늘날 자우어크라우트는 질병 예방 및 체중 조절에도 좋은 건강식으로 새로이 각광받고 있다.

현시대의 이런 추세 속에서 프랑스와 미국의 자우어크라우트 소비량은 타국의 추종을 불허한다. 그러나 이 음식이 독일어인 '자우어크라우트'로 불리는 것은 독일의 기후와 지리, 식문화 및 역사와 깊은 관련이 있음을 시사한다. 독일의 전통 음식으로서 자우어크라우트의 역사는 자우어크라우트를 매개로 한 독일 문화사의 한 부분에 다름 아니다. 이 글은 자우어크라우트의 문화사를 일별함으로써 이 발효 음식과 독일 문화 간의 밀접한 상관관계를 살펴보고, 나아가 자우어크라우트의 영양 가치, 전통적인 제조 방법, 그리고 대표적인 자우어크라우트 요리들을 소개한다.

자우어크라우트의 기원과 전파

——

양배추 생산지로서 독일과 중부 유럽 지역

독일어로 양배추를 가리키는 단어는 지역에 따라 다르다. 북부 및 중부 독일에서는 '바이스콜Weißkohl' 혹은 '콜Kohl'이라 하고, 중동부 독일 및 남부 독일, 오스트리아에서는 '크라우트Kraut' 혹은 '바이스크라우트Weißkraut'로 불린다. 독일어권 스위스에서는 '카비스Kabis' 및 '바이스카비스Weisskabis', 중서부 독일에서는 '카페스Kappes'라고 한다. 그러나 소금에 절인 양배추는 어디서건 자우어크라우트로 불린다.

　양배추는 품종마다 수확기가 다른데, 가장 많이 재배되는 것은 늦가을에 수확되는 품종이다. 늦가을에 수확한 양배추로 자우어크라우트를 만들어, 신선한 채소를 구할 수 없는 겨울에 대비해온 것이다. 대대로 자우어크라우트를 즐겨 섭취해온 중부 유럽 지역이 전통적인 양배추 재배지로 알려져 있다. 오늘날의 크로아티아, 슬로베니아, 오스트리아, 헝가리, 슬로바키아, 체코, 폴란드, 독일과 이탈리아의 일부가 이 지역에 속하는데, 이들은 중세 10세기부터 19세기 초(1806년)

까지 약 1000년간 유럽을 지배했던 로마-독일 황제의 신성로마제
국에 속했거나, 독일어가 함께 사용되던 곳이었다.

특히 독일은 오늘날 세계에서 손꼽히는 양배추 생산 지역에 속한
다. 독일에서 가장 유명한 양배추 산지는 슈투트가르트 남쪽의 필더
른Fildern 지역이다. 비옥한 황토로 채소 경작에 적합한 이 지역에서
는 18세기부터 양배추가 재배되었다. 여기서 생산되는 슈피츠크라
우트Spitzkraut(또는 슈피츠콜Spitzkohl)는 최고 품종으로 알려져 있는데,
생산지의 명칭을 살려서 '필더크라우트Filderkraut'라고도 부른다. 타원
형으로 둥그스름한 일반 양배추에 비해 고깔처럼 끝이 뾰족하게 생
긴 슈피츠콜은 잎 구조와 향이 훨씬 더 섬세하다. 그래서 보관 기한이
길지 않다. 보통 10월에 수확하며, 수확 후엔 2~3일 정도만 냉장고
에 보관해야 한다. 슈피츠콜은 바로 그 정교한 맛 때문에 자우어크라
우트 생산에 이상적인 품종으로 여겨진다. 독일에서 슈피츠콜은 필
더른 지역에서만 생산되는 특산품이나, 1980년 이후 프랑스에서도
재배되고 있다. 필더른 지역에 있는 라인펠덴-에히터딩엔Leinfelden-
Echterdingen 마을에서는 매년 약 5만 명이 방문하는 독일 최대의 양배
추 축제가 열린다.

19세기부터 독일에서 대대적인 양배추 경작과 생산이 시작되었는
데, 바이에른의 메르켄도르프, 노르트라인-베스트팔렌 지방과 쥐트
팔츠 지역이 전통적인 양배추 재배지에 속한다. 그러나 오늘날 독일

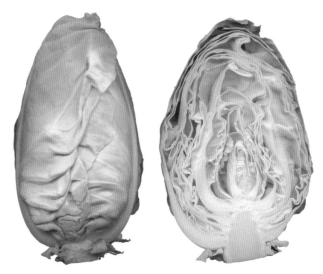

독일 슈투트가르트 남쪽 필더른 지역에서 생산되는 끝이 뾰족한 슈피츠콜.

에서 가장 큰 양배추 경작지는 북부 독일의 슐레스비히-홀슈타인 지방에 있는 디트마르셴 지역이다. 북해, 아이더강, 엘베강 및 북해-발트해 운하 사이에 위치한 이 지역은 서풍과 해양 기후 덕분에 병충해가 적어 양배추 재배에 적합한 경작지로서 선호되고 있다. 이곳의 양배추 생산량 50퍼센트 이상이 자우어크라우트로 가공된다.

양배추는 대량 재배가 쉽고 가격이 저렴하며, 절인 양배추 자우어크라우트는 오랜 저장이 가능하고 영양분이 풍부하여 대대로 독일인의 사랑을 받아왔다. 더욱이 20세기 유럽 대륙을 뒤흔든 두 차례 세계대전으로 지독한 궁핍의 시대가 열렸을 때, 자우어크라우트는 감자와 더불어 독일인의 식탁을 지켜준 튼실하고 충실한 음식이었다. 그러나 전후에 식재료 생산 기술 및 물류 교역의 발전으로 자우어크라우트는 더 이상 예전만큼 사랑받지 못하며 식탁에서 점차 밀려나게 되었다. 독일인은 이제 계절과 지역에 관계없이 온갖 종류의 채소를 언제 어디서나 구입할 수 있게 되었고, 통조림이나 냉장 등 저장 기술도 발전해 전통적인 저장 음식이 절실히 필요하지 않게 된 것이다. 그래서 20세기 후반 산업화 시대에 이르면 자우어크라우트는 가난한 계층의 음식으로 전락하고 만다. 이러한 시대의 흐름 속에서 소규모 가내 식품 제조업자들은 역사의 무대에서 사라지고, 소수 대기업만이 자우어크라우트 생산의 명맥을 잇게 되었다. 그러다가 자우어크라우트는 오늘날 다시 한 번 반전에 성공하여 새로운 전성기를 맞았다. 여러 가지 현대적 질병에 시달리는 도시인들에게 건강식과 체중 조절의 필요성이 제기되면서 자우어크라우트는 '슈퍼푸드'로 떠올랐고, 이제 지구촌 곳곳에서 즐겨 찾는 음식이 되었다.

독일인의 정체성과 자우어크라우트

그런데 어떻게 독일 김치, 자우어크라우트가 유럽을 넘어 북미 대륙까지 전파되고 오늘날엔 건강식으로 대중의 인기를 누리게 된 것일까? 그 계기는 독일인의 이주였다. 유럽인들은 17세기부터 종교의 자유와 더 넓은 농지를 찾아 미 대륙으로 이주하기 시작했고, 독일인

1910년대 미국 버지니아주 어느 마을에서 독일 이주민들이 자우어크라우트를 담그는 날의 풍경.

들은 초창기부터 그 이주 대열에 적극 참여했다. 특히 독일혁명이 일어난 1848년부터 1차 세계대전 말기인 1918년까지 북미로 이주한 독일인들은 미국의 정신과 생활 문화에 큰 영향을 끼쳤다. 그중 하나가 이주 독일인들이 즐겨 먹던 자우어크라우트와 그들의 식문화였다. 필요한 옷가지 외에 양배추 써는 칼만은 꼭 챙겨서 미국으로 떠났다는 말이 전해질 정도로 자우어크라우트는 당시 이주 독일인의 절대적인 생필품에 속했다.

이처럼 독일은 애초부터 '크라우트의 땅Krautland'으로 이해되었다. 게다가 20세기에 세계대전을 치르는 과정에서 자우어크라우트는 또 한 차례 독일 음식으로서 분명하게 각인된다. 2차 세계대전 당시 독일군은 병사들의 비타민 C를 보충하기 위해 병영에 자우어크라우트를 대거 공급했고, 영어권 연합군 측에서는 이런 독일인을 가리켜 '양배추들The Krauts'이라고 불렀던 것이다. 1960년대 및 1970년대 독일 프로그레시브 록 음악이 '크라우트 록Kraut Rock'으로 불린 것 역시 이러한 인식의 연장선상에 있다. 이 밖에도 독일 모험문학의 대표 작가 카를 마이Karl May, 1842~1912가 19세기 미국과 멕시코를 배경으로 쓴 소설이 미국에서 영화화되었을 때, 이 역시 '크라우트 서부극Krautwestern'이라고 불렸다.

타국에서 크라우트와 자우어크라우트가 독일인에 대한 별칭으로 불린 것 못지않게, 독일 내에서도 자우어크라우트는 독일인의 문화와 역사, 그리고 독일 민족의 정체성을 구성하는 음식으로서 각인되어왔다. 가장 오래된 문학사적 흔적으로는 바이에른-오스트리아 지역에 살았던 베른헤어 데어 가르테네레Wernher der Gartenaere가 1250년에서 1280년 사이에 중세 고지 독일어*로 쓴 운문 문학 〈마이어 헬름브레히트Meier Helmbrecht〉를 들 수 있다. 이 작품에서 자우어크라우트는 오스트리아 북부 지역에서 농민들이 주로 먹는 음식으로 등장한다. 독일 민중의 전통 음식이던 자우어크라우트는 19세기 나폴레옹의 정복전쟁으로 유럽에 국가주의와 민족의식이 싹트던 시기에 독일

---

* 11~14세기(중세)에, 산지가 많아 지대가 높은 남부 독일 지방(고지)에서 쓰였던 언어. 좁은 의미로는 호엔슈타우펜 왕조 시기(1138~1254)의 궁중문학에 사용된 언어를 가리킨다.

2. 음식, 유로메나의 오늘을 탐색하다

민족의 정체성을 상징하는 소위 '국민음식'으로 부상되기에 이른다. 그 일례로 문학사가이자 법률가, 정치가로 활동했던 루드비히 울란트Ludwig Uhland, 1787~1862가 지은 〈순댓국 노래Metzelsuppenlied〉(1815)를 들 수 있다. 이 시의 시적 화자는 돼지를 도축한 날 소시지를 만들고 그에 곁들여 먹는 자우어크라우트야말로 독일 민족이 발명하고 애용해온 독일인 고유의 음식이라고 노래한다.

> 고결한 우리의 자우어크라우트,
> 우리가 이걸 잊어선 안 되겠지;
> 독일인이 제일 먼저 심었으니
> 그건 독일인의 음식인 거야.
> 이렇게 뽀얗고 부드러운 고기 한 점
> 양배추 속에 놓이면, 그야말로
> 장미꽃 속에 비너스와 같구나.

자우어크라우트를 원초적인 독일 민족의 음식으로 강조한 울란트 외에도 그와 동시대인이었던 하인리히 하이네Heinrich Heine, 1797~1856 역시 자우어크라우트를 독일인의 문화 정체성과 직결시켰다. 19세기의 대표적 시인이자 혁명가였던 하이네는 프랑스 혁명의 정신을 정치적 이상으로 추구했던 인물이다. 이 때문에 고국 프로이센을 배

반한 반역자로서 프로이센 전역에 체포 명령이 내려졌고, 1844년 이후 그는 평생 프랑스 파리에서 망명 생활을 하며 다시는 독일 땅을 밟지 못했다. 하지만 그가 아무리 프랑스의 자유로운 정신을 존경했다 할지라도, 그의 풍자적 운문 서사시 〈독일. 겨울동화Deutschland. Ein Wintermärchen〉(1844)를 보면 조국 독일에 대한 시인의 사랑이 도처에서 발견된다. 가령 독일 쾰른에서 하겐으로 가는 도중 먹은 점심 장면을 묘사한 9장에서 하이네는 자우어크라우트를 게르만족의 요리로서 높이 칭송한다.

> 식탁이 차려졌다. 여기서 본 것은 바로
> 옛 게르만식 상차림.
> 안녕하시오, 나의 자우어크라우트여,
> 그대의 냄새 참으로 황홀하구나!
>
> 푸른 양배추 속의 조린 밤!
> 예전에 어머니가 차려주신 밥상에서 먹었던 그대로구나!
> 〔…〕
> 느끼는 모든 가슴에
> 조국은 영원히 소중하리라—

유럽 민중의 전통 음식이었던 자우어크라우트를 게르만족 고유의 민족 음식으로 노래한 하이네의 시에서도 당대의 역사적 맥락과 깊이 맺어져 있는 민족의식의 발로를 느낄 수 있다.

국민국가가 형성되던 19세기 전반기의 유럽사적 맥락에서 독일 시인들이 독일 민족의 정서와 문화의 상징으로 즐겨 칭송했던 자우어크라우트는 19세기 후반기 독일 아동문학가이자 화가인

Schnupdiwup! Da wird nach oben
Schon ein Huhn herauf gehoben;

《막스와 모리츠》의 삽화.

빌헬름 부쉬Wilhelm Busch, 1832~1908에게 오면 새로운 뉘앙스를 얻는다. 유머와 재미가 넘치는 그의《막스와 모리츠Max und Moritz》(1865)는 독일에서 가장 많이 읽힌 아동문학 작품이다. 이 작품의 첫 장에서 동네의 유명한 악동들, 막스와 모리츠는 이제 막 과부가 된 볼테 아주머니를 상대로 못된 개구쟁이 짓을 하며 즐거워한다. 이들이 장난삼아 죽인 닭들을 보고 슬퍼하던 아주머니는 결국 닭을 굽고, 지하실에 내

영국 풍자 화가 제임스 길레이의 〈독일인은 자우어크라우트를 먹는다〉. 엄청난 양의 자우어크라우트를 먹는 독일인들이 우스꽝스러운 모습으로 그려져 있다.

려가 항아리에서 자우어크라우트를 꺼내 온다. 남편을 잃은 슬픔이 채 가시기도 전에 아주머니의 식욕을 돋워줄 음식으로 자우어크라우트가 등장하는 것이다. 하나 그사이 악동들은 굴뚝으로 줄을 내려 구운 닭을 낚아채서 도망가 버린다.

　이처럼 독일인의 위장과 일상, 그리고 문학적 정취까지 풍요롭게 해주던 자우어크라우트였지만, 19세기 유럽 패권을 둘러싸고 각축전을 벌이던 이웃 국가들과의 관계에서는 오히려 적대적인 독일상을 상징하는 음식으로 변질되곤 했다. 당대 정치적·사회적 풍자화로 유명한 영국화가 제임스 길레이의 그림 〈독일인은 자우어크라우트를

먹는다Germans eating Sour-krout〉(1803)를 보면, 식탁에 둘러앉아 엄청난
양의 자우어크라우트를 먹어치우고 있는 독일인들이 바닥에 널린 빈
접시들과 벽에 걸린 라인강 지도, 연합군 사령관이었던 오스트리아
대공의 초상화, 여물통 앞에 모여 있는 돼지 그림과 겹쳐지면서 우스
꽝스러운 모습으로 그려져 있다. 정치적 맥락에서 발로된 독일인과
자우어크라우트에 대한 부정적 이미지는 1879년 프랑스 작가 쥘 베
른의《인도 왕비의 유산Die 500 Millionen der Begum》(1879)에서도 반복되
어 나타난다. 1871년 보불전쟁과 프랑스 패배의 역사적 경험이 녹아
있는 이 작품에서 자우어크라우트는 사악한 독일 기업가가 특히 애
용하는 음식으로 등장하면서 독일인에 대한 문화적 스테레오타입으
로 굳어져 있다.

자우어크라우트는 어떤 음식인가

슈퍼푸드 자우어크라우트

천연 발효 및 저장 음식으로서 자우어크라우트의 장점은 채소 수확
이 어려운 계절에 대용식품으로 요긴하다는 데 있었다. 그러나 오늘
날 자우어크라우트는 그 영양가치 때문에 사시사철 섭취하는 상용음
식이 되었다. 자우어크라우트는 발효 과정에서 생성되는 유산균, 여
러 가지 무기질과 다양한 비타민의 효력으로 영양 가치가 매우 높은

음식이다. 섭생 방식은 차게 혹은 데워서 다른 요리와 함께 먹는 것이 일반적이지만, 김치처럼 싱싱한 원상태로 섭취하는 것이 자우어크라우트 자체에 풍부한 비타민과 유산균, 미네랄 등을 최대한 흡수할 수 있는 방법이다. 자우어크라우트의 유산균은 몸속의 유해한 병원균을 죽이고 유익한 장내 세균의 증식을 촉진하며, 감기와 같은 전염성 병원균에 대한 면역력을 강화시킨다고 알려져 있다.

이 때문에 서기전 5~4세기에 활동한 고대 그리스의 의사 히포크라테스가 이미 자우어크라우트의 치유력에 관해 역설했다고 전해진다. 유럽의 문화사에서 자우어크라우트가 의학적 치료제로 사용된 경우는 수없이 발견된다. 가령 그리스의 자연철학자들 역시 식초나 와인, 절인 양배추 같은 '신맛 나는' 음식이 뜨거운 요소로서 소화와 내장의 해독에 좋다고 믿었다. 로마인들도 출산 후 여성의 모유 촉진이나 두통 치료에 자우어크라우트를 사용했으며, 정복전쟁에 나가는 로마군은 이것을 비상식량으로 들고 갔다. 이러한 치료 효과 때문에 중세에는 수도원에서 양배추를 경작했다. 12세기 민중의학 발전에 기여했던 힐데가르트 폰 빙엔Hildegard von Bingen, 1098~1179 수녀는 자우어크라우트를 궤양이나 염증, 통풍, 두통, 숙취에 대한 치료제로 사용했다. 1610년 신성로마제국 시기에 할 인 티롤의 병원 의사였던 히폴리투스 구아리노니우스Hippolytus Guarinonius, 1571~1654 역시 자우어크라우트의 특별한 치유력을 칭송했다. 가톨릭 사제로 자연요법 의학

운동의 창시자 중 한 사람이었던 제바스티안 크나이프Sebastian Kneipp, 1821~1897는 내장에 문제가 생기거나 변비가 있는 환자에게 자우어크라우트와 그 즙을 주었다. 또한 당뇨병이나 통풍에 대한 치료제로서도 사용했으며, 칼에 베이거나 불에 데었을 때도 자우어크라우트 즙을 사용했다.

18세기 중반 자연과학자들은 자우어크라우트가 괴혈병에 약효가 있음을 밝혀냈다. 그래서 제임스 쿡 선장James Cook, 1728~1779이 세계 일주 항해에 자우어크라우트 60통을 싣고 가서, 긴 항해에 따르게 마련인 선원들의 괴혈병을 막은 일화는 유명하다. 1804년 파리의 요리사 프랑수아 니콜라 아페르François Nicolas Appert, 1749~1841가 열을 가해 살균하는 방법을 고안하여, 당시 나폴레옹의 군대는 통에 담은 자우어크라우트뿐 아니라 삶아서 병에 담은 자우어크라우트도 같이 전장에 들고 나갔다. 이 방식은 다른 국가에도 전파되어 유럽의 전쟁 지역에서 자우어크라우트는 병사들의 주요 비상식량이 되곤 했다.

유럽 민중이 즐겨 먹던 보편적 음식이자 민중의학에서 전통적인 치료제로서 중시되었던 자우어크라우트는 오늘날 그 다양한 영양소와 효능이 과학적으로 확인되면서 다시금 건강식으로 각광받고 있다. 앞서 말한 비타민 C 외에도 신경계를 안정시키는 콜린이 풍부하여 우울증에 도움이 되며, 자우어크라우트에 함유된 프로피온산은 LDL 콜레스테롤 수치를 낮추어 동맥 경화의 위험을 줄인다. 또한 혈액 응고를 촉진해 피부 보호 및 상처 치유에 도움이 되는 비타민 K가 풍부한 것으로 알려져 있다. 자우어크라우트 200g에는 1일 필요량보다 더 많은 비타민 K가 함유되어 있어, 특히 비타민 K가 부족한 담낭 및 간질환 환자에게 매우 좋은 음식으로 통한다. 이 밖에도 건강한 신경세포, 근육, 뼈에 중요한 미네랄인 칼륨과 칼슘이 풍부하게 함유되어 있다.

전통 자우어크라우트 제조법

양배추 절임인 자우어크라우트를 만드는 데는 기본적으로 양배추와 소금, 단 두 가지 재료만 있으면 충분하다.

통상적인 제조 방식을 따르면, 우선 겉껍질을 벗기고 양배추를 반으로 자른다. 그리고 한가운데 있는 두꺼운 줄기는 잘라낸다. 그런 후 잎을 잘게 채 썰어 양푼이나 항아리에 담고 양배추 양의 1퍼센트가량 되는 소금과 섞어 주무른다. 이때 손이나 으깨는 기구를 사용해 잎의 물이 빠지도록 꾹꾹 짓눌러야 한다. 잎을 짓눌러 수액을 짜내는 것이 중요하다. 양배춧잎의 세포벽이 파괴되어 물과 공기가 빠져나가면서 발효가 시작되기 때문이다. 여기에 퀴멜Kümmel(캐러웨이) 씨앗이나 바홀더 열매Wacholderbeeren(두송자)를 첨가해 맛을 낼 수 있다. 그러고 나서 발효용 저장 항아리나 유리병에 넣고 공기가 차지 않도록 꼭꼭 누른 후 짜낸 즙을 끼얹는다. 그 위에 양배춧잎을 덮고, 마개로 병을 꼭 닫는다. 그리고 실온에 약 일주일 정도 두거나 서늘한 곳에 4~6주간 보관한다.

그사이 박테리아가 작업을 개시한다. 박테리아는 증식하면서 아직 남아 있는 산소를 소비해 유산균을 만들어낸다. 이것은 병 속에서 방울이 생성되어 솟아오르는 것으로 판단할 수 있다. 이때

발효 중에 생기는 공기방울이 보이기 시작한 자우어크라우트.

즙이 병 밖으로 흘러나올 수도 있다. 방울이 더 생기지 않으면 발효가 끝났다는 표시다. 그러면 양배추는 특유한 신맛을 내게 되고, 이로써 병원균의 발달이 저해된다. 이렇게 발효된 자우어크라우트를 차가운 장소에 보관하면 오래 두고 먹을 수 있다.

자우어크라우트의 다양한 세계

'독일 음식'을 떠올리면 단연 손꼽히는 음식은 소시지와 맥주, 감자와 자우어크라우트라고 하겠다. 양배추는 보통 가을과 겨울에 수확하는 채소로서 걸쭉한 국이나 양배추 케이크, 양배추 룰라덴(얇게 썬 쇠고기에 채소나 각종 재료를 넣고 돌돌 말아 익힌 음식), 샐러드 등으로 식용되

어왔다. 양배추를 절인 자우어크라우트는 단독으로 먹기보다는 주로 다른 음식에 곁들여 먹으며 음식의 풍미를 더하고 소화를 촉진시킨다. 그 대표적인 예로서 '자우어크라우트를 곁들인 돼지다리Eisbein mit Sauerkraut'를 꼽을 수 있다. 독일 전역에서 삶은 돼지다리를 자우어크라우트와 함께 먹는다. 남부에서는 주로 소금에 절여 훈제한 돼지고기인 카슬러Kassler를 자우어크라우트와 함께 먹는다. 또 소시지와 자우어크라우트를 함께 즐기는 튀링겐 지방의 요리 '토프부어스트 자우어크라우트Topfwurst-Sauerkraut', 그리고 자우어크라우트와 사과나 파인애플을 한데 볶아서, 감자를 반죽해 올챙이국수 모양으로 빚은 슈프누들과 섞어 먹는 음식인 '슈프누들-파네 미트 아펠-자우어크라우트Schupfnudel-Pfanne mit Apfel-Sauerkraut'도 있다. 오늘날 독일을 방문하는 관광객은 어디서나 구운 소시지와 자우어크라우트를 빵에 끼운 샌드위치를 맛볼 수 있다. 여기엔 보통 겨자소스를 곁들인다.

그러나 자우어크라우트는 유럽 전역에서 소비되던 음식이기에 독일을 벗어난 다른 유럽 국가에서도 자우어크라우트 요리를 만날 수 있다. 가령 독일과 프랑스 문화가 혼합된 지역인 알자스 지방에서는 '슈크루트Choucroute'로 알려진 자우어크라우트가 지역 특유의 요리로 발전했다. 동유럽에서도 자우어크라우트 요리는 오랜 전통이 있다. 폴란드에서는 자우어크라우트를 넣어 만든 진한 국물 요리 비고스bigos가 전형적인 국민음식으로 통하며, 헝가리에서는 그 유명한 구야

자우어크라우트를 곁들인 삶은 돼지다리.

'독일 음식' 하면 떠오르는 그릴 소시지·볶은 감자·자우어크라우트(왼쪽)와 자우어크라우트를 얹은 슈프누들(오른쪽).

시gulyás(영어로는 굴라시goulash)에 자우어크라우트를 곁들여 먹는다. 최근에는 미국에서도 '콜슬로 샐러드Coleslaw Salad'로 불리는 양배추 샐러드가 건강식으로 애용되는데, 이것은 바비큐, 햄버거, 감자튀김 등과 함께 먹는다.

자우어크라우트 피자

재료

피자용 밀가루 반죽(강력분 밀가루 200g, 드라이이스트 4g, 물 120g, 소금 약간,
올리브유 약간).

자우어크라우트 350g, 양파 2개, 소금, 후추, 파프리카 가루.

사워크림 400g, 생크림 100g, 달걀 4개.

살라미 500g(혹은 소시지, 바비큐 치킨 등 취향에 따라 조절).

만드는 법

1 양파의 껍질을 까서 작게 깍둑썰기 한 다음, 프라이팬에 기름을 두르고
   살짝 볶는다. 이어 자우어크라우트를 넣어 함께 볶는다. 여기에 소금, 후

추, 파프리카 가루로 맛을 낸다.

2 사워크림에서 6큰술을 따로 덜어낸다. 나머지 사워크림과 생크림, 달걀을 함께 섞어 젓는다. 소금과 후추 등으로 간을 맞춘다.

3 오븐의 강판(30×40cm)에 기름을 바르고 밀가루를 뿌린다. 그 위에 피자 반죽을 편다. 이때 반죽의 가장자리를 위로 올리며 편다.

4 살라미, 1, 2의 재료를 모두 피자 반죽 위에 골고루 펼쳐 올린다. 오븐에서 200℃에 약 45분간 굽는다. 구운 후 먹기 좋게 여러 조각으로 자른다.

5 덜어낸 사워크림에 파프리카소스를 약간 쳐서 소스로 삼아 먹는다.

참고문헌 ————————————————————————————

카츠, 샌더 엘릭스, 《음식의 영혼, 발효의 모든 것》, 한유선 옮김, 글항아리, 2021.

Busch, Wilhelm, *Max und Moritz*, Stuttgart: Reclam, 2002.

Heine, Heinrich, *Deutschland, ein Wintermärchen*, Berlin: Suhrkamp, 2010.

Eichholtz, Fritz, *Sauerkraut und ähnliche Gärerzeugnisse: Geschichte, Biologie und Bedeutung für die Ernährung von Mensch und Tier*, Springer Fachmedien Wiesbaden, 1941.

Irmler-Martin, Susanne, *Sauerkraut: Selbermachen, Gesundheit, Tradition*, Stuttgart: Verlag Eugen Ulmer, 2016.

Maier-Bruck, F., *Vom Essen auf dem Lande*, Wien: Kremayr & Scheriau, 2006.

Uhland, Ludwig, *Gedichte*, Stuttgart u. a., 1815.

요구르트, 불가리아인의 건강 비법

| 이하얀 |

도시의 일상에 찌든 당신에게 불가리아 시골 마을로 여행을 청한다. 큰 차들이 한데 모여 엄청난 매연을 뿜어대는 버스터미널 한편에 서 있는, 한눈에 봐도 연식이 오래된 버스가 오늘 여정의 발이 되어줄 동반자다. 버스에 몸을 싣고 한참을 달린다. 처음에는 고속도로를 달리다 한잠 자고 일어나니 좁아진 국도에 있고, 또 두어 시간쯤 지나 눈을 뜨니 이번에는 자갈길 위다.

몇 시간쯤 지났을까? 버스 표지판 하나 없는 마을 한복판에 도착했는데 버스 기사가 다 왔다며 내리라고 손짓한다. 삼삼오오 모여 앉아

                                   2. 음식, 유로메나의 오늘을 탐색하다

불가리아 스몰랸 마을.

있던 마을 사람들이 나에게 관심을 보인다. 목적지가 적힌 쪽지를 내
미니 자기들끼리 토론을 벌이고, 한참 실랑이 끝에 마을 사람 중 한
명이 자기를 따라오라고 하더니 차에 태운다. 차를 타고 꼬불꼬불한
산길을 오르기를 20여 분. 이 길이 맞는지 걱정도 되고, 옆자리 아저
씨에게 의심이 드는 찰나. 어느 허름한 집 대문 앞에 나를 내려준다.
먼지구름을 만들고 떠난 차를 뒤로 하고 산골 마을의 풍경이 한눈에
들어온다. 그제야 나의 걱정이 기우였음을 깨닫는다.

　숨을 크게 들이쉬니 머리가 쩽하고 울린다. 티 없이 맑고 깨끗한 공

기가 갑자기 들어가니 내 몸이 놀란 모양이다. 시간을 확인하려 휴대 전화를 집어 들었지만 신호가 잡히지 않는다.

장수 마을로 유명한 이곳에서 가장 연세가 많으신 뻬땨Петя 할머니가 집으로 들어오라고 하신다. 자리에 앉자마자 먼길 오느라 고생했다며 이것저것을 내어주신다. 불가리아 사람들이 매일 먹는 불가리아식 요구르트인 '키셀로 믈랴코Кисело Мляко'와 양고기를 주셨다. 불가리아에서는 귀한 손님에게 양고기를 대접하는 풍습이 있다.

할머니께서 한 대접 내어주신 키셀로 믈랴코. 한 숟가락 크게 떠서 먹어보니 몸서리가 쳐질 정도로 시큼하다. "아주 시큼하네요!"

사실 요구르트의 본래 맛은 단맛이 아닌 시큼한 맛이다. 불가리아식 요구르트의 명칭인 '키셀로 믈랴코'도 불가리아어로 '시큼한 우유'라는 뜻이다. 필자가 매일 같이 불가리아 슈퍼마켓에서 사 먹던 그것과도 사뭇 다른 맛이다. 할머니께서 주신 이것은 자연이 만든 자연 그 자체의 맛이다.

그럼 불가리아 시골 마을에서는 키셀로 믈랴코를 어떻게 만들까? 날이 밝으면 아침 5~6시쯤 집집마다 외양간에 있던 소들이 한데 모인다. 이들 소떼를 맡아주는 채꾼에게 한 달에 얼마가량을 주고 소를 맡기면, 그는 매일 아침 산속으로 소를 몰고 들어간다. 이 소들은 종일 산속에서 풀을 뜯고 노닌다. 오후 늦게 해 질 무렵 소들이 집으로 돌아오면 집주인들은 젖을 짠다. 바로 짠 젖을 한동안 끓이면 유청과 우유가 분리된다. 그때 배양해둔 유산균, 즉 전에 만들어둔 키셀로 믈 랴코를 소량 떠 넣는다. 우유가 끓으면 불을 끄고 뚜껑을 닫은 냄비 위에 담요를 덮어서 밤새 둔다. 그러면 바로 이튿날 아침 신선한 키셀 로 믈랴코를 맛볼 수 있다.

청정 자연에서 하루 종일 노닐며 풀을 뜯고 돌아온, 스트레스 제로 인 건강한 소의 젖으로 만든 요구르트. 말로만 들어도 신선하다. 이것 이 바로 불가리아 시골집에서 만드는 요구르트, 키셀로 믈랴코다.

'요구르트'를 빼면 불가리아를 논할 수 없다. 특히나 우리나라에서 는 '불가리스'라는 음료 덕에 사람들이 불가리아와 요구르트를 쉽게 연결 짓는다. 우리나라 사람들에게 김치가 그러하듯이 불가리아 사 람들에게 키셀로 믈랴코는 매일 먹는 필수 음식이다. 불가리아 슈퍼 마켓에 가면 키셀로 믈랴코 제품들이 한쪽 벽면을 차지하고 있는 것 을 볼 수 있다. 지방 함량별, 과일 맛, 초코 맛, 시리얼이 함께 든 제품 등 선택의 폭이 넓다. 하지만 이 중에서도 불가리아 사람들이 가장 선 호하는 것은 첨가된 것이 아무것도 없는 '플레인 요구르트'다. 물론 슈퍼마켓에서 뻐따 할머니께서 만들어주신 자연적인 맛을 기대하는 것은 무리지만 이 자체로도 건강한 음식임이 분명하다. 특히 불가리 아 요구르트에는 불가리아 내에서만 자생하는 '불가리쿠스' 유산균 이 함유되어, 장내 비피두스균을 늘려 유해 콜레스테롤을 낮춰준다 고 한다.

갓 짜서 끓인 우유.

이것저것 먹을거리를 내주시는 뻬따 할머니.　　양고기와 키셀로 믈랴코.

요구르트의 원료를 제공해주는 불가리아 젖소.

　　　　　2. 음식, 유로메냐의 오늘을 탐색하다

우유를 유산균으로 발효시킨 요구르트는 완전 영양 식품, 슈퍼푸드로 일컬어지며 전 세계적으로 선풍적인 인기를 끌고 있다. 우리나라에서도 '그릭 요구르트'가 크게 주목받고 있다. 사실 요구르트는 발칸 유럽 지방, 특히 불가리아, 세르비아, 마케도니아, 그리스, 튀르키예 등 여러 나라에서 두루두루 먹는 식품이다. 요구르트를 가리키는 명칭만 나라마다 다를 뿐 위 지역들에서 먹는 요구르트는 소젖이나 양젖을 발효시켜 만들기 때문에 만드는 법도 맛도 모양도 대동소이하다.

불가리아 요구르트의 기원

불가리아 요구르트의 기원을 명확히 밝힐 수 있는 기록은 존재하지 않는다. 다만 기존에 세계 여러 지역에 있었던 요구르트 유형과 다른 식품이라고 추측할 수 있는 근거는 남아 있다.

요구르트는 고대부터 많은 사람의 사랑을 받았다. 그리스의 역사가 헤로도토스(서기전 484~425)는 드네프르강과 돈강 사이에 거주했던 유목 민족인 스키타이인이 군사 목적으로 사용할 말을 많이 키웠으며, 암말의 시큼한 젖을 음식으로 사용했다고 설명한다. 군인들은 행군할 때 말의 위장으로 만든 가방에 암말의 젖을 담아 가지고 다니며 주요 식량원으로 사용했다.

말젖을 발효시켜 만든 '쿠미스koumiss'는 고대 불가리아인의 주요 음식이기도 했다. 서기 7세기 중반 흑해 연안, 다뉴브강 좌안에 정착한 불가리아인의 조상들은 말과 양을 사육했다. 이들을 고대 트라키아인이라고 부르는데, 트라키아는 발칸반도 동부, 다뉴브강·흑해·에게해로 둘러싸인 지역을 가리키는 역사적 명칭이다. 트라키아의 비옥한 토양, 풍부한 초목, 좋은 목초지는 양을 사육하기에 매우 적합했고, 따라서 양이 트라키아인의 주요 가축이 되었다. 트라키아인들은 말젖뿐 아니라 양의 젖으로도 쿠미스를 만들기 시작했다. 이들은 양젖이 말젖보다 단백질과 지방이 훨씬 풍부해 숙성된 쿠미스를 발효시키면 두껍고 균일한 덩어리가 생성된다는 것을 발견하고, 이를 양젖의 발효유라는 뜻으로 '수라sura'라고 명명했다. 트라키아인들은 수라를 여름에는 나무 그릇에 담아 먹고, 겨울에는 물에 풀어 액체로 섭취했다.

트라키아인들은 양젖을 불에 데우고 질그릇이나 나무 그릇에서 이를 발효시켰다. 이들은 신선한 우유보다 갓 끓인 우유에다 기존에 만들어놓은 유산균 가득한 요구르트를 첨가하면 더 맛있는 요구르트를 얻을 수 있는 동시에 더 오래 보존할 수 있다는 사실을 발견했다.

불가리아는 14세기 말부터 5세기에 걸쳐 오스만튀르크의 지배를 받았다. 억압적인 체제가 지속되긴 했지만 불가리아인들의 관습과 문화를 근절하려는 조직적인 시도는 없었다. 1345년 불가리아를 공격한 오스만튀르크가 트라키아의 많은 불가리아인과 양떼 수십만 마리를 소아시아로 끌고 갔고, 그 결과 불가리아 요구르트가 이웃 및 더 먼 나라로 퍼지기 시작했다고 알려져 있다. 소아시아로 가는 길에 불가리아인 포로들은 양떼의 젖을 사용해 유일한 음식인 요구르트를 만들었다. 당시 튀르크 민족은 우유를 식용으로 여기지 않았다. 그들의 역사 어디에도 요구르트에 대한 언급은 없다. 튀르크 민족은 불가리아인들이 양젖으로 만들어 먹는 음식을 '유르트yurt'라고 불렀다. 우유나 음식과 관련이 없는 단어이지만 발칸반도의 기독교인을 낮춰 부르던 말 '자우르گاور, gyaur/gâvur'에서 유래했을 것이라는 추측이 있다. 자우르는 튀르크어로 '불신자'라는 뜻이다.

19세기 중반부터 튀르키예의 불가리아인들은 콘스탄티노플 시장에 유제품을 내놓았고, 발칸전쟁(1912~1913) 이전까지 콘스탄티노플의 낙농장은 불가리아인이 독점적으로 소유한 것으로 알려져 있다. 처음에 그들은 불가리아인만을 위해 우유를 생산했지만 나중에는 튀르키예인들에게도 요구르트 식용을 전파했다. 점차 요구르트는 튀르키예인들의 삶에 스며들었다. 그리하여 불가리아 땅에서 시작된 요구르트 생산의 전통이 튀르키예를 넘어 중앙아시아인들에게도 전달되고 몽골, 인도 및 티베트까지 이르렀다고 여겨진다.

서유럽에서는 프랑스의 르네상스를 이끈 왕 프랑수아 1세François I, 1494~1547 덕분에 요구르트가 유명해졌다. 심한 난치병에 시달리던

왕은 동맹국 오스만튀르크의 황제 술레이만 1세Süleyman I, 1494~1566에게 도움을 청했다. 술레이만 1세는 요구르트 식단으로 병을 치료할 수 있는 의사를 보냈고, 프랑수아 1세는 이 치료법으로 효과를 보았다. 프랑수아 1세는 감사의 표시로 자신을 치유해준 요구르트 이야기를 전 유럽에 퍼뜨렸다.

20세기 초, 우크라이나 출신으로 노벨상을 수상한 생물학자 엘리 메치니코프Élie Metchnikoff, 1845~1916는 파리 파스퇴르연구소에서 일하면서 인간 노화의 원인에 관한 연구를 시작했다. 그는 영양이 공급되는 동안 음식 속 단백질 결정이 부패성 박테리아에 의해 분해되어 중독과 조기 사망을 유발한다는 것을 발견했다. 또 1908년《인간의 장수The Prolongation of Life: Optimistic Studies》라는 저서에서 불가리아 장수촌 연구를 통해 불가리아인들의 장수 원인이 요구르트이며, 요구르트가 장내 부패균의 증식을 억제한다는 사실을 증명했다.

엘리 메치니코프가 생물학적 연구를 수행하고 있을 때, 스위스 제네바 의과대학 4학년이었던 불가리아인 스타멘 그리고로프Stamen Grigorov, 1878~1945가 과학적 검증을 통해 젖산간균인 락토바실루스 불가리쿠스Lactobacillus bulgaricus가 우유를 발효시켜 시큼한 우유를 만들어낸다는 사실을 최초로 발견했다. 나중에 이 유산균은 항균 인자(항생제와 유사한 물질)를 생성하며, 혈청 콜레스테롤 감소, 칼슘 수치 증가, 암 억제 세포 생성 등 인체를 건강하게 하는 효과가 있음이 밝혀졌다.

2. 음식, 유로메나의 오늘을 탐색하다

이 유산균은 불가리아 영토 안에서만 자생하는 것으로 알려졌고, 그리하여 불가리아는 최상의 요구르트를 만드는 국가로 유명해졌다. 그리고로프의 고향인 불가리아 서부의 스투덴 이즈보르Studen Izvor 마을에는 현재 세계에서 유일한 요구르트 박물관이 있다. 그리고로프의 업적과 불가리아 요구르트의 역사를 한눈에 볼 수 있는 곳이다.

오늘날에도 많은 불가리아인이 집에서 요구르트를 만드는 전통을 고수하고 있지만, 1949년 낙농 산업이 국영화되면서 많은 변화가 생겼다. 다양한 맛이 첨가된 요구르트를 공장에서 대량으로 만들기 시작했고 불가리아인들은 손쉽게 요구르트를 구입할 수 있게 된 것이다.

불가리아인의 건강 비법

불가리아인들은 술잔을 마주치며 "나즈드라베Наздраве!"라고 외친다. 이는 '건강을 위하여'라는 뜻이다. 장수 국가로 잘 알려진 불가리아는 전통적인 농업 국가로 천혜의 자연환경을 갖고 있다. 비옥한 땅에서 풍부한 일조량을 받고 자란 신선한 채소와 넓은 평원 지역에서 사육된 육류를 이용한 풍부한 음식이 있다. 발칸 산맥을 경계로 남쪽은 산악 지역, 북쪽은 평원이 자리잡고 있어 목양이 용이하다. 양이나 소의 젖으로 만드는 불가리아식 요구르트 키셀로 플랴코에는 살아 있는 유산균이 가득하다. 보통 요구르트를 식후에 곁들이는 디저트 정도

불가리아인들의 아침 식사. 빵과 샐러드에 씨레네 치즈를 곁들인다.

로 생각하기 쉽지만, 서두에 언급한 것처럼 불가리아인들은 키셀로 믈랴코를 주식으로 여기며 다양하게 활용하여 매일 식탁에 올린다. 키셀로 믈랴코는 수프와 각종 샐러드, 고기 요리에도 두루 쓰이는 아주 중요한 식재료다. 불가리아인들은 생후 3개월부터 끼니때마다 빠뜨리지 않고 이 요구르트를 섭취한다. 소나 양의 젖으로 만든 흰색 치즈인 '씨레네Сирене'도 여러 요리에 곁들여 먹는다. 씨레네는 훌륭한 술안주가 되기도 한다. 이는 마치 우리나라의 김치와 같은 역할을 하는 셈이다.

불가리아 사람들은 보통 아침 식사로 요구르트, 치즈, 곡물 빵, 샐러드 등을 먹는다. 점심으로는 육류·콩·채소로 이루어진 주요리, 요구르트, 디저트 등을 먹는다. 저녁은 간소하게 먹는 것이 건강에 좋다고 여기기 때문에 샐러드나 뮤즐리Müesli(뮈에슬리) 같은 곡물을 넣은 요구르트로 간단하게 먹는다.

장수 마을로 알려진 불가리아 남부의 스몰랸은 고산 지대에 있다. 깊은 산속에 있다 보니 이 마을 사람들은 모든 먹을거리를 자급자족한다. 스스로 목동 역할을 하며 양을 키우고, 가축에게서 얻은 신선한 유제품을 먹고, 매일 직접 밭을 일구어 일용할 감자와 채소 등을 거둔다. 육류로는 철분과 단백질이 풍부한 동시에 지방과 칼로리가 적은 양고기를 가장 많이 섭취한다. 이렇듯 오염되지 않은 건강한 음식을 먹고 좋은 공기를 마시며 스트레스를 받지 않고 살아가는 것이 장수의 비결이다.

요구르트를 활용한 불가리아 요리

그렇다면 불가리아 사람들은 요구르트를 활용해 어떤 요리를 만들까? 맛도 좋고 건강에도 좋은 불가리아 요리를 몇 가지 소개한다.

숍스카 샐러드Шопска салата와 스네잔카 샐러드Снежанка салата
숍스카 샐러드는 불가리아의 대표적인 샐러드다. 구운 고추와 토마

숍스카 샐러드(왼쪽)와 스네잔카 샐러드(오른쪽).

토, 오이, 양파, 쪽파, 파슬리, 그리고 씨레네 치즈로 만든다. 잘라놓은 채소에 식초와 해바라기유나 올리브유를 넣어 먹고, 보통 소금으로 기호에 맞게 짠맛을 낸다. 식초는 반드시 넣어 산미를 내고, 매운 고추나 볶은 후추가 들어가는 경우에는 마늘을 약간 넣기도 한다. 씨레네는 강판에 갈아 마지막에 두껍게 층을 쌓는 것이 특징이다. 전채 요리로, 식사 전에 불가리아 전통주인 라키야ракия와 함께 먹는다.

숍스카 샐러드의 이름은 서부 불가리아를 통칭하는 숍쁠룩Шоплук에서 따왔다. 이 샐러드의 조리법은 불가리아 공산당 시절 초기에 만들어졌는데, 1950년 말에 쓰인 대여섯 가지 조리법 중에서 한 가지 방법만 남게 되었다. 1950년대 중반에 불가리아의 마에스트로 요리사가 만든 방법을 바탕으로, 1960년대에 하얀 씨레네를 올리는 것이 추가되어 오늘날의 모습을 갖추게 되었다. 하얀 씨레네를 올리는 것

2. 음식, 유로메나의 오늘을 탐색하다

은 이제 빠져서는 안 될 이 샐러드의 기본 요소가 되었다.

숍스카 샐러드는 세르비아와 마케도니아 등 발칸반도의 다른 지역에서도 '불가리아 샐러드'라는 이름으로 널리 애용되는 음식이다. 불가리아 샐러드는 토마토, 고추, 오이, 양파, 양배추, 당근, 무, 감자 등 신선한 채소나 한 번 익힌 채소로 만든다. 기본적인 드레싱은 소금과 기름, 식초, 고춧가루나 후추, 파슬리, 코퍼르Копър(딜) 등이다.

발칸 지역을 넘어서 체코나 슬로바키아에서도 조금씩 다른 모습으로 숍스카 샐러드를 먹는다. 구운 고추나 양파를 넣지 않는 등의 차이가 있고 슬로바키아에서는 설탕과 함께 먹기도 한다.

그 밖에 불가리아인들이 사랑하는 샐러드로 '스네잔카'가 있다. 스네잔카는 '흰 눈'이라는 뜻으로, 동화 주인공 백설공주에게서 이름을 따왔다. 이 샐러드는 이름처럼 하얀색을 띤다. 요구르트와 오이, 마늘 약간과 소금, 그리고 딜을 섞어 만든다. 샐러드 자체로 먹기도 하고 빵에 얹어 먹거나 채소류, 고기에 곁들여 먹는다.

만약 생오이 대신 피클이 들어간다면 이는 '트라키아 샐러드'가 된다. 겨울에는 절임 샐러드를 먹는데 이를 '투르시아Туршия'라고 한다. 여러 채소를 넣어 만든 소스를 샐러드처럼 먹기도 하는데, 예를 들어 쿄풀루Кьопоолу(가지 퓌레)나 류테니짜Лютеница(구운 고추와 각종 채소를 넣어 걸쭉하게 만든 소스) 등이 있다. 샐러드는 보통 전채 요리로 먹거나 주요리에 곁들여 함께 먹는다.

타라토르Таратор

타라토르.

타라토르는 여름철에 즐겨 먹는 차가운 수프다. 대개 같은 방법과 같은 재료로 만들어지지만, 지역마다 다양한 조미료를 넣어 색다른 풍미를 내기도 한다. 타라토르는 요구르트,

물, 잘게 썬 오이, 올리브유, 소금, 코퍼르, 다지거나 잘게 썬 마늘을 섞어 만들고, 기호에 따라 호두나 땅콩 같은 견과류를 넣을 수 있다. 요구르트가 충분히 시큼하지 않은 경우 식초를 첨가할 수 있다. 우리나라의 오이냉국과 비슷하게 여름철 더위를 잊게 하는 별미다.

타라토르란 단어는 페르시아-튀르키예어에서 왔다. 사전에 오이, 요구르트, 마늘, 기름, 호두 등을 넣어 만든 차가운 수프를 뜻하는 페르시아어라고 설명되어 있다. 불가리아에서는 그 뜻이 좀 더 확대되어, 다양한 채소와 요구르트로 만든 차가운 수프 모두를 타라토르라 부르기도 한다.

뻴네니 추슈키Пълнени чушки

뻴네니 추슈키는 불가리아의 전통 요리로, 고추 안에 소를 채워 넣은 음식이다. 불가리아의 고추는 우리나라의 풋고추와 파프리카 중간쯤

2. 음식, 유로메나의 오늘을 탐색하다

되는 크기로, 맛도 맵지도 달지도 않은 맛이다. 이 고추의 씨앗을 깨끗이 빼내고 그 안에 고기와 쌀, 채소, 치즈, 달걀 등을 넣어 통째로 쪄 먹는 요리다.

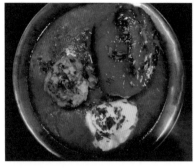

뻴네니 추슈키.

기본 재료는 정해져 있으나 기호에 맞게 다양한 방법으로 만들어 먹을 수 있다. 전통적으로는 익힌 쌀과 양파, 다진 고기 등을 소로 넣는다. 쌀 대신 콩을 넣어 먹기도 하고, 각종 채소를 다양하게 넣을 수 있다. 소를 다 채우면, 냄비나 접시에 담고 물을 적당량 부어 오븐이나 레인지에 찌면 된다.

접시에 뻴네니 추슈키 두세 개를 올리고 그 옆에 요구르트를 얹는다. 뻴네니 추슈키를 쪼개 요구르트와 버무려 먹기도 하고, 고추 껍질과 소 버무린 것을 빵에 올려 요구르트에 찍어 먹기도 한다. 달콤 새콤 쌉쌀한 맛이 잘 어우러지며 각종 영양소를 섭취할 수 있으므로 건강식으로도 알려져 있다.

바니짜 Ваница

바니짜는 불가리아의 전통 페이스트리로 불가리아 음식의 상징적 역할을 한다고 말할 수 있다. 예로부터 부활절, 성탄절, 새해맞이와 같

바니짜 한 조각. 키셀로 믈랴코를 곁들여 먹기도 한다.

이 중요한 축일뿐 아니라 일상생활에서도 아침 식사로나 손님 접대 음식으로 쉽게 접할 수 있는 음식이다. 그 종류도 다양한데 전통적으로 부활절에는 달게 만들거나 쐐기풀 같은 봄나물을 넣어 만든 것을 먹고, 성탄 전야에는 채소와 과일을 넣은 바니짜를, 성탄절엔 호박과 달걀, 치즈를 넣은 바니짜를 먹는다. 새해에는 전통적으로 달걀과 씨레네가 들어간 바니짜를 먹는데, 특별히 새해맞이 행운의 쪽지를 넣어 만들기도 한다. 쪽지에는 그 해의 건강과 사랑과 성공을 기원하는 덕담을 쓴다. 반죽 안에 쪽지를 넣어 굽기도 하고, 바니짜 위에 산딸나무 가지로 쪽지를 꽂아놓기도 한다. 이는 산딸나무 싹을 '행운'이라고 부르는 데서 유래한다.

바니짜는 앞서 말했듯이 종류가 아주 다양한데, 가장 기본이 되는 바니짜는 달걀과 씨레네(치즈), 요구르트를 넣은 것으로 보통 '집에서 만든 바니짜'라고 불린다. 여기에 잎채소를 속에 넣어 만들면 또 다른 종류의 바니짜가 되는데 주로 시금치를 넣는다.

요즘 가정집에서는 바니짜를 만들 때 전통적인 방식과 달리 하얀 씨레네 대신 노란 카슈카발 치즈를 자주 쓴다. 이렇게 만든 바니짜를

2. 음식, 유로메나의 오늘을 탐색하다

'러시아 바니짜'라고도 하는데, 카슈카발 외에 프랑스나 독일 등 서유럽의 치즈를 쓰기도 한다.

바니짜는 짠맛을 내는 경우가 보편적이지만 디저트용으로 달게 만든 바니짜도 아주 많다. 과일과 채소로 달게 만드는 조리법이 역사적으로 가장 오래된 방법이라는 이야기도 있다. 과거에 가장 많이 먹었던 바니짜는 견과류와 콩을 넣은 것이었다. 이 중 바클라 콩_{bakla beans}(누에콩)으로 만든 바니짜를 '바클라와'라고 하는데 처음에는 디저트가 아니라 아침 식사의 주요리로 먹었다고 한다. 오늘날에는 보통 호두와 땅콩을 넣어 만든다. 또 사과나 배, 모과 등을 넣을 수도 있고, 어떤 지역에서는 유럽자두, 건포도 같은 가을과일과 각종 견과류를 첨가해 먹는다. 크리스마스에는 이러한 과일류 바니짜를 반드시 만들어 먹는다. 또 많이 먹는 것이 호박으로 만든 바니짜인 티크베니크_{тиквеник}다. 불가리아 말로 호박을 뜻하는 티크바_{тиква}를 딴 이름이다. 페이스트리 층 사이사이에 강판에 간 호박과 설탕, 호두, 기름, 그리고 기호에 따라 계피를 넣어 만들어서, 요구르트나 콩포트(과일 설탕 조림)와 함께 먹는다.

바니짜는 만드는 재료에 따른 종류도 다양하지만 그 모양도 다양하다. 얇은 반죽을 겹겹이 쌓아 만드는 것이 있는가 하면, '비타바니짜_{Вита ваница}'라고 하여 반죽을 길게 말아서 달팽이 모양으로 빙빙 둘러 만드는 바니짜도 보편적이다.

뻘네니 추슈키

재료

피망 또는 파프리카 8개, 양파 2개, 다진 고기 300g, 쌀 100g, 기름 3큰술, 소
금, 후추, 파프리카 가루 1큰술, 파슬리 다진 것.

만드는 법

1 피망 또는 파프리카의 윗단을 잘라 속을 깨끗이 파낸다.

2 팬에 기름을 두르고 양파를 2~3분간 볶다가 다진 고기를 넣고 5분 정도
   더 볶는다.

3 2에 쌀을 넣고 소금, 후추, 파프리카로 간을 한다. 뜨거운 물 반 컵을 넣고
   5~6분간 물이 잦아들 때까지 익힌다. 쌀이 반쯤 익으면 불을 끈다.

4 1의 재료에 3의 소를 4분의 3 정도 채우고, 오븐 용기에 담는다. 뜨거운 물을 용기의 절반 정도 채운다. 포일로 덮고 190도로 예열한 오븐에 30분간 익힌다.

5 포일을 제거하고 재료가 완전히 익도록 오븐에 10~20분 정도 더 가열한다.

6 다 익은 뻴네니 추슈키 위에 다진 파슬리를 뿌린다.

7 요구르트를 곁들여 먹는다. 요구르트 대신 베샤멜소스나 토마토소스를 곁들이기도 한다.

Антонов, Я, Форма на млечните централи, В: *Месо и Мляко*, Бр. 4, 1934, стр. 71-73.

Атанасов, Г. и И. Машаров, *Млечната промишленост в България в миналото и днес*, София: Земиздат, 1981, стр. 13-23.

Елица, С., Храните в ракурса на етноложкото изследване или какво е българско кисело мляко, *Сборник от юбилейна научна конференция*, Пловдив: Пловдивски университет Паисий Хилендарски, 2012, стр. 51-64.

Цонев, Ид. и Л. Берова-Стойчева, Мляко млечни продукти и растителни масла в България и тяхното нормиране, В: *Сведения по земеделието*, Бр. 2, 1931, стр. 53-104.

코냑,
프랑스를 대표하는 '생명의 물'

| 김유정 |

"코냑에 사는 사람들은 아주 잘 알고 있다. 좋은 상품을 얻는
유일한 방법은 기다림이라는 것을." ─《장 모네 회고록》

브랜디에 대한 오해와 코냑에 대한 진실

포도주만큼이나 프랑스인들이 자존심을 내걸고 생산하는 술로 증류
주인 '코냑cognac'이 있다. 코냑은 루이 13세가 즐겼다거나 나폴레옹
이 좋아했다는 특별한 사연이 있어 '왕의 술'로 알려졌다. 1724년 코

레미 마르탱사의 최고급 코냑 '루이 13세'.

낙을 생산하기 시작한 레미 마르탱_{Rémy Martin} 가문은 프랑스 남서쪽 지방의 증류주를 유달리 좋아해서 이 술에 '코냑'이라는 이름을 하사했던 루이 13세에게 감사하는 뜻으로 최고급 상품에 '루이 13세'라는 이름을 붙였다. 그리고 나폴레옹은 세인트헬레나섬으로 유배를 갈 때 '쿠르부아지에_{Courvoisier}'라는 브랜드의 코냑을 가지고 갈 정도로 코냑을 좋아했다. 세상에서 가장 비싼 '루이 13세'나 고급술의 대명사로 불리는 '쿠르부아지에'의 명성에는 이러한 이야기가 얽혀 있다.

그런가 하면 프랑스의 대문호 빅토르 위고는 코냑을 '신들의 음료'로 비유했다. 그 밖에도 유럽의 수많은 작가, 시인, 예술가 들이 코냑을 마시고 예찬했다. 코냑을 왕이나 신들이 마시는 음료로 표현하는 것이 조금 지나치다고 생각될 수도 있겠지만 코냑만큼 신비스럽고 고급스런 음료는 없을 것이다. 우리에게도 '귀족의 술'로 알려진 프랑스의 대표적인 증류주 코냑에 관해서는 몇 가지 오해와 진실이 있다. 이것을 설명하는 것에서부터 '유럽인들이 언제부터, 왜 와인을 끓이

2. 음식, 유로메나의 오늘을 탐색하다

기 시작했을까?'라는, 근본적인 질문의 답을 찾아보기로 한다.

첫째로, 처음에 증류주는 치료 목적으로 발명되었다. 증류주에 관한 첫 기록은 서아시아에서 나왔는데, 기록에 따르면 11세기 페르시아인 명의名醫 아비센나Avicenna가 치료 목적에서 알코올을 끓여 마시는 방법을 고안했다. 대항해 이전까지만 해도 서유럽에서 증류주는 의료 목적으로만 허가되었다. 증류주를 '생명의 물(라틴어로 아콰비테 Aquavite, 프랑스어로 오드비Eaux-de-vie)'이라고 부른 까닭이 그것이다. 근대에 이르기까지 서구에서 알코올은 음료가 아닌 의학적 용도로 더 큰 의미를 지녔다. 우리가 독주로 알고 있는 증류주도 초기엔 대부분 소독제나 치료제 또는 소화제로 사용되면서 의학적 의미와 가치를 지녔다. 1928년 플레밍Sir Alexander Fleming이 페니실린을 발명하기 전까지 증류주보다 더 강력한 소독제는 없었다. 포도주를 증류한 브랜디brandy는 감기, 천식, 독감 등의 치료제로 처방되기도 했다. 문학 작품을 통해서도 당시 증류주의 의학적 사용과 가치를 충분히 짐작할 수 있다. 영국의 유명한 작가 애거사 크리스티의 추리소설《오리엔트 특급 살인》을 보면, 의사가 큰 충격을 받아 의식을 잃은 사람에게 코냑을 가져다주라고 지시하는 장면이 나온다. 탐정의 대명사로 여겨지는 셜록 홈스가 등장하는 여러 추리소설에서도 홈스의 친구이자 의사인 왓슨이 이런저런 상황에서 브랜디를 처방하는 장면을 자주 볼 수 있다. 오늘날에도 프랑스 식탁에서 코냑은 기름진 서양 요리의 소화를 돕는 용도로 식사의 맨 마지막 단계에 나온다.

둘째로, 코냑이 브랜디의 대명사처럼 브랜디와 동의어로 혼용되고 있지만, 실은 프랑스 남서쪽 보르도 지방 인근에 있는 코냑 지역을 일컫는 말이다(국립국어원에서 정한 규범 표기는 술 이름을 뜻하는 보통명사인 경우 '코냑cognac', 지명을 뜻하는 고유명사인 경우 '코냐크Cognac'지만, 원래 같은 단어로 발음에 차이가 없으므로 이 글에서는 '코냑'으로 통일해 쓰기로 한다). 정확히 말해, 코냑 지역에서 수확한 화이트와인을 증류해 만든 브랜디를 '코냑'이라 부른다. 이론적으로 브랜디는 와인이 생산되는 곳이면 어디서든 쉽게 만들 수 있다. 코냑 지역이 프랑스의 와인 산지로 유명한 보르도의 인근 샤랑트 지방에 있는 것도 우연이 아니다. 코냑 지역의 포도밭 전체 면적은 8만 3140헥타르 이상인데, 대부분 저알코올(8~9도) 산성 와인에 적합한 포도 품종을 심고 있다. 특히 위니 블랑ugni blanc 품종은 신맛이 너무 강해 포도주로서는 큰 인기가 없지만, 반면 증류주 생산에는 적합한 품종이다. 한 가지 더 부연하자면, 브랜디란 명칭은 포도로 만든 증류주뿐만 아니라 다른 과일로 만든 증류주에도 쓸 수 있다. 에리히 레마르크Erich Remarque의 소설 《개선문》에서 주인공 라비크가 마셔서 우리에게도 친숙한 칼바도스Calvados는 대표적인 사과 브랜디다.

셋째로, 코냑은 증류 방법이 일반 브랜디와 다르다. 원래 독일에서는 증류주를 '태운 와인gebrandtewein'이라 불렀다. 이 말이 네덜란드어

'브란데베인brandewijn'이 되고, 이것이 '브랜디'의 어원이 되었다. 브
란데베인은 긴 여정을 감내해야 하는 북유럽 항해사들에게 때로 갈
증을 해소하는 음료로, 또는 상처를 소독하는 치료제로서 유용한 여
행의 동반자였다는 기록이 남아 있다. 여러 기록에 따르면, 처음 코
냑 지역의 와인을 끓이기 시작한 사람들은 네덜란드 상인이었다. 프
랑스인들은 '태운 와인'을 뜻하는 네덜란드어를 본떠 이것을 '브랑드
와인Brandwein'이라 불렀다. 이는 네덜란드 상인이 코냑 증류주 발명에
결정적인 역할을 했다는 방증이 된다. 하지만 엄밀히 말해 코냑은 17
세기 코냑 지방에서 발명된 이중 증류 방식으로 생산한 증류주를 말
한다. 프랑스인들은 이것을 '생명의 물'이라 부른다. 구리 냄비에 두
번 증류해서 생산한 코냑을 가리키는 또 다른 표현이다. 코냑에 대한
정확한 프랑스식 명칭은 '코냑의 와인에서 추출한 생명의 물Eau-de-vie
de vin de Cognac'이다.

넷째로, 초기 코냑 생산과 세계화의 주체는 프랑스인이 아니었다.
16세기 코냑의 와인을 네덜란드 상인들이 처음 끓이기 시작했다는
이야기나, 18세기 코냑을 수입·수출하는 가장 큰 국제 거래소가 영
국에 처음 생겼다는 사실은 그리 놀라운 이야기가 아니다. 처음 코냑
의 생산과 수출을 적극적으로 주도했던 사람들은 프랑스로 이주해
온 영국인들이었다. 아버지가 향신료 무역업자였던 영국인 마르텔
John Martell은 1715년 코냑 지역으로 이주하여 코냑을 취급하는 첫 무

역거래소를 열었다. 당시 코냑은 특히 왕과 귀족들이 좋아하는 술로 유명했다. 프랑스의 오를레앙 공작, 그리고 영국과 아일랜드를 통치했던 왕 조지 1세George I, 재위 1714~1727가 마르텔의 초기 고객이었다. 한편, 1760년 무렵 헤네시Richard Hennessy는 루이 15세의 아일랜드 여단에서 오랜 군 복무를 마치고 샤랑트강 인근의 코냑 지역에 정착해, 코냑만을 다루는 무역거래소와 대규모 생산 시설을 갖춘 코냑 하우스를 차렸다. 그리고 1794년에는 코냑의 세계화를 위해 뉴욕에 첫 원정대를 파견했다. 코냑의 오랜 숙성 기간을 나타내는 VSOP2/XO3 분류도 헤네시의 무역거래소에서 처음 고안한 것이다.

프랑스 코냑이 가장 많이 소비되는 국가는 영국이다. 그래서 코냑의 등급 표기도 영어식 철자를 쓴다. 등급은 기본적으로 숙성 기간에 따라 나뉘는데, VS(Very Special)급은 2년 이상 숙성시킨 원액으로 블렌딩한 것을 의미하며, VSOP(Very Superion Old Pale)급은 4년 이상, XO(Extra Old)급은 10년 이상 숙성된 원액을 사용했다는 의미다.

등급	숙성 기간
VS (Very Special)	2년 이상
VSOP (Very Superior Old Pale)	4년 이상
XO (Extra Old)	10년 이상
XXO (Extra Extra Old)	14년 이상

2. 음식, 유로메나의 오늘을 탐색하다

마르텔(왼쪽)과 헤네시(오른쪽)는 코냑 생산의 오랜 전통을 자랑하는 프랑스의 유명 기업이며 코냑 브랜드다.

　우리에게도 친숙한 마르텔, 헤네시는 모두 코냑 생산의 오랜 전통을 자랑하는 프랑스의 유명 기업이며 코냑 브랜드다. 코냑은 현재 생산량의 대부분이라 할 수 있는 97퍼센트를 전 세계에 수출하고 있으며, 보르도 와인과 샴페인에 이어 증류주 부문에서는 수출 1위를 차지하는 프랑스의 주요 수출 품목이다. 하지만 그 전통이나 소비 측면에서 코냑은 그다지 프랑스적이지 않은 역사를 지닌다.

아랍의 증류주 주조법이 코냑에 이르기까지

증류란 일반적으로 꽃이나 과일로부터 원액을 뽑아내는 것을 의미한다. 증류의 원리를 근간으로 물이 증발하는 온도와 알코올이 증발하는 온도의 차이를 이용해 만드는 것이 증류주다. 양조주를 가열하면 알코올의 끓는점(78℃)이 물의 끓는점(100℃)보다 낮으므로 알코올이 물보다 먼저, 그리고 더 많은 양이 증발하게 된다. 이 증발하는 기체를 모아서 적절한 방법으로 냉각하면 다시 액체가 되어, 본래의 양조주보다 알코올 농도가 훨씬 더 높은 액체를 얻을 수 있다. 이러한 과정을 증류라고 하고, 증류를 통해 만들어진 술을 증류주라고 한다.

서유럽의 증류 기술은 중세에 이슬람권에서 전래되었다는 기록이 있다. 원래 증류기를 의미하는 '알랑비크alembic, al-anbiq'와 술을 뜻하는 '알코올alcohol, alkoh'l'이라는 단어가 모두 아랍어에서 왔다. 아주 오래전부터 유리 세공 기술을 습득한 서아시아인들이 치료 목적으로 증류주를 만들었다는 견해가 널리 받아들여지고 있다.

서아시아의 증류주 기술이 유럽에 전파된 경로와 시기에 관해서는 두 가지 역사적 사실이 교차한다. 첫째로 '연금술에 의한 증류주 발명설'이 있다. 8세기 이슬람 세력이 스페인 지역을 정복했을 때 이슬람권의 연금술이 유럽에 전파되었다는 것은 잘 알려진 사실이다. 유럽 몇몇 곳에서 이때 전해진 연금술로 와인을 증류한 흔적이 발견된다. 이와 같은 사실은 스페인에서 태어났지만 시칠리아에서 교육을 받고 프랑스에서 활동했던 연금술사 빌라 노바Arnold de Villa Nova, 1240~1311?의 삶과 기록을 통해서도 추정할 수 있다. 13세기 빌라 노바는 연금

2. 음식, 유로메나의 오늘을 탐색하다

술로 얻은 액체를 만병통치약으로 생각했고, 그의 제자는 이 기술을 더욱 발전시켜 증류주를 만들었다.

둘째는 '십자군전쟁으로 인한 문명 교류설'이다. 상대적으로 고립되어 있었던 중세 유럽은 십자군전쟁과 더불어 다른 문명과 접촉하게 되었다. 많은 경우가 그렇듯, 전쟁은 사람 간, 문명 간 접목과 교류를 가능하게 한다. 십자군전쟁의 결과 아랍의 문명이 서구에 전해졌다는 사실은 여러 분야에서 증명된다. 증류 기술도 그러한 경로로 서유럽에 전파되었다는 설명이 있다. 와인의 역사를 추적한 책《신석기 시대부터 21세기까지의 와인Wine: From Neolithic Times to the 21st Century》의 저자 슈테판 에스트라이허Stefan K. Estreicher는 서아시아에 갔던 십자군 병사들이 철수하면서 아랍의 증류 기술을 서유럽에 가져왔다고 설명했다.

그런데 코냑 지역의 와인을 처음 끓이기 시작한 사람들은 네덜란드 상인이었다. 네덜란드어 브란데베인이 '브랜디'의 언어적 기원이라는 데서 알 수 있듯이 코냑 발명과 유럽 수출에는 네덜란드인들의 역할이 매우 컸다. 15~16세기 네덜란드 상인들은 소금, 목재, 와인을 사기 위해 자주 샤랑트 지방에 들렀다. 돌아가는 길에 오랜 항해로 변질하지 않도록 와인을 끓인 것이 코냑 브랜디 발명의 시작이다. 날씨가 추운 북유럽의 사람들은 아주 오래전부터 와인을 끓여 마시곤 했다. 그러므로 북유럽의 브랜디 전통이 네덜란드 상인에 의해 코냑

이슬람권에서 전래된 증류기 알랑비크 도면(왼쪽)과 17세기 코냑 지역에서 발명된 이중 증류기(오른쪽).

지역에 전래했다고 볼 수 있다. 게다가 이들은 배의 입항이 늦어지면서 시간이 갈수록 코냑의 숙성이 더해져 맛과 풍미가 깊어진다는 사실도 우연히 알게 되었다.

하지만 코냑이 세계적으로 유명한 브랜디로 성공할 수 있었던 요인은 근대 코냑 지역의 사람들이 개발한 특별한 증류 방식과 숙성이었다. 17세기 코냑 사람들은 기존의 전통적인 증류기를 버리고 새로운 이중 증류 방식으로 코냑을 생산하기 시작했다. 그 결과 이들은 다른 브랜디와 비교해 맛과 풍미가 더 깊은 순도 70퍼센트의 브랜디를 얻을 수 있었다. 전설에 따르면, 코냑의 이중 증류 기법은 17세기 세 공자크의 영주인 슈발리에 드 라 크루아 마롱Chevalier de la Croix Maron 이 발명했다. 이 전설은 꿈 이야기에서 시작된다. 슈발리에는 어느 날 꿈에서 자신의 영혼을 훔치고 싶어 하는 사탄을 만났다. 굳건한 믿음을 지녔던 그는 사탄이 먹으라고 유혹하는 음식을 먹지 않았다. 그러자 사탄은 더 강하게 그를 유혹하려고 다시 한 번 음식을 끓여 내놓

2. 음식, 유로메나의 오늘을 탐색하다

았다. 하지만 슈발리에는 끝까지 사탄의 유혹에 넘어가지 않았다. 그러다 사탄의 가마솥 안에 있는 자신을 보고 깜짝 놀라 잠에서 깼다는 것으로 꿈 이야기는 끝난다. 슈발리에는 이 꿈에서 영감을 얻어 두 번 끓이는 방법으로 브랜디를 만들어보았고, 그 결과 더 좋은 브랜디를 얻을 수 있었다. 이 이야기는 오늘날까지 이중 증류 기법의 발명에 얽힌 전설로 전해지고 있다.

한편, 18세기 말엽 코냑 사람들은 증류주가 숙성 과정에서 나무통과 접촉하여 맛이 더 부드러워지고 색깔이 변하며 향이 좋아진다는 사실을 알게 되었다. 특히 리무쟁참나무Limousine Oak는 나뭇결의 간격이 넓고 타닌 함량이 많아서, 짧은 기간에 코냑을 숙성시켜 원숙한 향과 맛을 내는 데 결정적인 역할을 했다. 이와 같이 특수한 기법과 오랜 경험에서 얻은 지식으로 탄생한 브랜디가 코냑이다. 코냑은 다음 3단계를 거쳐 완성된다.

1. 증류: 코냑은 두 번 증류 과정을 거친다. 16세기에 개발된 구리 증류기로 1차 증류를 마치고 나면 알코올 도수 20~30도의 액체 '브뤼이Brouillis'를 얻게 된다. 그리고 다시 2차 증류를 통과해야 비로소 '오드비(생명의 물)'라는 맑고 투명한 브랜디 원액이 추출된다. 각각 12시간 동안 증류하고, 단계마다 얻어지는 추출액은 끓이기 시작한 양의 30퍼센

트 정도에 지나지 않는다. 브랜디 원액 1리터를 만들기 위해선 어림잡아 포도주 9~10리터가 필요한 셈이다.

2. 블렌딩: 증류 다음 단계는 품질과 숙성 기간이 서로 다른 오드비를 배합하는 과정이다. 이 블렌딩 작업을 코냑 사람들은 '마리아주mariage'(결혼)라 부른다. 코냑의 맛과 향이 결정되는 중요한 과정인 만큼 비법은 철저한 베일에 싸인 채 다음 세대로 전수된다.

3. 숙성: 코냑 제조의 마무리 단계는 참나무통에서 숙성하는 것이다. 블렌딩 후에도 오드비는 여전히 무색을 띠는데, 리무쟁참나무 통에서 보관·숙성시켜야만 황금빛이 우러난다.

대서양으로 열린 도시 코냑의 특수성과 증류주의 세계화

증류주 코냑은 프랑스적이면서도 동시에 세계적인 도시의 정체성을 담고 있다. 코냑이라는 도시는 증류주 코냑의 발아와 발전에 얽힌 기억을 품고 있는 특별한 장소다. 따라서 코냑의 발명과 세계화를 이해하려면 특히 대서양으로 열린 지리적 특성을 살펴볼 필요가 있다.

인근 보르도 지방과 함께 코냑 지역은 아주 오래전부터 질 좋은 와인 생산지로 유명했다. 프랑스 남부 지역에 처음 와인이 전파된 경로는 크게 세 가지로 추정할 수 있다. 첫째 페니키아인들에 의해서, 둘째 그리스인들의 식민 활동을 통해서, 셋째 로마인들의 정복을 통해서다. 서기전 600년경 그리스인들이 프랑스 남부에 식민도시 마르세유를 건설할 때, 그 지역의 선주민인 켈트족이 이미 와인을 생산하고 있었다는 기록이 있다. 이러한 기록으로 보아 페니키아인들이 이미 마르세유 지역에 포도 재배 방식을 전파했을 가능성이 매우 유력하다. 그러나 이미 와인을 생산하고 있었던 지중해 연안 지역을 제외하면 오늘날 프랑스의 와인 생산지 대부분은 로마인들이 개척했다. 보르도에서 와인을 생산하기 시작한 것도 서기 1세기경 로마인들이었다. 로마인들이 보르도를 선택한 데는 실용적인 이유가 있었다. 바다와 만나는 보르도의 지롱드강 어귀는 안전한 항구를 쉽게 건설할 수 있는 지리 조건이 되었다. 이곳에서 생산한 와인을 배에 실어 나르면 오늘날의 영국 땅에 주둔한 로마 군사들에게 가져다주기에 수월했다. 이후 3세기경에 이르면 프랑스 전 지역으로 포도 재배가 확장된다. 그렇지만 4세기부터 로마제국이 쇠퇴하면서 점차 이 지역의 농업도 쇠퇴하고 포도밭도 황폐해졌다. 그 결과, 와인 생산과 거래도 매우 감소했다.

중세에 와인 생산의 명맥을 유지했던 새로운 주체는 수도원이었다. 풍부한 노동력과 안정된 조직력을 갖추었던 수도원은 교회 의식에 필요한 와인을 생산하고자 땅을 개간하고 포도를 심기 시작했다.

푸아투샤랑트 지방의 지도.

당시 코냑을 둘러싼 푸아투샤랑트 지방의 땅을 포도밭으로 개간하고 포도주를 생산했던 중요한 수도원으로 앙굴렘의 생시바르, 생장당젤리의 바삭, 그리고 코냑 인근인 생브리스의 샤트르 수도원 등이 있었다. 당시 수도원은 세금이 면제되었기 때문에 교회 의식에 필요한 수요를 충당하고 남은 와인의 일부를 판매했다.

수도원을 중심으로 와인 생산과 판매가 급증하면서 상업도시가 성장했다. 더욱이 코냑 지역은 대서양 연안의 항구도시인 라로셸 및 로슈포르와 가까워서 해외 수출에도 유리했다. 라로셸 항구는 수출을 놓고 때로 보르도항과 경쟁하기도 했고 한때는 더 번성하기도 했다. 당시 금만큼 귀했다는 소금과 와인이 라로셸을 통해 잉글랜드, 아일랜드, 스칸디나비아, 네덜란드 등지로 수출되었다. 코냑 지역은 넓은 샤랑트강을 통해 라로셸 항구와 연결되었기에 일찍부터 대서양 세계로 향하는 무역도시로 발전할 수 있었다. 대략 11∼13세기 샤랑트 강변의 소니에 항구, 성채 지구, 셍레제 지구가 무역의 거점으로 크

2. 음식, 유로메나의 오늘을 탐색하다

게 발달하기 시작했다. 강의 폭과 깊이가 장대해서 실제로 배가 시내까지 근접할 수 있었다. 그래서 샤랑트강이 닿는 도시 코냑은 이미 11세기부터 와인을 찾는 북유럽 상인들로 붐볐다.

15세기에는 당시 해상무역의 주도권을 장악하고 있었던 네덜란드 상인이 이곳을 자주 찾았다. 이들이 코냑을 자주 방문했던 주된 이유는 이 지방의 특산물인 소금과 와인을 사기 위해서였다. 당시 세계에서 가장 부유한 나라로 꼽혔던 네덜란드는 와인 생산에서는 불모지였다. 포도나무를 재배하기에 기후가 알맞지 않은 데다 국토 대부분이 해수면 높이와 비슷하거나 낮았기 때문에 포도 농사는 꿈도 꿀 수 없었다. 네덜란드 상인들은 일찍부터 프랑스, 특히 보르도 와인을 수입해 곳곳에 재수출했는데, 당시 보르도 와인이 고급화하는 추세라 대량 거래가 어려웠다. 그래서 네덜란드 상인들은 보르도 위쪽 푸아투샤랑트 지방의 와인을 대안으로 택했다. 네덜란드 상인들은 푸아투샤랑트 지방의 와인 생산자들에게 수확량이 많은 품종을 재배하도록 권했다. 왜냐하면 당시 브랜디 1리터를 생산하려면 와인 9~10리터가 필요했고, 증류할 와인은 질보다 양이 더 중요했기 때문이다. 1624년 네덜란드 상인이 이곳에 증류소를 세웠다. 그리고 40년이 흘러 1660년대에 접어들자 푸아투샤랑트 지방은 브랜디 생산의 중심지가 되었다.

처음 이곳의 증류주 무역을 독점했던 네덜란드 상인들은 이곳에서 증류주를 수입해 국내는 물론 영국, 북유럽에 재수출해서 큰돈을 벌었다. 특히 식민지로 향하는 군함과 상선의 선원들이 증류주를 선호했다. 왜냐하면 증류주는 알코올 도수가 높아 긴 항해에도 변질할 염려가 없었고, 와인보다 부피도 훨씬 작아 적재 공간을 덜 차지했기 때문이다. 또한 식수에 증류주를 섞어 마시면 위생적으로 수분을 보충할 수 있었고, 상처를 소독하기에도 알맞을 뿐만 아니라 추운 날씨에는 증류주 한잔으로 몸을 따뜻하게 유지할 수 있었으니, 긴 항해를 하는 사람들에게는 증류주가 필수품이나 마찬가지였다. 이처럼 초기 코냑의 발명과 사업을 이야기하면서 그 핵심에 네덜란드 상인이 있었음을 빼놓을 수 없다.

한편, 생산자나 상인의 입장에서 증류주는 와인보다 운송비나 세금이 적다는 이점이 있었다. 증류주는 점차 코냑 지역을 대표하는 특산품이 되었다. 17세기 들어 이중 증류 방식으로 생산된 코냑 지역의 브랜디는 깊은 풍미로 명성을 떨치기 시작했고, 18세기에 이미 전성기를 맞이했다. 그리고 증류주를 생산하는 많은 가족기업이 출현했다. 우리가 익히 아는 마르텔(1715), 레미 마르탱(1724), 들라맹Delamain(1759), 헤네시(1765), 오타르Otard(1795) 등은 모두 가업으로서 코냑을 생산하는 회사다. 이들은 오늘날 300년 안팎의 전통을 자랑한다. 이들의 활발한 코냑 생산과 무역 활동으로 코냑 지역은 점차 국제적인 상업도시로서 명성이 높아졌다. 게다가 19세기에 밀폐 유

코냑을 즐기는 영국 신사들의 사교 클럽을 묘사한 그림.

리병이 발명되어 와인 무역에서뿐만 아니라 코냑 생산과 발전에도 커다란 변화를 일으켰다. 술을 유리병에 담아 밀폐 보관할 수 있게 되면서 장거리 운송과 수출이 가능해졌기 때문이다. 더불어 19세기 나폴레옹 3세가 영국과 자유무역협정을 체결하면서 코냑 무역의 규모는 그 전에 비해 3배로 커졌다. 영국은 점차 최고의 코냑 수출처가 되었다.

19세기 코냑은 특히 영국 부르주아 남성들에게 크게 사랑받았다. 당시 코냑은 영국 사교장의 흡연실이나 클럽에서 자주 찾는 애호주였다. 빅토리아 시대 영국을 대표하는 소설가 찰스 디킨스가 사교장의 흡연실에서 코냑을 즐겨 마셨다는 이야기는 아주 유명한 일화다.

그래서 종종 코냑은 '남자의 술'로 불리기도 했다. 코냑 중 가장 비싼 술인 '루이 13세'는 19세기부터 유럽 왕실과 정상의 만찬에서 애용되었다. 영국의 윈스턴 처칠 총리와 프랑스의 샤를 드골 대통령도 이 술을 사랑했다고 전해진다.

코냑 지역은 증류주 생산과 수출 외에 프랑스 역사와 문화를 주도한 여러 유명 인물을 배출한 곳으로도 명성이 높다. 우선 코냑은 프랑스 문화의 르네상스를 이끈 프랑수아 1세François I가 탄생한 지역으로 기억된다. 프랑수아 1세는 1494년 코냑성에서 태어났다. 1515년 왕위에 오르자마자 이탈리아 원정에 나선 프랑수아 1세는 밀라노를 손에 넣고, 당시 이탈리아의 르네상스 예술에 매료되었다. 그리하여 이탈리아의 문인이나 화가를 프랑스로 초청해 프랑스의 르네상스를 이끌었다. 프랑수아 1세와 이탈리아 화가 레오나르도 다 빈치의 우정은 매우 유명한 이야기다. 그의 치세에 프랑스는 거대한 문화적 진보를 이룩했다. 그를 '프랑스 르네상스의 아버지'라 일컫는 이유다.

'유럽 통합의 아버지' 장 모네를 기리며 1977년 독일에서 발행한 우표.

둘째로, '유럽 통합의 아버지'로 널리 알려진 모네Jean Monnet, 1888~1979는 코냑을 생산하는 가문 출신이다. 그는 오늘날 유럽 경제 통합의 기초인 유럽석탄철강공동체(ECSC)를 고안한 인물

　　　　　　　　　　2. 음식, 유로메나의 오늘을 탐색하다

이다. ECSC, EDC(유럽방위공동체), EEC(유럽경제공동체), EURATOM(유럽원자력공동체) 등 1950년대에 시도된 유럽통합 계획이 모두 그의 손을 거쳐 시작되었다. 모네의 어머니는 코냑 기업으로 유명한 헤네시 가문 출신이다. 그녀의 결혼과 동시에 헤네시의 증류주 생산 기술이 모네 가문에 전수되었다. 모네의 아버지 장 가브리엘 모네Jean-Gabriel Monnet는 1897년 자신의 이름을 내건 코냑 전문 회사를 차렸다. 장 모네는 회고록에 도시 코냑을 이렇게 표현했다.

> 코냑은 프랑스의 한 작은 도시지만 '코냑' 덕에 세계와 다양한 관계를 맺고 있는 개방된 지역이었다. 코냑을 사려는 외국 손님들의 방문으로 저녁 식탁은 항상 국제적이었다.

그에게 가족은 국제무역과 협상을 가르치는 교육의 장이었다. 유럽 통합을 만들어가는 초기 단계에서 두드러졌던 모네 특유의 협상 능력 및 네트워크 형성 능력은 이와 같은 가족기업의 환경에서 비롯되었다고 전기 작가 뒤셴François Duchêne은 설명한다.

코냑이 배출한 다른 유명 인물로 1981년부터 1995년까지 프랑스 대통령을 역임한 사회당 출신 미테랑François Mitterrand, 1916~1996이 있다. 그는 정확히 말해 코냑시에서 15킬로미터 떨어진 자르나크Jarnac 출신이다. 그가 코냑을 생산하는 작은 부르주아 가문에서 태어났다는 이야기는 널리 알려진 사실이다. 그의 외할아버지 쥘 로랭Jules Lorrain은 스스로 식초 공장을 설립하기 전에 브랜디회사인 펠리송 하우스Pellisson House에서 코냑 무역 대표직을 맡기도 했다. 1883년 자르나크에서 쥘 로랭은 총 130헥타르가 넘는 포도원을 넘겨받아 포도식초 공장을 설립했다. 미테랑에 대한 정치적 평가는 매우 다양하겠지만, 대체로 1980년대 독일의 헬무트 슈미트, 헬무트 콜 총리와 협력 관계를 맺으면서 독일과 프랑스 간 화해와 번영, 그리고 유럽 통합의 발전을 이끌었다고 평가된다.

'지역'은 개인의 삶과 세계관이 성장하는 토대가 되곤 한다. 프랑스의 지리학자 외드 지라르Eudes Girard는 미테랑과 모네의 정치철학에 관해 다음과 같이 설명한다.

> 대서양으로 열린 코냑시의 지리적 특수성이 미테랑의 사회주의적 카리스마와 유럽 건설의 선구자인 장 모네의 세계화 정신에 토대가 된다.

거의 동시대를 살았던 두 인물은 모두 코냑을 생산하는 상인 집안 출신으로 프랑스적이면서 동시에 세계적인 코냑시의 특성과 매우 닮은 개성을 지녔다.

오늘날 2만 명이 채 안 되는 주민이 사는 코냑시는 프랑스에서도 작은 도시지만 증류주 생산으로 세계와 다양한 관계를 맺고 있는 국제도시다. 코냑의 발명과 세계화는 대서양으로 열린 코냑 지역의 특수한 지리적 환경을 빼놓고 설명할 수 없다. 코냑은 코냑 지역의 특수한 환경에서 만들어지고 발전했기 때문이다. 서아시아에서 처음 발명된 증류주가 중세에 서유럽으로 전파된 뒤, 16세기 북유럽 상인들이 코냑의 와인을 처음 끓였다. 18~19세기 코냑 생산과 소비의 주체는 대부분 영국인이었다. 증류주 코냑의 발명과 소비 측면을 보면 과연 코냑이 프랑스의 대표적인 증류주인가? 하는 의문이 든다. 하지만 코냑이 오늘날과 같이 맛과 풍미가 깊은 세계적인 증류주로 거듭날 수 있었던 것은 근대 시기 코냑 지역 사람들의 특별한 증류 방식 개발과 숙성 덕택이었다. 이처럼 코냑의 오랜 이야기에는 프랑스적이면서 동시에 세계적인 이중 정체성이 담겨 있다.

사이드카
코냑을 활용한 대표적인 칵테일

재료

코냑 2온스, 쿠앵트로(오렌지 리큐어) 1온스, 레몬주스 1온스, 레몬 또는 오렌
지 1개, 얼음, 설탕(없어도 무방).

만드는 법

1 잔의 가장자리에 끼워 장식으로 쓸 수 있도록 레몬이나 오렌지를 얇게 한
   조각 잘라놓는다.

2 잔의 가장자리에 자르고 남은 레몬이나 오렌지의 과즙을 살짝 둘러가며
   묻히고, 잔을 뒤집어 과즙 위에 설탕을 묻힌다. 입자가 고운 설탕이 잔에

잘 묻는다. 설탕이 없다면 이 과정은 생략해도 무방하다.

3 칵테일용 셰이커에 코냑, 쿠앵트로Cointreau, 레몬주스를 얼음과 함께 넣고 차갑게 잘 섞는다.

4 완성된 칵테일을 2에서 준비한 잔에 붓고, 1의 레몬 혹은 오렌지를 잔의 가장자리에 끼워 장식한다.

김준철, 〈포도껍질 효모가 빚어낸 '신비의 맛'〉, 《과학과 기술》, 36권 12호, 2003.12.

Duchêne, François, *Jean Monnet : The First Statesman of Interdependence*, Londres/New York : Norton, 1994.

Estreicher, Stefan K., *Wine: the past 7,400 years*, version 4.1, 2004.

Girard, Eudes, "Le cognac : entre identité nationale et produit de la mondialisation", *Cybergeo: European Journal of Geography*, https://journals.openedition.org/cybergeo/27595 (접속 일자: 2023.2.27.)

L'histoire du Cognac, https://www.cognac.fr/decouvrir/lhistoire/ (접속 일자: 2023.2.27.)

Monnet, Jean, *Mémoires*, Paris: Le Livre de Poche, 1979.

영국 커피, 홍차의 나라로 돌아오다

| 김봉철 |

영국에 도착한 커피

'영국' 하면 대개 차Tea를 먼저 떠올린다. 홍차의 나라로 유명한 영국에는 느긋한 오후에 마치 식사 시간처럼 시간을 정해두고 마시는 '애프터눈 티'가 따로 있을 정도로 홍차가 사랑받고 있다. 그러나 커피 또한 영국인들이 많이 마시는 음료라는 것을 아는 사람은 많지 않다. 오히려 영국의 커피 역사는 홍차 보급보다 앞서 시작되었다. 영국에서 커피는 국가의 경제 발전과 정치 변동을 함께한 음료이기도 하고,

17세기 말 영국의 커피하우스.

자본주의와 제국주의 확산의 계기가 된 대상이기도 하다. 그리고 오늘날에도 영국에서 커피는 독특한 문화를 창조하는 씨앗이다.

커피는 튀르키예를 통해 유럽으로 전해졌다. 유럽에서 최초로 커피를 판매한 상점은 1645년 이탈리아 베네치아에서 문을 열었다고 알려졌다. 이후 커피의 매력은 빠르게 유럽 전역을 휩쓸었다. 커피의 인기는 영국에서도 마찬가지였다. 튀르키예 출신 유대인 상인 제이컵(야코브Jacob)이 1650년 대학도시인 옥스퍼드에 영국 최초의 커피하우스를 열었다고 하며, 1652년에는 튀르키예에서 영국인 무역상의 하인으로 일했던 파스쿠아 로제Pasqua Rosée라는 사람이 런던 콘힐에 있는 성미카엘교회 경내의 창고에 커피하우스를 열어 매일 600잔이 넘는 커피를 판매했다고 한다. 당시 런던 사람들에게 커피의 인기는 대단해서 런던 대화재가 발생한 1666년 즈음에는 80여 곳에 이르는 커피하우스가 사람들에게 바쁘게 커피를 제공했다.

서늘하고 비가 자주 오는 영국의 기후는 애초부터 커피를 재배하기가 어렵다. 따라서 영국에서 소비되는 커피는 모두 수입산이라고 할 수 있다. 갈수록 커피 수요가 계속 늘고 영국 전역에 문을 연 커피하우스가 수천 곳에 이르자, 커피는 무역상의 주요한 취급 상품이 되었다. 영국의 커피 상인들은 영국 동인도회사와 네덜란드 동인도회사를 통해서 커피 원두를 수입해 이들 커피하우스에 조달했다.

이와 같은 상황은 자연스럽게 세계 각지의 바다를 넘나드는 해상무역 관련 산업과 기술이 발전하는 자극제가 되었다. 원두의 재배 단계부터 유통 단계까지 모든 과정이 해상무역과 연계되었다. 영국에 도착한 커피 원두가 소비되는 마지막 과정에서는 독특한 영국식 문화가 생겨났다. 이 글은 영국의 커피 역사와 커피 유통에 관한 이야기에서 시작하여, 영국의 커피 문화가 낳은 다양한 영향과 사회 변화까지 이야기를 이어가고자 한다. 그리고 홍차의 등장에도 왜 여전히 영국인들이 커피를 사랑하는지 알아본다.

커피가 만든 영국 문화

영국에 상륙한 커피는 사람들의 생활에 많은 영향을 주었으며, 이런 모습들이 쌓여 새로운 문화를 만들어내기도 했다. 커피하우스는 사람들로 북적였고, 때로는 일손이 너무 바빠 손님에게 커피 값을 받을 여유조차 없어서 상자를 두고 그 안에 손님 스스로 커피 값을 놓게 했는데, 이것이 팁 문화가 생긴 배경이라는 이야기도 있다.

영국 사람들은 커피를 즐기며 이야기 나누는 것을 좋아했는데, 입장료 1페니만 내고 커피하우스에 들어가면 세상 돌아가는 이야기를 들을 수 있었다. 그래서 커피하우스에 페니대학교Penny University라는 별명이 붙었다. 옥스퍼드에 있었던 틸야드Tillyard라는 커피하우스에 정기적으로 모이던 학생들은 '옥스퍼드 커피 클럽'을 결성했고, 이것이 마치 왕립학회처럼 학구적인 사교 모임으로 발전하기까지 했다.

런던의 커피하우스는 상거래 상황을 듣는 정보의 시장이 되었으며, 계약이 체결되는 장소로도 활용되었다. 영국에서 점차 커피하우스는 커피를 즐기는 장소에서 사람을 만나고 업무를 수행하는 '만남의 장소'가 되었고, 커피라는 말 자체가 커피를 즐기고 사람을 만나는 장소까지 의미하게 되었다. 우리가 지금 '카페Café'라고 부르는 단어의 의미가 그것이다. 세상 돌아가는 이야기가 전해지고 거래가 성사되던 영국의 커피하우스는, 점차 대중이 요구하는 정치·경제·사회·

문화·종교·문학 등에 관한 토
론이 이루어지는 장소로 활용
되었다.

　사람들이 입으로 커피를 마시
고 대신 내뱉는 다양한 정보와
소식은, 각자의 의견이 더해져
새로운 생각으로 포장되었다.
인쇄술이 보급되면서 이러한 이
야기들이 활자화될 수 있었고,
영국에서 유럽 최초의 신문이
발행되기에 이르렀다. 1711년
영국에서 창간된 《스펙테이터
Spectator》지는 런던의 커피하우

1711년 6월 2일 자 《스펙테이터》 1면.

스에서 시작되었고, 많은 신문과 출판물의 편집자들이 이곳에서 얻
은 소식과 이야기를 글로 옮겨 전했다. 각 지역의 커피하우스 단골들
이 전국의 소식통이 된 셈이다.

　영국의 커피하우스에서 나오는 다양한 계층의 이야기들은 작가들
에게 새로운 영감과 소재를 제공했다. 시인과 소설가들은 커피하우
스에서 글을 썼고, 자신들의 작품을 교류하는 장소로 이곳을 활용했
다. 정치적 논의도 커피하우스를 통하여 전개되었는데, 영국의 역사

에서 유일한 공화제 기간이었던 올리버 크롬웰의 통치 기간(1649~1658), 런던에 많은 커피하우스가 들어섰고, 크롬웰의 사망 후 다시 왕정으로 복귀하려는 정치적 논의도 커피하우스에서 이루어졌다. 그러나 이러한 노력으로 왕위에 오른 찰스 2세는 오히려 커피하우스를 정치적 음모가 피어나는 곳이라고 생각해 1675년 커피하우스 폐쇄 명령을 내렸다. 물론 이러한 왕의 명령은 국민의 원성을 사서 완전히 실현되지는 못했지만, 이때 전체 커피하우스의 80퍼센트가량이 문을 닫았다.

산업혁명과 제국주의의 물결 속 커피와 홍차의 대결

영국의 커피 문화는 비슷한 즈음에 나타난 산업혁명과 제국주의 확산에 영향을 주기도, 또 받기도 했다. 커피의 인기가 식을 줄 모르자 영국 정부는 커피에 많은 세금을 부과했는데, 그럼에도 커피의 수요는 계속 증가했다. 산업혁명에 의한 생산과 운송의 혁신은 커피 원두를 원산지에서 영국으로 빠르게 옮겨다 주었고, 커피 수입에 관련된 사업에 종사하는 사람들은 큰 부를 축적했다.

커피 원두를 들여와 음료로 만드는 과정에도 산업혁명기의 유럽인들은 응용 기술을 개발했다. 1800년대 유럽에서는 커피 원두를 물에 넣고 끓이던 방식에서 벗어나, 홍차처럼 뜨거운 물에 우려내거나 필

터를 거쳐 추출액을 떨어뜨
리는 등 혁신적인 방법이 다
양하게 나타났다. 예를 들어
1840년경 스코틀랜드의 조
선 기술자 로버트 네이피어
Robert Napier가 개발한 진공 여
과식 사이펀으로 내린 커피

네이피어식 커피 사이펀.

는 지금도 여전히 애호가들
에게 독특한 맛과 향을 제공한다.

　당시 유럽의 제국주의 사업 곧 해외 식민지 개발과 국제 해상무역
은 더 많은 커피를 공급하는 통로가 되었다. 당시 유럽 여러 나라의
정부와 사업가들은 큰 이익을 거둘 수 있는 무역 상품을 공급해줄 식
민지를 넓혀나가려 했고, 커피 원두를 향신료와 함께 중요한 상품으
로 여겼다. 이들은 해상 운송로의 주요 항구에 커피 원두를 신선하게
보관하고 빠르게 운송하기 위한 설비와 선박을 경쟁적으로 갖추었
고, 산업혁명으로 인한 운송·조선·건축 기술들이 이를 뒷받침했다.

　원두 재배에 미친 제국주의의 손길은 좀 더 가혹하다. 커피 원두에
대한 수요가 급증하면서 원두를 재배할 농장과 인력에 대한 수요도
급증했고, 이에 제국주의 세력은 아프리카와 아메리카 대륙뿐만 아
니라 동남아시아에서도 방대한 지역을 식민지화해 대규모 커피 플랜

테이션을 조성했다. 많은 식민지 주민들이 농장에 필요한 노동력으로 동원되었으며, 농장의 생산과 이익 확대를 위해 토지 약탈과 같은 일들이 벌어졌다.

커피의 유행은 홍차 수요에도 영향을 미쳤다. 당시에 영국의 식민지는 커피보다 차를 생산하는 지역이 많았다. 이러한 상황에서 영국은 커피를 대체할 음료로 차에 관심을 가졌고, 차 문화의 역사가 오랜 중국의 차 생산 및 가공 기술을 훔치는 일도 서슴지 않았다. 영국은 커피에 대한 세금을 늘리는 동시에, 인도를 포함한 식민지에 차 농장을 조성하고 인위적으로 인력을 이동시키며 운송 인프라 건설을 위한 여러 사업을 수행했다.

이러한 상황에서 영국 내에서 커피와 차의 수요가 경쟁하기 시작했다. 커피를 즐기던 사람들이 차를 즐기는 수요로 이동하기도 했고, 커피하우스의 메뉴에 차가 추가되었다. 차 문화가 커피를 즐기는 방식에 영향을 주기도 했다. 예를 들어 영국인들이 즐기는 플랫화이트 커피는 에스프레소에 흰 우유를 섞은 것인데, 홍차에 우유를 섞어 마시는 밀크티 방식과 유사하다고 말할 수 있다.

영국의 자본시장 형성에 기여한 커피하우스

커피에 관한 한 국제 해상무역의 종착역이라고도 할 수 있는 런던의 커피하우스는 영국 자본주의의 안뜰이기도 했다. 런던의 커피하우스들이 로이드Lloyd's와 같은 세계적 자본시장을 형성하는 시작점이 되었던 것이다. 당시 전 세계에서 온 수많은 배가 런던의 템스강 선착장에 물건을 실어 날랐고, 다시 영국에서 생산된 제품을 싣고 나갔다. 영국의 해

오늘날 전 세계 해상운송 분야 정보 매체의 상징이 된 《로이드 리스트》.

상 운송업은 크게 발전해나갔으나, 지구를 반 바퀴씩 도는 장기 항해는 매우 위험한 일이었다. 해상 사고가 발생하면 선박과 화물의 손실을 보상해줄 다양한 방식의 보험 투자가 필요했다.

1688년 에드워드 로이드Edward Lloyd는 템스강 선착장 가까운 곳에 커피하우스를 열었고, 이곳이 세계 최대의 보험시장으로 발전한 로이드의 출발점이 되었다. 이 커피하우스에서 해상 운송에 관한 여러 정보가 교환되었다. 로이드는 손님들에게 빠르고 정확한 소식을 제공하고자 '러너Runner'라고 부르는 심부름꾼을 고용했다. 이들은 선착장에서 가게까지 달려와 선박의 입출항 소식을 전했고, 해상 사고 등

중대한 소식이 있으면 종업원들이 가게 모퉁이의 연단에서 크게 알렸다. 로이드 커피하우스는 1691년 런던의 금융 중심지인 시티 지역으로 이전해 1785년까지 영업을 했다. 로이드 커피하우스는 1696년 《로이드 뉴스Lloyd's News》라는 신문을 창간했는데, 이는 1734년부터 《로이드 리스트Lloyd's List》로 발전해 오늘날까지 전 세계 해상운송 분야 정보 매체의 상징이 되었다.

로이드 커피하우스는 주인이 바뀌는 과정에서 시대를 따라가지 못하고 경쟁에 밀려 1785년 문을 닫게 되었다. 그러나 로이드 커피하우스를 드나들던 보험업자와 중개인들은 이미 1771년 새로운 건물을 인수하여 새로운 개념의 로이드 커피하우스를 이어가기 위한 조합을 만들었는데, 이것이 로이드협회Society of Lloyd's의 출발이다. 원래 커피하우스에서는 주인이 커피와 좌석을 제공하고 단골 고객들이 그 장소를 자신들의 사업에 활용했다. 그러나 해상보험 인수를 전문으로 하는 보험업자 조합이 새로운 로이드 커피하우스의 실제 주인이 되고, 이 조합에 고용된 일종의 지배인이 커피하우스를 운영하게 되었다. 새로운 로이드 커피하우스는 그 안에서 보험을 인수할 수 있는 자격을 로이드협회 회원으로 한정했고, 1774년에는 런던 왕립거래소 내부로 장소를 이전했다. 지금도 로이드 보험시장 내에서 일하는 직원을 '웨이터'라고 부른다.

작은 커피가게로 시작한 로이드는 미국 독립전쟁, 프랑스혁명, 나폴레옹전쟁 등 역사의 굴곡을 거치며 해상보험 시장을 기반으로 다양한 형태의 보험 거래가 이루어지는 영국 자본시장의 상징으로 발전했다. 1871년에는 영국 의회가 로이드 보험시장만을 위한 로이드법Lloyd's Act을 제정하여 로이드 자체에 법인격을 부여했다. 이 법은 수차례 개정을 거치며 현재도 활용되고 있으며, 2000년 영국에서 자본시장을 통합하여 관리하고자 제정한 금융서비스시장법Financial Services and Markets Act에도 로이드에 관한 별도의 규정이 존재한다. 로이드는 1986년 런던 뱅크 지역의 현대식 건물로 이전하여 오늘날까지 운영되고 있다.

다시 돌아온 커피의 세대

———

2015년 기준으로 영국인들이 1인당 한 해에 소비한 커피 원두는 대략 3.27킬로그램으로, 유럽의 독일(6.18킬로그램)이나 프랑스(5.2킬로그램)보다 적다(커피 원두 소비량은 국제커피기구, 각국 인구는 대한민국 통계청 자료 참조). 그러나 18세기 후반부터 커피 대신 차를 마시던 경향은 현대에 들어 변화하는 양상을 보이고 있다. 영국커피협회British Coffee Association에 따르면 오늘날 영국인 전체가 하루에 9500만 잔 커피를 마시는데, 하루에 1억 잔을 소비하는 홍차와 비교하면 실질적으로 큰 차이가 없다고 할 것이다.

이제 영국의 젊은이들에게는 여유롭게 애프터눈 티를 즐기는 모습보다 골목의 커피하우스에서 막 내린 커피를 종이컵에 담아 가는 모습이 더 익숙하다.

런던의 거리에서는 커피 소비가 늘고 있다는 것을 쉽게 느낄 수 있다. 오래된 커피하우스들이 여전히 자리를 지키는 가운데, 여러 커피 프랜차이즈 매장이 주요 길목을 차지하고 있다. 스타벅스 매장 수를 커피 소비의 정확한 지표로 단정할 수는 없지만, 2019년 영국의 스타벅스 매장이 1000개소를 넘었다. 이는 미국과 중국, 일본, 한국, 캐나다에 이어 전 세계 6위를 차지하는 수준이며, 유럽 국가 중 가장 많은 수치다(《연합인포맥스》 2022년 4월 자료 참조). 홍차라는 대체 음료가 있음에도 커피 소비가 적지 않다는 의미다.

영국에서 커피 수요가 확대된 현상은 여러 가지로 해석할 수 있다.

차를 즐기는 인구와 커피를 즐기는 인구 사이에 연령별 차이를 발견할 수 있는데, 주로 젊은 층의 커피 소비가 프랜차이즈 매장을 중심으로 많이 이루어진다고 할 수 있다. 외국인과 내국인의 선호도 차이도 있을 수 있는데, 런던에 커피 프랜차이즈 매장이 많은 데에는 관광객이 많은 런던의 상황이 반영된 까닭도 있다. 커피 수요가 주로 젊은 층과 외국인들 사이에 강하게 나타나는 점을 고려하면, 향후 영국에서 커피 수요가 더욱 확대될 것이라고 예상할 수 있다.

영국의 커피 문화는 현대적 의미에서 재생산되고 있다. 다양한 문학과 예술 작품에서 영국의 커피 문화가 이야기되고, 전통적인 차 문화와 결합해 현대적 의미의 문화 현상이 나오기도 한다. 이제 영국의 젊은이들에게는 고상하게 앉아서 여유롭게 애프터눈 티를 즐기는 모습보다 골목의 커피하우스에서 막 내린 커피를 종이컵에 담아 걸어가는 모습이 더 익숙하다. 영국 사람들이 다양한 음식을 커피와 함께 즐기는 경우도 많아지고 있다. 이것은 한국을 포함한 세계적인 트렌드이기도 하지만, 영국 사회 스스로의 변화이기도 하다. 미래의 커피 세대가 마시는 독특한 영국 커피문화의 향을 기대한다.

사이펀 커피

상부 글래스

필터

하부 플라스크   손잡이

알코올램프

재료

(1인분) 물 150ml, 원두 12g.

(2인분) 물 250ml, 원두 20g.

(3인분) 물 360ml, 원두 28g.

만드는 법

1 사이펀 커피를 만들 때는 재료의 정량을 지키는 것이 중요하다.

2 다용도로 쓰일 뜨거운 물을 준비한다.

3 사이펀의 하부 플라스크는 갑자기 열을 가하면 깨질 위험이 있으므로, 먼
   저 뜨거운 물을 부어 예열을 한다.

4 사이펀의 상부 글래스에 필터를 끼우고, 필터 홀더에 있는 체인과 스프링을 아래로 잡아당겨 상부 글래스 유리대롱 끝 부분에 클립을 건다.

5 뜨거운 물을 하부 플라스크에 넣고 알코올램프에 불을 붙인다.

6 물이 끓는 동안 갈아놓은 원두를 상부 글래스에 담고 하부 플라스크 위에 비스듬히 걸쳐놨다가, 물이 끓으면 상부 글래스와 하부 플라스크를 꼭 끼운다.

7 잠시 뒤 상부 글래스에 물이 차오르는 것을 볼 수 있다. 스틱으로 잘 저어 물과 원두 가루가 잘 섞이도록 한다.

8 불을 끄면 상부 글래스에서 추출된 커피가 하부 플라스크로 내려간다.

권장하, 《커피 문화의 발자취》, 미스터커피 SICA 출판부, 2005, 98-99.

김봉철, 《로이드의 법적 이해》, 한국학술정보, 2009, 12-19.

박영순, 《커피인문학》, 인물과사상사, 2017, 76.

박영자, 《홍차, 너무나 영국적인》, 한길사, 2014, 110.

최재영, 《세계 커피기행》 1권, 북스타, 2013, 295.

포르투갈 디저트, 성聖과 속俗의 만남

| 임소라 |

포르투갈은 유럽의 서쪽 끝, 대서양과 맞닿아 있는 국가다. 바다를 바라보며 살아가고 사색해온 포르투갈 사람들에게 바다는 곧 삶이자 숙명이다. 파도에 몸을 싣고 세상 곳곳을 옮아 다니며 새롭게 해안선을 그려나가는 모래알처럼, 일찍이 파도에 순응하며 자연과 하나가되는 법을 깨우쳤던 포르투갈 사람들은 그 파도를 따라 유럽 국가 최초로 바다를 가로질러 대항해시대를 선도했다. 포르투갈 사람들에게 바다는 유토피아적 수사학과 대항해시대의 물질적인 성취가 빚어낸 욕망과 동경의 대상을 의미한다. 포르투갈 역사에서도 바다는

늘 욕망이 발현되고 그 욕망을 통해 다시 새로운 세계를 지향하게 하는 원동력이었다. 포르투갈을 대표하는 작가 페르난두 페소아Fernando Pessoa, 1888~1935는 자신의 시에서 포르투갈의 정체성과 떼려야 뗄 수 없는 관계를 지닌 바다의 의미를 되새긴다.

오, 짜디짠 바다여, 너의 그 소금 가운데 얼마가
포르투갈의 눈물이더냐!
우리가 너를 건너느라, 얼마나 많은 어미들이 울었더냐,
얼마나 많은 자식들이 부질없는 기도를 올렸더냐!

얼마나 많은 신부들이 낭군이 돌아오기만을 기다렸더냐
네가 우리의 것이 되기까지, 오, 바다여!
가치가 있었더냐? 모든 것은 가치가 있을 터인데
그 영혼이 작지 않다면.

보자도르곶[串]을 넘어서려는 자
고통을 넘어서야 할지니.
신은 바다에 위험과 심연을 주었으나,
그 바다에 하늘을 투영케 하였으니.

—페르난두 페소아, 〈포르투갈의 바다〉, 《메시지》(1934)

2. 음식, 유로메나의 오늘을 탐색하다

대항해시대의 서막과 끝을 장식했던 리스본 항구의 벨렝탑.

경계 지음과 동시에 경계의 넘나듦을 가능케 하는 바다의 태생적 속성처럼, 포르투갈 사람들은 바다를 바라보며 경계 너머의 '다른 세상'을 꿈꿨다. 15세기, 포르투갈 사람들에게 대구와 그리스도교는 바다 건너 새로운 유토피아 건설을 꿈꾸게 하는 강력한 동인이었다. 당시 여전히 중세적 질서에 갇혀 있던 주위 열강과 달리 대항해시대의 포문을 열고 해외 영토 개척에 발 빠르게 나서면서 포르투갈은 순식간에 유럽의 변방에서 강대국으로 급부상하게 된다.

바다와 대구, 포르투갈 식생활의 근간

대구는 중세 그리스도교 사회에서 가장 즐겨 먹었던 물고기로, 기름

리스본 시장에서 판매되는 염장 대구.

기가 많지 않아 말리기 전 소금에 절이면 보존 기간이 크게 늘어난다. 로마 교황청의 권위가 왕실의 권위를 넘어설 정도로 막강했던 중세 유럽 사회에서는 부활절 전 40일간 고기 섭취를 금했는데, 보존 기간 이 긴 대구는 그 기간에 활발히 소비되던 인기 있는 식재료였다. 하지 만 포르투갈 사람들에게 대구는 단순히 육류를 대체할 수 있는 단백 질 공급원 이상의 특별한 의미를 가지고 있었다. 기나긴 항해에 필수 적인 신체적·정신적 에너지원으로, 신항로 개척과 그리스도교 전파 라는 위대한 역사적 과업을 완수할 수 있게 했던 버팀목이었던 것이

2. 음식, 유로메나의 오늘을 탐색하다

다. 당시 항해는 끝없이 펼쳐진 망망대해에서 예기치 못한 태풍과 악천후, 험난한 조류, 굶주림, 그리고 고독과 사투를 벌이는 고된 여정의 연속이었다. 대구는 항해사들과 탐험가들이 생사의 갈림길에 놓일 때마다 나약해진 몸과 마음을 추스르는, 그야말로 한줄기 빛과 같은 '성스러운 음식'이었다. 이러한 연유 때문인지 오늘날에도 대구는 포르투갈 연안에 서식하는 정어리를 제치고 여전히 포르투갈을 대표하는 음식으로 자리매김하고 있다.

이처럼 바다와 함께 호흡하며 그리스도교를 통해 세상과 소통하는 것이 포르투갈 사람들의 생활 방식이었다. 식생활도 그러하다. 유쾌하면서도 깊이 있는 통찰력을 바탕으로 음식과 미각, 개인의 삶 간의 밀접한 연관성을 간파했던 프랑스의 미식가 장 앙텔므 브리야사바랭은 저서《미식 예찬》(1825)에서 "당신이 먹은 것이 무엇인지 말해 달라. 그러면 당신이 어떤 사람인지 말해주겠다"고 했다. 그의 말처럼, 음식을 먹는 행위는 역사적 과정의 산물이자 동시에 사람들이 저마다 가지고 있는 특유한 본성을 총체적으로 보여준다. 이러한 연유로, 우리는 식재료 재배와 조리법을 비롯해 식탁 예절 및 식생활 등의 식문화를 통틀어 문화적 표현 양식의 하나로 간주하기도 한다.

대서양과 지중해를 동시에 접하는 반도국에서 바다음식을 활용한 조리법이 음식 문화의 근간을 이룬다거나, 가톨릭의 강력한 영향하에 있던 서구의 음식 문화에 종교적 연원이 있다는 건 그리 놀라운 사실이 아닐 것이다. 하지만 디저트마저 동일한 시각에서 설명될 수 있다고 하면 이야기는 좀 더 흥미로워진다.

종교와 포르투갈 디저트의 관계

디저트는 제아무리 다양하고 독창적인 자태를 뽐낸다 하더라도, 그 맛만은 늘 '달콤함'이라는 한 가지 표현으로 수렴된다. 디저트가 흔히 감각적 즐거움을 위해 만들어진 요리로 치부되는 것도 바로 이러한 이유일 것이다. 그러나 언어학자 댄 주래프스키는《음식의 언어》(2014)에서 다음과 같이 말한다.

> 디저트는 그저 감각적인 즐거움 이상의 것이다(레스토랑 리뷰를 쓸 때 디저트 때문에 더 높은 평점을 주게 된다 할지라도). 그것은 겉모습 뒤에 숨어 있는 음식의 언어, 한 입 한 입 먹는 모든 음식의 바탕에 깔려 있는 암묵적인 문화구조를 반영한다.
>
> — 댄 주래프스키,《음식의 언어》(한국어판, 2015)

3세기경 인도의 설탕이 유럽으로 전해지면서 시작된 디저트의 역사는 오랫동안 인류의 정신문화를 지배해온 종교사의 흐름을 비롯해 아시아와 유럽, 신대륙을 잇는 문화 혼종의 시작과 궤를 같이했다. 유럽의 디저트는 각 지역의 식문화에 따라 다양한 형태로 변신에 변신을 거듭해왔지만, 포르투갈의 디저트는 변치 않는 한 가지 공통점을 지니고 있다. 바로 유럽의 그 어떤 디저트보다도 종교적이라는 것이다.

얼핏 보기엔 향락과 사치에 좀 더 가까운 듯한 디저트의 이미지는 금욕과 절제를 강조하는 종교의 경건한 삶에 맞지 않아 보인다. 하지만 본디 디저트는 신을 모시는 봉헌제에서 사용하던 음식이었다. 포르투갈을 대표하는 전통 디저트는 그 어원부터 종교적 색채가 물씬 풍긴다. '베들레헴 파이'라는 뜻인 '파스텔 드 벨렝Pastel de Belém' 혹은 '커스터드크림 파이'를 뜻하는 '파스텔 드 나타Pastel de Nata'라고 불리는 에그타르트인데, 우유와 설탕, 달걀의 혼합물로 만든다. 달걀은 부활절을 상징하는 음식이기도 하지만, 달걀흰자는 중세의 포르투갈 수녀원에서 수녀복을 다림질하는 일상적인 용도로도 사용되었다. 그렇다면 흰자를 다림질에 사용하고 남은 어마어마한 노른자들은 어떻게 처리됐을까? 창의적이게도 수녀들은 이 축복받은 풍부한 재료로 '나타'라고 불리는 커스터드크림을 만들어 타르트의 풍미를 살리는 데 활용했다. 이 때문에 포르투갈에서 에그타르트는 '나타'로 약칭되기도 한다.

서민 신분으로는 감히 쉽게 맛볼 수 없던 귀한 음식 나타가 포르투갈의 '국민 디저트'로 자리 잡게 된 결정적인 계기가 있다. 15~16세기 한 손에 성경을 들고 대항해시대의 선봉장으로 세계의 절반을 호령했던 포르투갈은 1822년 식민지였던 브라질의 독립과 함께 끝없는 추락을 경험하게 된다. 당시 포르투갈에서 발발한 자유혁명Guerras Liberais은 국운의 쇠락을 더욱 가속한 사건이었다. 1826년 동 주앙 6세D. João VI, 1767~1826의 서거 후 포르투갈의 왕위 계승을 둘러싸고 입헌주의자였던 동 페드루 4세D. Pedro IV, 1798~1834와 절대주의자였던 동 미겔 1세D. Miguel I, 1802~1866 사이에 이른바 '형제의 난'이 벌어진다. 6년간 이어진 지난한 내전은 포르투갈 민중의 삶을 할퀴고, 지독한 가난으로 내몰았다. 이후 입헌주의자들의 승리로 전쟁이 종식된 뒤, 왕위를 계승한 도나 마리아 2세Dona Maria II, 1819~1853는 1841년 중반까지 로마 교황청과 우호 관계를 중단한 채, 절대주의자들을 지지했던 교회를 억압하고 성직자들의 전 재산을 몰수하여 재정난을 극복하고자 했다. 이에 따라 1837년 제로니무스 수도원이 폐쇄되었고, 생계가 막막해진 수도사들은 수도원에서 전해 내려오던 비법대로 나타를 만들어 서민들에게 판매하기 시작했다. 요즈음에는 리스본 시내의 모든 카페와 베이커리에서 나타를 쉽게 만나볼 수 있지만, 정통 나타는 오직 리스본 벨렝 지구에 위치한 185년 전통의 베이커리 파스테이스 드 벨렝Pastéis de Belém에서만 맛볼 수 있다.

초기 나타는 수도원 바로 앞에 위치한 제당소 곧 설탕 제분소 안에 임시로 마련된 장소에서 판매되었다. 16세기 유럽과 아프리카, 아메

파스테이스 드 벨렝에서 판매되는 나타.

리카 대륙 간 설탕무역과 노예무역을 통해 엄청난 부를 축적했던 포르투갈의 성직자들이 국가의 화려한 비상을 상징했을 제당소의 한편에서 생계를 위해 서민들에게 나타를 판매했다니 참으로 아이러니가 아닐 수 없다. 서민들에게는 '그림의 떡'이었을 나타가 판매되기 시작하자, 제당소는 연일 문전성시를 이뤘다. 결국 수도사들은 수도원에서 한 블록 떨어진 지금의 자리에 별관까지 지어 나타 판매에 나섰다. 이후 포르투갈 사업가 도밍구스 하파엘 알베스Domingos Rafael Alves가 수도원 파티셰로부터 레시피를 양도받아 정식 베이커리를 열게 되었고, 현재는 그 후손들이 가업을 물려받아 옛 방식 그대로 타르트를 만들어 팔고 있다.

오븐에서 갓 구워낸 따끈따끈한 나타는 겉은 바삭하고 속은 촉촉한, 이른바 '겉바속촉'의 정수라 해도 과언이 아니다. 그 위에 계핏가루를 살살 뿌려 크게 한입 베어 물면 고소한 타르트 반죽의 바삭거리는 식감과 어우러진 커스터드크림 특유의 부드럽고 깊은 달콤함이 금세 입안 가득 퍼진다. 나타와 가장 궁합이 잘 맞는 음료는 진한 커피 본연의 쌉싸름한 맛이 살아 있는 비카Bica다. 에스프레소 커피를 지칭할 때 리스본 사람들이 사용하는 용어로, "이것은 설탕과 함께 드세요"라는 뜻의 포르투갈어 문구 "Beba isto com açúcar!"의 머리글자에서 비롯되었다. 하지만 나타와 함께할 때만은 설탕을 잠시 잊어도 좋을 것 같다. 쌉싸름한 커피 맛과 부드럽고 달콤한 나타의 맛이 만나면 그 풍미를 배로 느낄 수 있을 것이다.

벨렝 지구를 벗어나 테주강변을 따라 걷다 보면 리스본의 명물인 28번 트램을 탈 수 있다. 이 노란색 트램에 몸을 맡기고 리스본 시가지의 좁은 골목길들을 오르락내리락하다 보면 유독 발길을 사로잡는 동네가 한눈에 들어온다. 바로 시아두다. 리스본 시내 중심에 위치한 시아두는 리스본의 과거와 현재가 함께 살아 숨 쉬는 곳이자, 페소아를 비롯해 20세기 포르투갈을 대표하는 수많은 예술가에게 영감의 원천이 되었던 장소다. 그 명성답게 발길 닿는 곳마다 오래된 노천카페와 서점, 빈티지 감성을 자극하는 아늑한 소품 상점, 유서 깊은 박물관과 극장 건물들 사이로 현대적인 인테리어를 갖춘 세련된 비스트로와 아트 갤러리는 물론, 열정 가득한 거리 예술가들의 버스킹 및 작품들이 지나는 사람들의 눈과 귀를 사로잡는다.

트램에서 내려 117년 역사를 자랑하는, 리스본 최초로 커피만을 전문으로 판매한 카페 아 브라질레이라A Brasileira를 지나면 '성찬의 거리'라는 뜻의 칼사다 두 사크라멘투Calçada do Sacramento 거리에 다다른다. 성찬의 거리라니… 촉촉한 황금빛 크림을 품은 오부스 몰르스 드 아베이루Ovos Moles de Aveiro를 판매하기에 이보다 더 안성맞춤인 곳은 없을 것이다. '아베이루의 반숙 달걀'이란 뜻인 '오부스 몰르스 드 아베이루'는 리스본에서 북쪽으로 255킬로미터 떨어진 아베이루 지역의 특산품이다. 가톨릭교회의 성찬식 때 사용하는 제병祭餅 껍데기에 달걀노른자로 만든 크림을 채워 넣은 과자다. 일종의 포르투갈식 슈아 라 크렘Chou à la Crème이라고 할 수 있지만, 우유가 들어간 커스터드크림을 사용하진 않는다. 얇고 투명한 제병의 특성상 커스터드크림은 흘러내려 적합하지 않다. 신선한 달걀노른자와 설탕에 물을 조금 섞어 만든 농후한 크림과 달걀흰자를 써서 슈의 형태를 고정한다. 윤기가 흐르는 신선한 달걀노른자의 빛깔, 영양, 향기, 맛이 고스란히 농축되어 탱글탱글하고 쫀득한 크림의 여운이 쉽게 가시지 않는다. 물고기, 조개, 소라껍데기와 같은 다양한 바다음식을 본떠 만든 모양도 기억에 남는다.

리스본 시내에서 판매하는 오부스 몰르스 드 아베이루(위), 리스본 최초로 커피만을 판매한 카페 아 브라질레이라 내부 정경(아래 왼쪽), 리스본의 명물 28번 트램(아래 오른쪽).

　오부스 몰르스는 나타와 마찬가지로 귀족이나 성직자 같은 고귀한 신분 계층을 위해 수도원에서 생산하던 디저트였다. 19세기 자유혁명으로 아베이루 전역의 수도원이 문을 닫자, 수녀들에게서 레시피를 전수받은 이 지역 여성들이 아베이루역 기차 승강장에서 전통 의

　　　　　　　　　　　2. 음식, 유로메나의 오늘을 탐색하다

상을 입고 판매에 나서면서 널리 알려지게 되었다. 오늘날에는 포르투갈 전국 각지에서 판매되는 아베이루 대표 명물로 자리매김했으며, 유럽연합 인증을 최초로 획득한 포르투갈 제과 제품이기도 하다. 우리의 천안 호두과자와 비슷한 방법으로 널리 알려진 탓일까? 낯선 듯 낯설지만은 않은 친근함이 느껴진다.

디저트, 강렬한 매혹의 기억
——

먹는 이에게 디저트는 그 어떤 음식보다도 강한 기억과 인상 그리고 향기를 각인한다. 사실 디저트의 가장 중요한 속성은 맛 그 자체가 아닌 미각의 기억에 있다. 프루스트가 쓴 《잃어버린 시간을 찾아서》(1913~1927)의 주인공 마르셀이 우연히 홍차에 적신 마들렌을 한입 베어 물며 과거의 잃어버린 기억들을 떠올렸듯, 디저트는 우리에게 다양한 맛을 제공해주고 과거의 경험과 기억을 현재로 소환해내는 힘을 지닌다. 이는 어떤 맛에 대한 기억이 우리가 경험했거나 속해 있는 주변 환경과 얽힌 관계 속에서 형성되기 때문이다. '달콤하다', '씁쓸하다'와 같은 맛 표현의 태반이 심상과 관련되어 있다는 사실만 봐도 그렇다. 게다가 세계 모든 언어에서 '달콤하다'라는 표현은 긍정적인 기억과 연관된다. 그 때문일까? '달콤함'으로 상징되는 디저트는 흔히 떠올리는 것만으로도 절로 미소가 번지게 하는 대상이거나 거부활 수 없는 마성의 매력을 지닌 존재로 묘사되곤 한다.

브라질 작가 루이스 페르난두 베리시무의 소설 《비프스튜 자살클럽》(1998)은 목숨과 맞바꿀 정도로 치명적인 디저트의 매력을 설파한다. 오로지 맛있는 음식을 먹는 게 유일한 삶의 목적인 '비프스튜 클럽' 회원들은 한 달에 한 번 회원들의 집을 돌아가며 미식의 향연을 펼친다. 십년지기 사이인 남성 회원 열 명은 22년간 월간 만찬을 이어왔으나, 클럽 창립자인 라모스가 에이즈로 갑작스레 사망한 후 모임이 시들해진다. 하지만 어느 날 와인 가게에서 우연히 알게 된 요리사 루시디오를 새 회원으로 영입하면서 '비프스튜 클럽'의 회원들은 다시금 악마의 유혹처럼 황홀한 미식의 쾌락에 걷잡을 수 없이 빠져든다. 그러나 언제나 그렇듯 달콤한 쾌락의 대가는 크다. 루시디오의 만찬이 끝날 때마다 그의 요리를 먹은 사람들은 차례로 의문의 죽음을 맞는다. 루시디오의 여덟 번째 만찬이 개최되던 날, 티아고는 자신이 독살당할 것을 알면서도 달콤한 마르키즈 초콜릿의 유혹을 끝내 뿌리치지 못한다.

"정말 더 들지 않겠습니까?"

루시디오가 티아고에게 물었다.

"그렇소, 사양하겠소."

"디저트는?"

티아고는 망설였다.

"크레프가 더 남아 있소?"

"아니오. 초콜릿 마르키즈를 준비했죠."

티아고가 꼴깍 침을 삼켰다.

"초콜릿 마르키즈라고요?"

"그렇습니다. 그런데 한 가지 문제가…"

"그게 뭐죠?"

"한 사람 먹을 분량밖에 없습니다. 시간이 부족해서…"

초콜릿마니아는 불안하면서도 슬픈 표정으로 우리를 힐끗 보았다. [⋯]

루시디오는 테이블 옆에 서 있고 초콜릿마니아는 마르키즈를 게걸스럽게 먹어치웠다. 그의 뺨 위로 눈물이 흘러내렸다.

— 루이스 페르난두 베리시무, 《비프스튜 자살클럽》(한국어판, 2007)

16세기 유카탄반도 연안의 카카오 열매가 유럽에 처음 소개된 이래, 초콜릿은 '신의 음식'으로 지칭되며 유럽인들의 입맛을 사로잡았다. 이후 카카오 열매와 함께 사탕수수 역시 브라질과 서인도제도에서 포르투갈과 스페인 식민 정복자들에 의해 대량 재배되면서, 디저트에 없어서는 안 될 재료인 설탕의 저렴한 공급이 가능해졌다.

그렇게 디저트는 세상을 평정했다. 우리는 이제 과거의 상류층은 상상도 못할 만큼 형형색색 다양하고 화려한 디저트를 언제 어디서나 마음껏 즐길 수 있다. 바야흐로 디저트의 민주주의 시대가 도래한 것이다. 신에게 바치는 음식에서 모두가 함께 즐기는 음식이 된 디저트의 행보는, 엄격한 규율을 강조하는 근본주의에서 벗어나 현실 참여와 실천 중심의 세속화를 지향하는 현대 종교의 행보와도 맞닿는다. 소수의 즐거움이 모두의 즐거움이 될 때 비로소 진정한 가치가 구현되기 때문이다.

파스텔 드 나타

재료

강력분 30g, 박력분 100g, 물 45mL, 달걀노른자 4개, 우유 145mL, 생크림 110g, 레몬 껍질 1개분, 바닐라빈 1/3개, 소금 2g, 설탕 83g, 버터 85g, 계핏 가루.

만드는 법

1 타르트지 준비

　1 │ 찬물에 소금 2g과 설탕 8g을 녹이고, 버터는 깍둑썰기 한다.

　2 │ 강력분과 박력분을 체에 쳐서 우묵한 그릇에 담은 뒤, 깍둑썰기 한 차가운 버터를 넣고 스크레이퍼로 잘게 쪼개 밀가루와 잘 섞는다.

3 | 2)의 혼합물에 소금과 설탕을 녹인 찬물을 부어 다시 섞은 뒤, 한 덩이로 가볍게 뭉쳐 냉장고에 넣고 30분 정도 숙성시킨다.

2 타르트필링 준비
1 | 타르트지 반죽이 숙성되는 동안, 타르트필링을 준비한다.
2 | 그릇에 달걀노른자와 남은 설탕을 모두 넣고 잘 섞어둔다.
3 | 냄비에 우유, 생크림, 레몬 껍질, 바닐라빈을 넣고 중불에 천천히 저어가며 끓인다. 가장자리가 보글보글 끓기 시작하면 불에서 내리고, 체에 한 번 걸러 식힌다.
4 | 식은 혼합물을 노른자와 설탕을 섞어둔 그릇에 천천히 부으며 섞는다.

3 필링이 완성되면 냉장고에서 타르트지 반죽을 꺼내 약 35~40g씩 나누어 밀대로 가볍게 밀며 편다. 이때 오븐은 180도로 예열해둔다.

4 타르트지 반죽을 틀에 맞게 넣고 손으로 눌러가며 모양을 잡은 뒤, 타르트필링을 90퍼센트 정도 채운다.

5 180도로 예열한 오븐에서 약 30분간 구운 뒤, 노릇하게 완성된 파스텔 드 나타에 계핏가루를 뿌려 낸다.

댄 주래프스키, 김병화 옮김, 《음식의 언어》, 어크로스, 2015.

루이스 페르난두 베리시무, 이은정 옮김, 《비프스튜 자살클럽》, 웅진지식하우스, 2007.

장 앙텔므 브리야사바랭, 홍서연 옮김, 《브리야사바랭의 미식 예찬》, 르네상스, 2004.

Chaline, Eric, *Fifty Animals that Changed the Course of History*, Firefly Books, 2015.

Pessoa, Fernando, *Mensagem*, Rio de Janeiro: Edições de Janeiro, 2014.

파술리야, 시리아 여성과 함께
세상 밖으로 행진하다

| 이수정 |

파술리야를 맛보다

10여 년 전, 시리아 다마스쿠스에 잠시 살았던 적이 있다. 유학생이 많이 모여 살던 동네가 아닌, 시리아 현지 사람들이 주로 거주하는 지역에 있는 집이었다. 큰 집을 임시 벽으로 나누어, 공간이 작은 쪽에 세입자를 들이고 큰 쪽에는 주인 가족이 살았다. 먼저 세 들어 살던 선배 뒤를 이어 그 집에 살게 되었는데, 주인집과 경계를 이루는 벽에 귀를 대면 그 집에서 무슨 일이 있는지, 지금 어떤 텔레비전 프로그램을 시청하고 있는지 다 알 정도였다. 의도하지 않았지만 주인집이나 우리 집에 손님이 오갈 때면 서로가 다 알 수 있었고, 우리 집에 손님이 많이 찾아온 날에는 주인집에서 직접 만든 시리아 전통 음료와 주전부리를 가져다주곤 했다.

당시 주인집 아주머니는 아직 학교에 들어가지 않은 어린 딸과 아들을 키우는, 아무리 많이 잡아도 30대 초반을 넘지 않아 보이는 젊은 여성이었다. 음식 솜씨가 정말 좋았는데, 2~3일이 멀다 하고 주인집에 놀러 가서 이야기를 나눌 때마다 항상 음식 재료와 작은 칼을 손에 쥐고 저녁거리를 다듬고 있었다. 이런저런 이야기를 나누다 보면 어느덧 저녁식사 시간이 되었고, 자연스럽게 식탁에 함께 둘러앉아 식사를 했다. 시리아에 머문 지 얼마 되지 않았던 터라 시리아 음식을 다양하게 접하지 못한 때였는데, 마치 우리나라의 된장찌개, 김치찌개와 같다는 토마토 요리를 먹고 그 매력에 푹 빠져버렸다. 연신 맛있다는 말을 거듭하며 한 그릇을 뚝딱하니, 주인 가족은 그 음식을 할 때마다 꼭 한 대접 가득 담아 신선한 샐러드와 함께 아이 손에 들려 우리 집으로 보내왔다. 그렇게 집 초인종 소리가 사나흘에 한 번씩은 꼭 울렸으니, 가히 우리의 된장찌개, 김치찌개와 같은 음식이었다. 시리아에 있는 내내, 한국으로 돌아와서도 편하게 '토마토 국'이라고 말하던 그 음식을 주인집에서는 '파술리야Fasoulia'라고 불렀다.

파술리야가 시리아에서만 먹는 음식은 아니다. 지중해 주변 국가는 물론이고, 유럽의 영향을 받은 중남미 국가에서도 즐겨 먹는 음식이다. 메나 지역 국가 중에서는 시리아, 레바논, 팔레스타인, 요르단, 이라크, 사우디아라비아, 예멘, 이집트, 수단, 리비아 등 거의 모든 지역에서 쉽게 찾아볼 수 있다. 터키에서는 유사한 음식을 '쿠루 파술리에Kuru Fasulye'라고 부르고, 그리스에서는 '파솔라다Fasolada', 스페인에서는 '파바다Fabada', 포르투갈과 브라질에서는 '페이주아더Feijoada', 이탈리아에서는 '파졸라타Fagiolata', 루마니아에서는 '파솔레Fasole'라고 칭한다. 일반적으로 영어로 이야기할 때는 화이트빈 스튜White Bean Stew 혹은 화이트빈 토마토 수프White Bean Tomato Soup라고 한다. 조금씩 부르는 이름이 다르고, 조리법도 차이가 있다. 무슬림이 다수인 국가에서는 같은 음식이라도 종교 금기에 따라 절대로 돼지고기를 넣지 않는다. 반면 유럽을 비롯한 다른 지역에서는 돼지고기와 소시지까지 취향에 따라 마음껏 재료를 추가한다. 이름도 다르고 넣는 재료에도 차이가 있지만, 이들 대부분은 파술리야를 편하게 즐겨 먹는 국가 대표 음식으로 꼽는다. 요즘 우리나라에서 널리 쓰이는 말로 표현하자면, 파술리야는 이들 나라의 대표적인 '집밥 메뉴'인 것이다.

한국 주방에서 파술리야 만들기

많은 국가와 지역에서 먹는 음식인 만큼 조금씩 다르게 다양한 방법

2. 음식, 유로메나의 오늘을 탐색하다

으로 만들어지고, 들어가는 재료에 따라 맛과 풍미가 달라지지만, 공통적으로 가장 기본이 되는 조리법과 재료가 있다. 흰강낭콩, 토마토, 양파, 마늘, 올리브유, 물, 소금, 후추가 필수다. 토마토는 보통 생토마토나 토마토퓌레를 쓰지만, 여의치 않을 경우 시판 스파게티용 토마토소스를 사용해도 좋다. 이에 더해 개인의 취향에 따라 고기류를 넣는다. 소고기, 양고기, 돼지고기 모두 사용할 수 있으나, 이슬람 세계에서는 돼지고기를 사용하지 않는다. 다짐육이나 잘게 다진 고기를 넣는 것이 일반적인데, 이 또한 취향에 따라 크기를 정한다. 문화권에 따라 소시지와 같은 가공육을 넣기도 한다. 또한 옥수수, 파프리카와 같은 채소를 넣기도 한다. 시리아에서 먹었던 주인집 파술리야에는 깍지 콩을 듬성듬성 썰어 넣어 색과 식감을 더했다. 향신료를 첨가하기도 하는데, 토마토 요리인 만큼 풍미를 더할 수 있는 바질이나 오레가노, 고수를 잘게 잘라 고명처럼 올린다.

조리법은 흰강낭콩을 물에 불리는 것부터 시작한다. 최소한 한 시간 이상 불려야 하는데, 빠르게 조리하려면 통조림 콩을 사용할 수도 있다. 냄비에 올리브유를 소량 붓고 다지거나 저민 마늘을 볶아 마늘향을 낸다. 거기다 잘게 다진 양파를 볶아 익기 시작하면, 취향에 따라 준비해둔 고기, 옥수수 등과 향신료를 함께 볶으면서 소금과 후추로 밑간을 한다. 어느 정도 기본 재료가 익으면 토마토퓌레와 불려둔 콩을 넣어 약한 불에 1시간 이상 끓인다. 고기와 콩이 모두 다 익으면

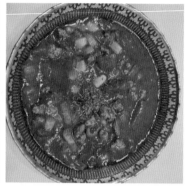
시리아에서 많이 먹는 파술리야(왼쪽)와 한국에서 재현한 파술리야(오른쪽).

마지막으로 간을 맞추고, 잘게 다진 고수를 뿌려 상에 낸다.

파술리야의 맛은 상상하는 것보다 한국인 입맛에 잘 맞는다. 토마토로 끓인 스튜라는 편견 아닌 편견으로 낯선 맛이 날 것이라 생각하기 쉬운데, 고기와 채소에서 푹 우러난 깊은 맛이 국물 음식을 즐기는 한국 사람 입맛에 잘 맞아떨어진다. 토마토의 향이 바탕에 깔리면서 가미하는 향신료에 따라 살짝 매콤한 느낌도 난다. 또한 각양각색의 채소와 고기는 저마다 다른 식감으로 씹는 즐거움을 선사한다. 일반적으로 버터나 올리브유를 넣어 지은 밥과 함께 먹는데, 이렇게 한 상 가득 차리고 나면, 마치 우리네 국밥 내지는 덮밥과 같은 느낌이 든다.

이렇게 광범위한 지역에서 값비싼 재료가 없이도 편하게 즐겨 먹는 음식이지만, 10여 년 전 시리아 도심에 위치한 식당에서는 오히려 찾아보기 어려운 음식이었다. 먼저 시리아 생활을 하던 선배들은 이

2. 음식, 유로메나의 오늘을 탐색하다

제 집밥 스타일의 음식을 밖에서 사 먹게 된 한국과 달리 당시 시리아에서 외식이란 집에서 먹기 어려운 특별한 음식을 먹는 것이기에 오히려 시리아의 집밥 음식은 식당에서 쉽게 사 먹을 수가 없다고 평했다. 실제로 시리아 사람들의 집밥은 옆 주인집에 놀러 가서야 먹을 수 있었고, 사람들에게 인기 있는 식당은 대부분 프랑스나 이탈리아, 중국 음식을 파는 곳이었다.

난민의 삶을 시작한 사람들

시리아를 떠나고 몇 년 후, 유럽 사람들이 여행자의 천국이라 평가하기도 했던 시리아에 엄청난 비극이 닥쳤다. 2010년부터 메나 국가를 휩쓴 '아랍의 봄'은 시리아에도 영향을 미쳤고, 이는 시리아 내전으로 이어졌다. 무장 세력인 ISIS가 2015년 이슬람 국가 수립을 선언하며 시리아의 정부군과 반정부군 간 내전에 끼어들어 북부 지역을 장악하면서, 시리아는 극심한 전쟁과 혼란에 빠져들었다. 2010년부터 꾸준히 유럽으로 향하던 메나 출신 난민 대열에 2015년에는 시리아 난민이 대거 합류하면서 난민 수가 가히 폭발적으로 증가했다. 물론, 뭇사람의 오해와 달리 시리아 출신 난민이 유럽으로만 향한 것은 아니었다.

코로나19의 창궐로 전 세계의 인구 이동이 제한되기 직전인 2019년

2015년 10월, 그리스 연안에 좌초한 시리아·이라크 출신 난민.

에 UN이 발표한 자료에 따르면, 메나 지역에서 자기 나라를 떠나 다른 지역에 정착한 사람들의 수는 약 4000만 명에 달한다. 이 중 시리아 출신 이주민은 약 822만 5000명이다. 특히 이들 이주민 중 난민 신분으로 해외 이주를 선택한 인원은 약 661만 6000명으로, 전체 이주민의 80.4퍼센트에 달하는 높은 비율을 기록했다. 이주민 대비 난민 비율이 두 번째로 높은 아프가니스탄의 경우 이주민 약 512만 명 중 난민은 약 272만 8000명, 약 53.2퍼센트라는 사실과 비교해볼 때, 시리아 출신 난민의 수가 절대적인 수치로도, 비율로도 높다는 사실을 알 수 있다.

연일 언론에서 보도하는 기사를 보면서 사람들은 짐짓 시리아 출신 난민 대부분이 유럽으로 몰려가고 있다 생각했다. 난민 캠프나 유럽 사회에서 난민이 저지르는 범죄나 폭력적인 사건을 보면서 사람들은 난민들이 생존을 위해 유럽으로 온 게 아니라 이 기회에 유럽에서 살아보려고 이주를 선택한 기회주의자인 양 평가하기도 했다. 그러나 통계를 살펴보면, 실제로 시리아 난민이 가장 많이 선택한 국가는 튀르키예(약 357만 6000명), 레바논(약 91만 명), 요르단(약 65만 4000명)이다. 난민과 이주민 모두 합친 통계를 보아도, 시리아 출신 이주민이 선택한 국가 중 다섯째 순위에 가서야 독일이 첫 유럽 국가로 등장한다.

시리아 출신 난민의 절대 다수가 유럽을 향한 것은 아니지만, 같은 언어·종교·문화권이 아님에도 많은 수가 유럽에 흘러든 것은 사실이고, 이들을 받아들여야 하는 유럽 사회에 충격이 가해진 것 역시 부인할 수 없을 것이다. 또 한순간에 휘몰아친 난민 유입과 별개로 이주 무슬림과 선주민 사회 간 관계와 갈등, 공존과 동화는 유럽 사회에서 수십 년간 고민하고 답을 찾으려 노력한 사안이었다. 유럽의 국가들은 국가별 상황과 신념에 따라 동화 정책, 다문화 정책, 분리 정책 등을 시도하며 이주민과 함께 살기 위한 해법을 찾고자 했다. 눈에 띌 정도로 성공적인 정책을 찾지 못한 채 메나 출신 이주민의 수는 폭발적으로 증가했고, 이주민을 받아들인 주요 유럽 국가들은 자신들의 사회에 난민을 적응시키기 위한 교육 프로그램을 비롯해 다양한 사회 통합 정책을 시행했다.

유럽에서 무슬림 이민자를 수용하는 방법과 이들이 유럽 사회에 적응하게끔 유도하는 정책을 연구하는 작업은 꾸준히 진행되어왔다. 유럽 사회는 무슬림 이주민을 받아들이는 수용자이면서 동시에 무슬림 공동체와 지배-피지배 관계를 형성한다. 유럽 정부는 무슬림 공동체의 삶을 제한할 수 있는 권한을 갖고, 무슬림은 이들의 정책을 따라야 하는 처지다. 모든 관계를 칼로 툭 베어내듯이 양분할 수 없으므로 유럽 사회와 이주 무슬림 공동체는 상호 영향을 주고받으며 새로운 사회 · 문화 형태를 만들어낸다. 이런 과정에서 전면에 드러나지는 않지만 무슬림 공동체의 일원으로 살고 있는 한 집단에 집중해보려 한다. 바로 무슬림 난민 여성의 삶이다.

이주민, 난민, 무슬림으로 살아가는 삶
———

무슬림 난민 여성의 삶을 살펴보려면 기존에 유럽 사회에 거주하던 이주 무슬림의 삶을 먼저 알아야 한다. 이전에 진행한 연구 결과에 따르면, 2016년 유럽 내 무슬림 인구는 전체 유럽 인구 대비 4.9퍼센트에 달하는 수치를 기록했다. 무슬림 인구가 가장 많은 프랑스의 경우 전체 인구의 8.8퍼센트, 독일은 6.1퍼센트, 영국은 6.3퍼센트를 기록했다. 유럽의 이주 무슬림 인구는 한순간에 구성된 것이 아니다. 역사상 아주 오래전부터 유럽과 메나 지역의 인적·물적 교류가 이뤄졌고, 가깝게는 서구 열강의 식민지배 시기에 무슬림 인구가 빠르게 유럽 사회로 유입되기 시작했다.

난민이 아니었던 이들 무슬림은 대체로 경제 활동을 목적으로 이주했다. 물론 더 나은 교육을 받으려고, 또는 이미 교육 수준이 높은 무슬림이 더 좋은 직업 환경이나 거주 환경을 찾아, 또 자녀에게 더 나은 기회를 열어주고자 이주하는 경우도 있었다. 그러나 대체로 유럽의 발전한 산업 체계에 편입되어 경제 활동을 하면서 소득을 창출하고, 이를 통해 본국의 가족을 부양하려는 것이 주목적이었다. 따라서 과거 이주 무슬림은 주로 젊은 남성 노동자들이었다.

이들이 구할 수 있는 직업은 한정되었다. 대체로 노동 집약적 특성을 띠는 산업 현장에 자리 잡았다. 영국에서는 금속·섬유·자동차 공업에 종사하는 경우가 많았고, 독일에서는 제조업·건설업 등에 다수가 정착했다. 특히 이민 1세대의 경우, 특별한 기술을 요구하지 않고 현장에서 습득해 일할 수 있는 영역에 집중되었다. 산업 노동이 아닌 상업 분야에 종사하는 무슬림도 꾸준히 존재했는데, 이들은 대체로 같은 무슬림을 대상으로 한 식료품 유통, 통신, 여행, 요식업에 종사했다. 따라서 이민 1세대의 경우 사회의 특정한 계층에 주로 속하게 되었고, 이들은 유럽 사회 안에서 자신들만의 공동체를 만들고 각종 소비재 공급과 수요도 이 공동체 안에서 스스로 해결했다.

이주민 공동체의 역사가 길어지면서 유럽 사회에는 이미 이민 2세대, 3세대가 등장했다. 이들은 무슬림 정체성을 지닌 가정에서 종교·관습·문화 교육을 받으며 성장했으나, 사회적으로는 유럽 사회의 정규 교육 과정을 밟고 서구인으로서도 정체성을 형성했다. 또한 법적으로 이민 2세대는 직업의 제한 없이 능력에 따라 원하는 직업을 가질 수 있었다. 이민 2세대가 느끼는 사회 내 유리천장이나 사회적 불의로 말미암아 자생형 테러리스트가 나타나고 이로 인한 사회 문제가 급격하게 대두되기도 했으나, 다수의 이민 2세대는 유럽 사회 안에서 자리를 잡고 나름의 삶을 꾸려가고 있다. 서로 다른 두 문화가 지배-피지배 관계를 구성하며 마주쳤으나, 결국 한 문화에 다른 문화가 종속되거나 흡수된 게 아니라 새로운 사회·문화적 영역을 구축한 것이다.

이민 1세대의 경우, 직업과 계층이 선택의 자유보다는 외부 환경 요인에 더 크게 좌우되었다. 언어 구사력의 한계, 이슬람을 향한 배타성, 문화 차이 등으로 인하여, 배경이 비슷한 무슬림을 상대하는 직업을 가지거나, 자신이 드러나지 않는 영역에서 반복 노동을 하는 이주민이 다수였다. 이와 반대로 이민 2, 3세대의 경우 개인의 능력과 욕구에 따라 직업을 선택할 수 있었다. 분명히 사회 내에 차별과 한계는 존재하지만, 그럼에도 자신의 목표를 성취하는 사람들이 나타났고,

　　　　　　　　2. 음식, 유로메나의 오늘을 탐색하다

앞으로도 점점 사회의 모습은 변할 것이다.

난민음식축제, 유럽 속 난민이 들려주는 이야기

2018년 한국 사회에도 난민과 관련한 사회 갈등이 첨예하게 나타났다. 어느 날 갑자기, 제주도로 500명이 넘는 예멘 난민이 입국했다. 사람들은 두려워했고, 난민 입국을 반대하며 이들을 수용하지 말아야 한다는 목소리가 높아졌다. 그러나 결국 적법한 심사를 거쳐, 이들 중 문제가 있는 일부를 제외한 나머지 예멘 출신 난민은 한국에 체류할 수 있는 권한을 얻었고, 직업을 얻어 생활할 수 있게 되었다. 이들은 전국에 있는 공단, 산단, 어업 관련 일터로 흩어져 일하기 시작했다. 2021년에는 아프가니스탄의 정세가 급변하면서 아프가니스탄인 391명이 '특별기여자' 신분으로 한국에 입국했다. 이들은 우리 정부의 관리하에 적응 교육을 받고, 각자의 능력과 요구에 따라 일자리를 얻고 한국에서 삶을 누리게 되었다. 한국으로 갑작스럽게 유입된 인구는 사건에 따라 500명을 오가는 수준이다. 수백 명 수준임에도 한국 사회는 충격을 받았고, 이를 둘러싼 갈등이 끊이지 않았다. 그러나 아이러니하게도 수백 명 수준이었기 때문에, 사회적 논의와 합의가 진행된 후에는 정부의 관리 아래에서 부드럽게 한국 사회 속에 유입되고 안착할 수 있었다.

(왼쪽부터 시계방향으로) 2017년 스페인에서 열린 난민음식축제 포스터, 난민음식축제에서 요리를 하는
난민 여성, 축제에서 음식을 즐기는 사람들.

반면, 유럽은 달랐다. 유럽 사회로 한순간에 유입된 난민은 수십, 수
백만을 넘었다. 이번에는 남성과 여성의 비율이 거의 비슷하게 나타
났고, 어린아이부터 노년층에 이르기까지 연령도 다양했다. 경제 활
동이 아니라 말 그대로 생존을 위해 유럽을 찾아온 만큼 당장 노동 현
장에 투입될 수 없는 처지인 경우도 많았다. 그렇다면, 유럽 사회로
이주한 난민은 무엇을 하며 먹고살고 있을까? 무슨 이야기를 들려주
고 있을까?

2016년 6월, 프랑스 파리에서 처음으로 '난민음식축제Refugee Food

2. 음식, 유로메나의 오늘을 탐색하다

Festival'를 시작했다. 행사의 목적은 난민 혐오를 줄이고, 사회의 일원으로 받아들이며, 사회 통합을 유도하기 위함이었다. 단순히 음식 교류뿐만 아니라 난민이 떠나온 나라의 문화를 체험하고 공유할 수 있는 다양한 프로그램으로 구성되었다. 난민음식축제는 이후 유엔난민기구가 행사 진행 방식을 정립하고 각국에 보급하면서 유럽 여러 국가에서 동시에 진행하는 국제적 행사로 성장했다. 2017년에는 유럽의 13개 도시, 2018년은 전 세계에 걸쳐 14개 도시, 2019년에는 15개 도시에서 같은 날 축제가 열렸다. 2022년까지 통틀어 400곳 넘는 식당이 참가해 장소를 제공했고, 이들 식당에서 56개국 출신의 난민 요리사 341명이 요리를 했고, 5만 9000명 이상이 축제의 장을 찾아와 음식을 즐겼다.

난민음식축제는 이주 무슬림과 유럽 사회의 관계 속에서 '왜 음식일까?' '왜 무슬림은 식당을 운영할까?'라는 근본적인 질문을 던진다. 축제를 운영하는 사람들은 음식을 통해 소통하고, 선한 영향력을 행사할 수 있다고 믿는다. 또한 식당을 운영하는 기술과 조리법을 공유하면서 양질의 음식을 제공하고, 이주민의 식당 운영을 돕는다고 이야기한다. 그렇다면 자연스럽게 음식이 갖는 의미가 무엇일까 하는 의문을 갖게 된다.

2017년 영국 신문《가디언》은 베를린의 식당 하나를 소개했다. '알라가미Alagami'라는 상호를 건 이 식당은 모든 직원이 시리아 출신 난민이다. 기사에서는 식당 소개와 함께 베를린 곳곳에서 이뤄지는 시리아 출신 난민과 베를린 시민 간 음식문화 교류 현장을 담았다. 2018년 AP통신도 베를린에서 생활하는 시리아 출신 여성 요리사 말라케흐 자즈마티Malakeh Jazmati 이야기를 소개했다. 자즈마티는 시리아 내전이 시작된 직후, 자신이 태어난 다마스쿠스를 떠나 요르단으로 향했다. 그곳에서 방송 요리 프로그램에 출연하며 생계를 이어갔고, 자즈마티는 '요리의 여왕'이라는 별명으로 불리게 되었다. 놀라운 것은 자즈마티가 정규 수련 과정을 통해 요리를 배운 적이 없다는 것이다. 살아오면서 어머니에게 배운 대로 음식을 만들어 방송에 선보였다. 2015년 자즈마티는 튀르키예와 그리스를 거쳐 독일로 이주한 남편과 독일에서 상봉했고, 베를린에 자리를 잡았다. 이후 자즈마티가 운영하는 식당은 가장 대표적인 난민 식당이 되었고, 뒤이어 많은 가게가 생겨났다. 이 밖에도 유엔난민기구는 여러 기사를 통해 시리아 난민 여성이 음식을 활용해 경제 활동을 하고 공동체의 감정을 위로하며 가족을 부양하는 모습을 소개했다.

난민과 함께 꿈꾸는 사회 통합은 가능할까?

여러 학자의 연구에 따르면, 난민의 경제 활동은 다른 유형의 이주민보다 유달리 더 많은 어려움을 겪는다고 한다. 무엇보다 오랜 시간 동안 고민하고 준비하여 결정한 이주가 아니기 때문에 새로운 환경에서 삶을 꾸려나가는 데 필요한 기본 요소를 갖추지 못한 점이 가장 큰 문제로 꼽힌다. 경제 활동을 하기 어려운 이들의 어려움을 몇 가지 요소로 꼽을 수 있는데, 1. 언어 장벽 2. 교육 수준 3. 기술 부재 4. 경험 부족 5. 종교적 금기다. 이와 같은 어려움은 남성과 여성 가릴 것 없이 누구에게나 해당하나, 특히 경험 부족과 종교적 금기는 여성에게 더욱 가혹하다.

난민이 이주한 국가에서 가장 먼저 마주하는 어려움은 언어 장벽이다. 2015년 72개국 성인 95만 명이 응시한 EF-영어능력지수 시험 결과를 보면, 아랍연맹 22개국에 속한 12개국이 모두 하위권에 위치한다. 모로코와 아랍에미리트가 영어 능력이 가장 좋은 것으로 나타났지만 그것도 72개 국가 중 각각 44위, 46위였고, 사우디아라비아는 68위, 리비아는 71위, 이라크가 72위를 기록했다. 당시는 시리아의 상황이 가장 심각하게 악화되던 때였기 때문에 시리아인들이 이 시험에 응할 형편이 못 되었지만, 다른 아랍 국가와 큰 차이는 없을 것으로 예상된다. 일반적으로 전 세계에서 소통을 위한 언어로 영어를 가장 많이 사용하지만, 아랍어를 사용하는 국가가 22개국에 달하며 이들 국가끼리 대규모 사회·경제 공동체를 영위할 수 있었기 때문에, 개인적인 목표나 지향점이 특별히 존재하지 않는 이상 굳이 다른 언어를 잘하려고 노력할 필요가 없었던 것이 사실이다. 이런 상황에서 많은 난민이 정착한 독일, 스웨덴, 프랑스, 영국에서 사용하는 언어를 유창하게 구사하는 난민은 극히 적을 수밖에 없다. 부족한 언어 구사력은 취업의 문턱조차 넘지 못하게 하는 요소가 되었다.

둘째는 교육 수준의 차이다. 가장 최근 자료인 2014년 조사 결과에 따르면 시리아 남성의 문맹률은 8퍼센트, 여성은 19퍼센트로, 전체 인구의 14퍼센트가 글을 읽지 못했다. 시리아의 경우 유아기 때 정규 교육을 받는 비율이 다른 국가보다 낮고, 중학교 때부터 직업학교에 재학하는 비율이 높다. 또한 교육 과정을 중단하는 비율도 다른 아랍 국가보다 높았다. 유럽 사회로 이주하여 해당 국가의 사회 질서를 빠르게 습득하고, 본국에서 교육받은 배경을 자산으로 정착하기에는 어려움이 있는 상황이다.

이런 교육 수준의 차이는 결국 기술 부재로 연결되었다. 즉 앞서 이야기한 이민 1세대와 유사하게 최근 유입된 난민들 역시 상당수가 독보적이거나 독창적인 기술을 발휘하지 못하고, 단기간 교육을 통해 수행할 수 있는 저임금 노동을 할 수밖에 없는 상황이다.

이런 상황에서도 남성은 가족을 건사하려고 노동 시장에 뛰어들어 경제 활동을 한다. 그러나 기본적으로 할 수 있는 일이 제한되고, 이들이 진출할 수 있는 노동 시장이 협소한 까닭에 유럽 사회에 안정되게 정착하기에 충분한 소득을 올리기 어렵다. 따라서 무슬림 난민 여성의 경제 활동은 선택이 아닌 필수 요소가 된다.

무슬림 여성의 특수성 이해하기

문제는 무슬림 난민 여성의 경우, 경제 활동에 장벽이 되는 요소가 두 가지 더 존재한다는 것이다. 내전이 발생하기 전 시리아에서 15세 이상 여성의 취업률은 2010년 12.96퍼센트, 2011년 약 14.92퍼센트에 불과했다. 내전이 발생한 뒤 2015년에는 집안의 가장 역할을 수행해야 하는 여성의 비율이 17퍼센트까지 상승했고, 2017년에는 22.4퍼센트로 증가했다. 이는 내전 발발 전인 2009년 4.4퍼센트의 5배가 넘는 수치다. 문제는 시리아 여성의 취업 분야 역시 농업이나 어업과 같은 1차 산업에 국한되었다는 것이다. 결과적으로 난민 여성의 다수는 가정이 아닌 사회에서 직업을 갖고 급여를 받는 일을 하며 살아본 경험이 극히 부족한 상황이다.

이러한 취업률은 단순히 숫자의 문제가 아니다. 시리아 사회에 뿌리 깊게 박혀 있는, 여성과 남성을 바라보는 관점에서 기인한 문제다. 시리아 사회는 가부장제 성향이 매우 강하다고 평가된다. 집안의 나이 많은 남성이 절대적인 권한을 발휘하며, 가족 구성원들은 그의 보호 아래 생활해야 한다고 믿는다. 특히 여성은 보호가 필요한 존재라 여겨지고, 이에 따라 여성의 자유나 활동에는 큰 제약이 따랐다. 시리아 사회에서 여성과 남성의 성역할은 매우 뚜렷하다. 이는 사는 곳이 도시든 시골이든 마찬가지다. 여성은 요리, 청소, 육아를 담당한다.

여성의 능력은 집안을 평안하게 하고, 옷을 잘 다리고 맛있는 음식을 만드는 것으로 평가되었다. 남성은 경제 활동을 통해 가정의 경제력을 책임지는 존재다. 어린 여자아이들은 집안일을 도와야 했고, 남자아이들은 배달이나 농사일을 돕는 등 소소한 일거리를 통해서라도 가정의 수입에 보탬이 되어야만 했다.

물론 상류층의 경우 조금 차이를 보였다. 상류층 여성은 사회 활동을 좀 더 자유롭게 할 수 있었는데, 이들의 직업은 의·약학, 정부 공무원, 교육, 컴퓨터공학 등 높은 교육 수준이 필요한 일에 국한되었다. 중산층으로 가면 여성의 취업률과 사회활동 비율이 매우 줄어든다. 빈곤층 여성은 거의 직업을 갖지 못한다. 최근 시리아 정국의 불안으로 2010년 이후 여자아이들의 조혼 비율이 급격하게 늘어나기도 했다. 2013년 통계에 따르면 요르단 난민 캠프에 있는 15~17세 여자아이 중 25퍼센트가 조혼을 한 상태였다. 전통적인 시리아 가정에서는 여성이 사회 활동과 경제 활동을 할 수 있는 독립된 주체라고 보기보다는 가정의 수입을 소비하는 존재이자, 가정을 돌보는 노동력으로 간주하는 상황이다.

이 같은 시리아 사회의 여성관은 난민 여성의 경제 활동에도 제동을 걸었다. 사는 곳과 사회적 지위가 변하고, 각자가 수행해야 하는 역할이 바뀌었음에도 뿌리 깊은 여성관과 이로 인한 사회적 경험 부족은 여성 스스로도 다양한 사회·경제 활동에 나서지 못하게 한다.

2. 음식, 유로메나의 오늘을 탐색하다

그럼에도 경제 활동을 해야겠다고 마음을 먹은 경우에는 마지막으로 종교적 금기와 마주하게 된다. 이주 무슬림 여성의 경제 활동과 관련하여 캐나다에서 연구한 결과를 보면 흥미로운 두 가지 사례가 등장한다. 이주 무슬림 경제 활동과 관련하여 대척점에 있는 무슬림 여성 두 명을 인터뷰한 내용이다. 한 명은 이민 1세대로 이슬람 세계에서 나고 자라 캐나다로 이주한 중년 여성이었다. 다른 한 명은 이민 2세대로 캐나다에서 교육을 받았지만 무슬림이라는 종교 정체성을 유지하는 여성이었다.

이민 1세대인 중년 여성은 경제 활동을 하고 싶지만 자신이 가질 수 있는 직업에는 한계가 있다고 했다. 호텔 청소나 상점의 출납원, 식당 일이 선택할 수 있는 일의 전부라고 했으며, 자신이 그동안 믿고 따랐던 종교적 금기는 직업을 선택하는 데 가장 중요한 기준이었다. 그 직업이 이슬람에서 규정한 금기Haram에 해당하지 않더라도, 그곳에서 만나야 하는 사람들과 일의 형태, 관련 사항 등이 조금이라도 이슬람의 금기에 거리낀다면 직업으로 택할 수 없다는 것이었다. 따라서 식당 일을 하더라도 술이나 돼지고기를 파는 식당에서는 일할 수 없다. 사실 술을 파는 식당에서 일한 적이 있지만, 손님을 응대하면서 술 주문을 받아줄 수 없다고 이야기하거나, 술을 구비해둔 구역에는 들어가지 않아 고용인과 마찰을 빚었다. 이 중년 여성은 비록 자신이 비이슬람 국가에서 살고 있지만 자신은 죽는 순간까지 무슬림으로서 신앙을 버리지 않겠다고 했다.

이민 2세대 여성은 조금 다른 입장이었다. 새로운 사회에서 살아가면서 그 사회에 적응하고 동화되지 않는 것은 의미가 없다고 보았다. 따라서 필요하다면 종교적으로 금기시되는 상황과 마주하더라도 그일을 해내야 한다고 믿었다. 그리고 현재 자신이 처한 상황과 그래서 종교적 금기를 깨는 행위를 선택할 수밖에 없는 형편마저 알라는 모두 알고 계시며, 바로 그 절대자의 허락과 지지로 벌어지는 것이라 믿었다.

결과적으로 종교적 금기에 대한 두 여성의 선택은 달랐지만, 두 여성 모두 자신의 행동을 정당화하는 논리를 종교의 테두리 안에서 만들어냈다. 두 사람 다 행동 배경에 종교적 판단이 내재되어 있었다. 이처럼 이슬람교는 독실하게 믿는 사람들의 삶에 가장 중요한 요소다. 더욱이 오랫동안 고민해서 이주를 선택한 것이 아니라 어느 날 갑자기 국가적 불행으로 삶의 터전을 강제로 떠나야 했던 사람들은, 하루아침에 종교적 신념, 혹은 신념이라 할 것도 없이 으레 그러려니 믿어왔던 습관적이고 관습적인 행동거지를 바꿔야 하는 상황과 마주하게 된다. 따라서 종교적 금기는 무슬림 난민 여성이 새롭게 정착한 사회 전면에 나서 경제 활동을 하기 어렵게 만드는 마지막 걸림돌이 된다.

음식, 무슬림 난민 여성이 선택한 생존의 방법

———

그럼에도 난민의 삶 앞에는 생존이 놓여 있다. 자신이 살아남아야 하는 것은 물론이고, 함께 사선을 넘어온 가족의 삶도 건사해야 있다. 누군가는 가장을 잃은 채 가족을 이끌어야 하는 생존의 기로에 섰다. 이런 상황에서 음식은 경제 활동을 시작하기에 가장 좋은 재료가 되었다.

앞서 언급한 바와 같이 전통적인 시리아 여성의 삶은 집안일에 국한되었다. 이 중에서 요리는, 말 그대로 시리아 집밥을 만드는 것은 시리아 여성의 가장 평범하고 일반적인 생활이었다. 시리아 출신 난민 여성이 어떤 회사에도 취직하기도 어렵고, 모든 난관을 뚫고 정착한 사회 속에서 당장 경제 활동을 시작하기 어렵다면, 자신이 가지고 있는 것들 중 상품화할 수 있는 가장 좋은 재료는 '음식'이다.

이런 상황과 맞물려서 유럽 사회에서 난민의 음식을 먹고, 이를 통해 난민과 교류하며 소통하려는 움직임도 일어났다. 음식은 시리아를 떠나온 다른 난민들의 향수와 정서적 허기를 채워줄 수 있었다. 또한 난민이 낯설고 싫은 유럽 사람들에게 앞으로 함께 살아야 하는 이들의 이야기를 들려주는 매개체가 되었다. 물론 식당에서는 음식을 판매하며 이익을 창출해야 하기 때문에, 다양한 음식이 메뉴에 오른다. 홈무스, 팔라필, 마클루바Maqlubah 등 시리아와 주변 국가에서 흔히 먹

메나 지역의 다양한 음식들. 유럽 사회에서는 난민의 음식을 먹고, 이를 통해 난민과 교류하며 소통하려는 움직임이 일어나고 있다.

을 수 있는 다양한 음식과 나란히 파술리야도 한 그릇 담겨 있다.

급속도로 진행된 난민 발생과 흐름은 단순히 인구 이동으로 끝나는 일이 아니었다. 수백만에 달하는 한 사람, 한 사람의 삶이 변했다. 단순히 사는 곳이 이동했을 뿐만이 아니라, 수십 년간 믿고 지켜온 삶의 방식이 바뀌어버렸다. 서로 다른 문화를 가진 집단들은 한 사회 속에서 완벽하게 분리될 수 없고, 대립과 갈등, 협상과 공존의 과정을 거치며 아무도 경험하지 못한 제3의 영역으로 나아가게 된다. 이 과정을 조금 더 부드럽고 편안하게 해주는 역할을 '음식'이 수행하고 있다.

사실 과거 문화의 중심이었던 지중해를 둘러싼 유럽과 메나 지역의 음식은 각각의 다른 이름으로 불려왔을 뿐 참 비슷한 모습을 하고 있다. 21세기에 이른 지금, 이들 음식은 이제 저마다의 국가 이름을 앞에 붙이며 서로를 이해하는 다리가 되었다. 음식은 사람들의 미각을 자극하며 기분 좋게 다른 사람들을 바라볼 수 있는 소통의 창구가 된다. 비단 유럽뿐만 아니라 세계 어느 곳에서도, 앞으로 음식이 이끌어 내는 변화의 틈새를 지켜봐야 하는 시간이 온 것은 아닐까.

마크두스
속을 채운 가지 절임

재료

작은 가지 1.5kg, 말린 고추 500g, 호두 120g, 굵은 소금, 올리브유.

만드는 법

1 가지 꼭지를 자르고 씻는다. 가지를 물에 뜨지 않도록 하며 끓는 물에서
   데쳐 부드럽게 만든다. 시간을 재기보다는 모양을 유지하면서 속살은 부
   드러워질 때 건져내는 데 유의한다.

2 건져낸 가지를 찬물에 담가 더 익는 것을 막고, 다시 건져 물기를 빼며 식
   힌다.

3 가지에 세로로 금을 내어 소금을 뿌리고, 이틀간 절인다.

4 호두와 말린 고추를 다지고 소금 1티스푼을 섞어 소를 만든다.

5 3의 절인 가지에 4의 소를 채운다. 소 채운 가지를 나란히 정돈하고 그 위에 무거운 접시를 올려 다시 이틀간 물을 뺀다.

6 항아리에 5를 채우고 올리브유를 가득 부은 뒤 실온에 잘 보관한다.

7 3일 뒤부터 먹는데, 주로 아침이나 저녁에 따뜻한 빵과 함께 즐긴다.

Anwar, Muhammad, "Employment patterns of Muslims in Western Europe", *Institute of Muslim Minority Affairs. Journal* 5(1), 1984, pp. 99-122.

Frotveit, Maryna and Shkodych Anna, "Conceptual Principles of Research of the Problems of Adaptation and Integration of Muslim Female Refugees in Germany", *Skhid* 2(1), 2021, pp. 31-37.

Khan, Shahnaz, "Muslim women: Negotiations in the third space", *Signs: Journal of women in culture and society* 23(2), 1998, pp. 463-494.

Nilan, Pam, Ibtihal Samarayi, and Terence Lovat, "Female Muslim jobseekers in Australia: Liminality, obstacles and resilience", *International Journal of Asian Social Science* 2(5), 2012, pp. 682-692.

17쪽 Eduard von Grützner, *Drei Mönche bei der Brotzeit*, 1885 / Wikimedia Commons.

20쪽 Wikimedia Commons.

25쪽 Deutsche Bundespost.

30쪽 Wikimedia Commons.

34쪽 Wikimedia Commons.

39쪽 Wikimedia Commons.

40쪽 Wikimedia Commons.

42쪽 Jerzy Siemiginowski-Eleuter, *John III Sobieski at the Battle of Vienna*, 1686 / National Museum in Warsaw.

51쪽 Getty images.

53쪽 thejewishkitchen.

59쪽 LearningLark / flickr.

64쪽 Mayhew, *London labour and the London poor*, 1861.

66쪽 왼쪽: © David Dixon. 오른쪽: Wikimedia Commons.

71쪽 Kiki Werth / Mary Evan.

75쪽 grassrootsgroundswell / flickr.

79쪽 Scott Lee / publicdomainpictures.net.

83쪽 Jenni, "Can the British curry take off in India?", curryculture.co.uk.

90쪽 왼쪽: © Russell-Cotes Art Gallery. 오른쪽 위: historytoday. com. 오른쪽 아래: The British Newspaper Archive.

100쪽 왼쪽: Royal Collection Trust. 오른쪽: Wikimedia Commons.

105쪽 Wikimedia Commons.

111쪽 thejunglerestaurant.wordpress. com.

113쪽 Jacopo Ligozzi, *Portrait of Pope Clement VIII Aldobrandini*, 1600-1601 / Wikimedia Commons.

117쪽 왼쪽: Friedrich Von Puteani, *The Carnival Before Cafe Florian*, Venice / 1st art gallery. 오른쪽: Wikimedia Commons.

124쪽 위: Antonio Perego, *Riunione dell'Accademia dei Pugni*, 1850년대. 아래: *Il caffè*, 1764 / Wikimedia Commons.

129쪽 Ignacio Palomo Duarte / flickr.

135쪽 위: Wikimedia Commons. 아래: neuhauschocolates.com.

137쪽 Wikimedia Commons.

144쪽 왼쪽: neuhauschocolates.com. 오른쪽 위: packagingoftheworld.com. 오른쪽 아래: godiva.com.

148쪽 Wikimedia Commons.

153쪽 왼쪽: ⓒ Enterprise Estonia. 오른쪽 위: Wikimedia Commons. 오른쪽 아래: ⓒ Aron Urb.

157쪽 ⓒ Ken Murk.

162쪽 위: Wikimedia Commons. 아래 왼쪽: ⓒ Aron Urb. 아래 오른쪽: ⓒ Johannes Hoimoja.

165쪽 위: ⓒ Georgius Misjura. 왼쪽: ⓒ Ken Oja. 오른쪽: Wikimedia Commons.

171쪽 ⓒ Kairi The.

178쪽 tebafood.com.

183쪽 Wikimedia Commons.

193쪽 위: letsgetcooking.org.uk. 가운데: cuisineactuelle.fr. 아래: Wikimedia Commons.

196쪽 Wikimedia Commons.

199쪽 Marco Verch Professional Photographer / flickr.

204쪽 Wikimedia Commons.

207쪽 RAMZI HAIDAR / Getty images.

214쪽 왼쪽: Oren Rosenfeld, *Hummus the Movie*, 2015 / imdb.com. 오른쪽: Trevor Graham, *Make Hummus Not War*, 2012 / imdb.

217쪽 ⓒ Emad Hajjaj.

222쪽 Wikimedia Commons.

227쪽 ⓒ 김연신.

231쪽 Wikimedia Commons.

233쪽 Alamy.

237쪽 Wilhelm Busch, *Max und Moritz*, 1865 / World Digital Library.

238쪽 James Gillray, *Germans Eating Sour-Krout*, 1803 / Metropolitan Museum.

243쪽 Wikimedia Commons.

245쪽 Wikimedia Commons.

247쪽 Wikimedia Commons.

251쪽 ⓒ 이하얀.

254쪽 ⓒ 이하얀.

260쪽 ⓒ 이하얀.

262쪽 왼쪽: Wikimedia Commons. 오른쪽: ⓒ 이하얀.

264쪽 Wikimedia Commons.

265쪽 Wikimedia Commons.

266쪽 ⓒ 이하얀.

268쪽 ⓒ 이하얀.

272쪽 remymartin.com.

277쪽 왼쪽: martell.com. 오른쪽: hennessy.com.

280쪽 왼쪽: Stefan K. Estreicher, *Wine: the past 7,400 years*, version 4.1, 2004. 오른쪽: cognac.fr.

284쪽 Wikimedia Commons.

287쪽 Joseph Highmore, *A Club of Gentlemen*, 1730 / Yale Center for British Art.

288쪽 Wikimedia Commons.

292쪽 Wikimedia Commons.

296쪽 Interior of a London coffee-house, 1690-1700 / Brithsh Library.

299쪽 Library of Congress.

301쪽 Wikimedia Commons.

303쪽 The British Newspaper Archive.

306쪽 Wikimedia Commons.

308쪽 Wikimedia Commons.

313쪽 AntonioFCalado / pixabay.

314쪽 liveinlondon / pixabay.

319쪽 Mathewsky / pixabay.

322쪽 위, 왼쪽: Wikimedia Commons. 오른쪽: ⓒ Andrzej / Pixabay.

327쪽 Wikimedia Commons.

334쪽 왼쪽: Wikimedia Commons. 오른쪽: ⓒ 이수정.

336쪽 Wikimedia Commons.

342쪽 festival.refugee-food.org.

352쪽 Wikimedia Commons.

354쪽 Wikimedia Commons.

식탁에서 만나는 유로메나

유럽·중동·북아프리카의 다채로운 음식 인문학

1판 1쇄 2023년 8월 4일

기획 | 통합유럽연구회, 서강대 유로메나연구소
지은이 | 라영순, 이정민, 성일광, 박은재, 신민하, 임동현, 오정은, 서진석,
        박단, 김재희, 김연신, 이하얀, 김유정, 김봉철, 임소라, 이수정

펴낸이 | 류종필
편집 | 이은진, 이정우, 권준
경영지원 | 김유리
표지·본문 디자인 | 석운디자인
교정교열 | 최인수

펴낸곳 | (주) 도서출판 책과함께
        주소 (04022) 서울시 마포구 동교로 70 소와소빌딩 2층
        전화 (02) 335-1982
        팩스 (02) 335-1316
        전자우편 prpub@daum.net
        블로그 blog.naver.com/prpub
        등록 2003년 4월 3일 제2003-000392호

ISBN 979-11-92913-24-7 03900